中华人民共和国法律释义丛书

中华人民共和国民法典
侵权责任编释义

黄薇/主编

法律出版社
LAW PRESS · CHINA

图书在版编目(CIP)数据

中华人民共和国民法典侵权责任编释义 / 黄薇主编. -- 北京 : 法律出版社, 2020(2020.12 重印)
(中华人民共和国法律释义丛书)
ISBN 978-7-5197-4552-3

Ⅰ. ①中… Ⅱ. ①黄… Ⅲ. ①侵权法-法律解释-中国 Ⅳ. ①D923.75

中国版本图书馆 CIP 数据核字(2020)第 082176 号

中华人民共和国民法典侵权责任编释义
ZHONGHUA RENMIN GONGHEGUO MINFADIAN QINQUANZERENBIAN SHIYI

黄 薇 主编

策划编辑 张发靖 李 群
责任编辑 陶玉霞 张婉凝
装帧设计 李 瞻

出版 法律出版社
总发行 中国法律图书有限公司
经销 新华书店
印刷 三河市龙大印装有限公司
责任校对 张红蕊
责任印制 张建伟
编辑统筹 法规出版分社
开本 A5
印张 9.5
字数 270 千
版本 2020 年 7 月第 1 版
印次 2020 年 12 月第 3 次印刷

法律出版社/北京市丰台区莲花池西里 7 号(100073)
网址/www. lawpress. com. cn
投稿邮箱/info@ lawpress. com. cn
举报维权邮箱/jbwq@ lawpress. com. cn
销售热线/400-660-8393
咨询电话/010-63939796

中国法律图书有限公司/北京市丰台区莲花池西里 7 号(100073)
全国各地中法图分、子公司销售电话:
统一销售客服/400-660-8393/6393
第一法律书店/010-83938432/8433　西安分公司/029-85330678　重庆分公司/023-67453036
上海分公司/021-62071639/1636　深圳分公司/0755-83072995

书号:ISBN 978-7-5197-4552-3　**定价:**38.00 元

前　　言

编纂民法典是党的十八届四中全会确定的一项重大政治任务和立法任务，是以习近平同志为核心的党中央作出的重大法治建设部署。2020年5月28日，十三届全国人大三次会议审议通过了《中华人民共和国民法典》。这是新中国成立以来第一部以“法典”命名的法律，是新时代我国社会主义法治建设的重大成果。民法典系统整合了新中国成立70多年来长期实践形成的民事法律规范，汲取了中华民族5000多年优秀法律文化，借鉴了人类法治文明建设有益成果。民法典的颁布，标志着我国依法保护民事权利将进入全新的“民法典时代”。

《中华人民共和国民法典》分7编及附则，共1260条10万多字，是我国法律体系中条文最多、体量最大、编章结构最复杂的一部法律。要实施好民法典，就必须让民法典走到群众身边、走进群众心里。

为了配合民法典的学习、宣传和实施，帮助读者及时准确理解民法典的内容，全国人大常委会法制工作委员会民法室参与立法工作的同志编写了“中华人民共和国民法典释义”系列图书。本套书分为7册，包括总则编释义、物权编释义、合同编释义、人格权编释义、婚姻家庭编释义、继承编释义、侵权责任编释义，由全国人大常委会法制工作委员会民法室主任黄薇同志任主编,参加撰写工作的还有杨明仑、杜涛、石宏、段京连、庄晓泳、孙娜娜、李恩正、朱书龙、宋江涛、孙艺超、马吾叶、罗鑫煌、魏超杰、王灯、朱虎、龙俊等。

本书按照释义编写体例,采用逐条解读的方式,通过提炼条文主旨、梳理立法意见、介绍立法经验、例举示范案例等形式,深刻阐释民法典全部内容,力求全面、准确反映立法原意。

因时间和水平有限,如有疏漏之处,敬请读者批评指正。

作　者

2020 年 7 月

目　录

第七编　侵权责任

① 条文主旨为编者所加，仅供参考。下同。

附　　则

第七编　侵权责任

侵权责任是民事主体侵害他人权益应当承担的法律后果。侵权责任法实施以来，在保护民事主体合法权益、明确侵权责任、预防和制裁侵权行为方面发挥了重要作用。民法典侵权责任编在总结侵权责任法实践经验的基础上，针对侵权领域出现的新情况，回应社会关切，广泛听取和吸收各方面意见，借鉴司法解释的有益做法，体现法学理论研究的最新成果，对侵权责任制度作了必要的补充和完善。侵权责任编共 10 章 95 条。

第一章　一般规定

本章共 15 条，主要规定了侵权责任编的调整范围、过错责任和过错推定责任、无过错责任、侵权责任的承担方式、共同侵权及其责任承担、教唆帮助他人侵权的责任承担、共同危险行为及责任承担、无意思联络分别侵权连带责任承担、无意思联络分别侵权按份责任承担、过错相抵、受害人故意、第三人侵权、自甘风险、自力救济等。

本章是在侵权责任法第 1 章“一般规定”、第 2 章“责任构成和责任方式”和第 3 章“不承担责任和减轻责任的情形”的基础上，整合编纂形成的。侵权责任法前 3 章的内容，有些已经放在民法典总则编中作出规定，例如不可抗力、正当防卫、紧急避险等；有些不需要单独规定，例如侵权责任编的立法目的等。经过整合、补充后，将侵权责任法前 3 章的内容合并为本章，作为侵权责任编的一般规定。

第一千一百六十四条　本编调整因侵害民事权益产生的民事关系。

【释义】 本条是关于侵权责任编调整范围的规定。

理解本条有三点需要注意：

第一，侵权责任编的保护对象为“民事权益”。侵权责任编的保护对象的范围宽泛。对于如何规定其保护对象，主要有两种观点：一种观点认为，应当尽可能详细地列举侵权责任编所保护的各种权利和利益；另一种观点认为，应当采取抽象概括的模式。这两种观点各有利弊，前一种做法清楚、明白，在法律适用上较为方便，但详细列举难以穷尽，难免挂一漏万；后一种做法具有开放性和包容性，能够适应未来侵权责任的发展，但对于其具体范围容易产生分歧，不利于法律的统一适用。从境外立法例看，规定也有较大区别。《法国民法典》用两个条文对侵权行为作了概括规定，《日本民法典》就用一个条文作了概括规定，《德国民法典》没有作概括规定，而是用两个条文规定了三种侵权形态。

在民法典的编纂过程中，有的意见提出，侵权责任编首先应当明确法律保护什么权利和利益。侵权责任法第 2 条第 2 款“本法所称民事权益，包括生命权、健康权、姓名权、名誉权、荣誉权、肖像权、隐私权、婚姻自主权、监护权、所有权、用益物权、担保物权、著作权、专利权、商标专用权、发现权、股权、继承权等人身、财产权益”的规定，清晰明确地指出了侵权责任法的保护对象，具有理论价值和实践价值，建议在民法典侵权责任编中保留这一规定。经研究认为：一是，侵权责任法第 2 条第 2 款的规定，与民法典总则编关于民事权利权益的逻辑分类和表述不尽一致。如果保留侵权责任法的表述，则与总则编的表述存在矛盾，一部法律中不应如此；如果按照总则编的逻辑分类再表述一遍，则形成赘述，立法技术不高。二是，对侵权责任编的保护对象，应当放在民法典的宏观角度看待和把握。总则编规定了民事权利权益，侵权责任编保护哪些民事权利权益可参照总则编的规定，不需要再行规定。因此，民法典侵权责任编并未保留侵权责任法的相关规定。

从民法典总则编第 5 章“民事权利”的规定可以看出，民事主体享有的权益主要有：第 110 条规定的自然人享有的生命权、身体权、健康权、姓名权、肖像权、名誉权、荣誉权、隐私权、婚姻自主权等权利；法人、非法人组织享有的名称权、名誉权和荣誉权。第 111 条规定的自然人的个人信息受法律保护的权利。第 112 条规定的自然人因婚姻家庭关系等产生的人身权利。第 113 条规定的财产权利。第 114 条规定的物权。第 118

条规定的债权。第 123 条规定的知识产权。第 124 条规定的继承权。第 125 条规定的股权和其他投资性权利。第 126 条规定的法律规定的其他民事权利和利益。第 127 条规定的数据、网络虚拟财产。

第二,在保护程度和侵权构成要件上,侵权责任编对民事权利和民事利益没有作区分。从境外立法例情况看,《法国民法典》就侵害的对象没有区分权利和利益,对侵权造成的损害都要承担责任。《德国民法典》区分侵害权利和侵害利益,设定了不同的侵权标准。在实践中,权利和利益的界限较为模糊,很难清楚地加以划分;对于什么是权利,意见纷纭。从权利的内容上看,对于权利的具体内容,有支配说、利益说和结合说几种观点。结合说是目前的通说,认为"权利乃享受特定利益的法律之力",其落脚点实际上还是利益,很难把权利和利益划分清楚。从权利的形式上看,法律明确规定××权的当然属于权利,但法律没有明文规定某某权而又需要保护的,不一定就不是权利。而且,权利和利益本身是可以相互转换的,随着社会的发展,纠纷增多,法院通过判例将原来认定为利益的转而认定为权利,即将利益"权利化"。德国、日本、我国台湾地区的司法实务都存在这种情况。所以,本条没有区分权利和利益,而是统一规定,"本编调整因侵害民事权益产生的民事关系"。

第三,侵权责任编不调整违约责任问题,合同债权也是一种民事权益,但它原则上不属于侵权责任编的保护范围。本条规定"侵害民事权益"不涉及违约责任问题,违约责任由合同法调整。对于第三人侵害债权是否受侵权责任法调整,侵权责任法中没有规定。本次编纂民法典,对这个问题的争议仍然很大,没有形成共识,因此仍没有明确规定。对这个问题,我们认为,如果第三人侵害债权的行为足够恶劣,第三人有过错,能够构成相应侵权行为的,可以适用本编规定。

第一千一百六十五条　行为人因过错侵害他人民事权益造成损害的,应当承担侵权责任。

依照法律规定推定行为人有过错,其不能证明自己没有过错的,应当承担侵权责任。

【释义】 本条是关于过错责任和过错推定责任归责原则的规定。

过错责任是指造成损害并不必然承担侵权责任,还要看行为人是否有过错。有过错有责任,无过错无责任。在奴隶社会和封建社会,结果责任在归责原则中占据统治地位，不考虑行为人实施行为时是否有过错，谁造成损害谁承担责任，在责任方式上呈现同态复仇的特点。这种在任何领域不问行为人有无过错都要其承担责任的做法是不公平的，动辄得咎极大地限制了行为自由，且这种以野蛮的同态复仇作为责任方式的归责原则是人类文明不发达的表现。随着人类社会的发展和人类文明的进步，过错责任原则逐渐取代了结果责任原则，到了19世纪末20世纪初，过错责任取得了统治性地位。把过错责任作为一般原则写入法典的代表作是1804年《法国民法典》。《法国民法典》第1382条规定，任何行为造成他人损害时，因其过错致使行为发生的人，应当对他人承担赔偿责任。其后的《德国民法典》《日本民法典》《瑞士民法典》等多数大陆法系国家和地区的民法典中，均规定了过错责任原则。过错责任、契约自由及私权神圣是资本主义国家民法的三大支柱，共同为资产阶级的崛起提供了法律武器。过错责任原则的理论基础是个人主义哲学，即个人有权在不违背法律的前提下自由行事，相应地，个人必须对自己的行为结果负责。以过错作为主要的归责原则可以较好地协调“个人自由”与“社会安全”的关系。行为人若尽到合理注意义务，就没有过错，即免除侵权责任。这样个人的活动自由可以得到保障，聪明才智得到充分发挥，社会经济活动得以顺利进行。若人人都尽到合理注意义务，社会安全也会得到维护。

民法通则第106条第2款规定，公民、法人由于过错侵害国家的、集体的财产，侵害他人财产、人身的，应当承担民事责任。该规定确认了过错责任原则在我国的法律地位。侵权责任法延续了民法通则的规定，重申过错责任原则是侵权责任法的基本归责原则。这是我国社会经济文化发展的需要，同时也是为更有效地保护公民、法人的合法权益，教育公民、法人遵守法律和公共道德，预防和减少损害的发生，化解社会纠纷，促进社会和谐稳定。民法典编纂过程中，有的意见提出，侵权责任法对过错责任的规定，在构成要件上不完整，建议补充上关于行为后果的表述。民法典侵权责任编草案二审稿采纳了这一建议，修改为“行为人因过错侵害他人民事权益造成损害的”。2020年5月民法典草案提请十三届全国人大三次会议审议过程中，有的意见提出，本条第2款用了两个“行为人”，略显重复。经研究，将第二个“行为人”修改为“其”。

根据本条第1款的规定，只要同时满足以下条件，行为人就应承担侵权责任：

一是行为人实施了某一行为。若无行为人的行为，就不会产生侵权责任。在现代社会，“不侵害他人”是任何一个民事主体所应遵守的普遍性义务，没有合法依据或者法律授权，不得损害他人的民事权益，否则就可能承担一定的法律后果。这里的行为包括作为和不作为。在多数情况下，行为人都是因为对他人的民事权益实施了积极的加害行为而承担侵权责任，如殴打某人，毁坏某人的财产，散布某人的谣言等。本法规定的侵权责任也大多是因为行为人的作为而产生的。但是，在一些情况下，行为人不作为也有可能产生侵权责任，这是现代侵权责任法的一种发展趋势，即在特定情形下行为人还负有积极保护他人的义务，例如，本法第 1198 条规定，宾馆、商场、银行、车站、机场、体育场馆、娱乐场所等经营场所、公共场所的经营者、管理者或者群众性活动的组织者，未尽到安全保障义务，造成他人损害的，应当承担侵权责任。不作为侵权是由于行为人应当履行某种法定作为义务而未履行该义务而产生的，若没有法定作为义务，行为人的不作为并不构成侵权。这种法定作为义务可能是某一法律明确规定的，可能是某人先前的危险行为产生的，还可能是基于当事人约定而产生的，等等。

二是行为人行为时有过错。在过错责任原则中，过错是确定行为人是否承担侵权责任的核心要件，也是人民法院审理侵权案件的主要考虑因素。行为人的行为造成损害并不必然承担侵权责任，必须要看其是否有过错，无过错即无责任。过错是行为人行为时的一种应受谴责的心理状态。正是由于这种应受谴责的心理状态，法律要对行为人所实施的行为作否定性评价，让其承担侵权责任。需要指出的是，过错仅适用于过错责任原则制度下的侵权责任，对于一些法律明确规定的特殊侵权责任，过错并非必要条件，例如无过错责任原则、公平分担损失原则。需要强调的是，无过错责任原则和公平分担损失原则的适用范围是法律特别规定的情形，需要由法律的明确规定才能适用。只要法律没有明确规定不以过错为要件的，过错仍是行为人承担侵权责任的要件。过错分为故意和过失。故意是指行为人预见到自己的行为会导致某一损害后果而希望或者放任该后果发生的一种主观心理状态。过失是指行为人因疏忽或者轻信而使自己未履行应有注意义务的一种心理状态，其是侵权责任中最常见的过错形态。故意与过失的主要区别是，故意表现为行为人对损害后果的追求、放任心态，而过失表现为行为人不希望、不追求、不放任损害后果的心态。故意是一种典型的应当受到制裁的心理状态，但它必须通过一定的行为表现出来。在实践当中，通过对行为人行为的调查可以认定行为人是否具有故意的心理状态，如某人点着火把往另一人的房屋上扔，这一行为本身就足以表明行为人具有故意的心理状态，受害人没有必要就行为人是否故意再承担举证责任。如何判断某个人的过失，经历了一个发展过程。早期判断行为人是否有过失，主要考察行为人的主观心理状态，这也叫主观判断标准。这需要分析特定行为人对自己的行为或后果的理解、判断、控制、认识等方面的状况及能力，从其意志活动过程来确定过失。但是这使受害人证明行为人的过错很困难，不利于保护其利益。发展到现在，对过失的认定逐渐客观化，不是从单个行为人的主观状态认定其过失，而是主要依据以下客观标准判断其有无过失：第一，行为人是否违反了法律、行政法规明确规定的义务。例如，法律对某一特定领域规定了行为标准，行为人若违反了这些标准，就具有过失。第二，行为人是否违反了一个合理人的注意义务。“合理人的注意义务”，即多数人在特定情况下应当达到的注意程度。根据该标准，判断行为人是否有过失主要看一般人在行为人所处的情况下，会怎么行为，若一般人会与行为人作出同样的行为，行为人就没有过失，反之，则有过失。“合理人的注意义务”原则上不照顾行为人的特殊弱点，不管其是性急、害羞、健忘，还是反应慢、粗心大意等，原则上适用同样的标准，行为人并不因此而得到原谅；也不考虑行为人的经验、能力，如一个没有经验的司机造成车祸所适用的判断标准与一个有多年驾驶经验的老司机所适用的标准是一样的。当然该标准原则上也不要求行为人比常人履行更高的注意义务，它只要求行为人履行常人的一般注意义务即可。客观判断标准有两种特殊情形：第一，专业人员的行为标准。“合理人的注意义务”是主要针对一般人的过失判断标准，但在现实生活中，还存在许多有特殊技能和知识的人，如医生、律师、会计师、建筑师等。这些专业人员的行为标准就应当比一般人的行为标准高一些，要求行为人的行为符合自己领域内公认的活动标准。判断某一专业人员是否有过失，就要看其是否履行了本领域内一个合格专业人员的注意义务。例如，医生的合理注意义务应是其他医生普遍遵守的义务，不是“一般人”普遍遵守的义务。第二，无民事行为能力人或者限制民事行为能力人的行为标准。这类人主要包括未成年人、精神病人。专业人员的行为标准通常高于一般人的行为标准,而无民事行为能力人或者限制民事行为能力人的行为标准通常低于一般人的行为标准。同样的行为造成同样的后果,对于具有完全民事行为能力的成年人来说可能是过失,而对无民事行为能力人来说就不是过失。在判断这类人是否履行合理注意义务时,应当考虑其年龄、智力和生理状况等因素。无民事行为能力人或者限制民事行为能力人造成他人损害的,原则上由其监护人承担侵权责任。

三是受害人的民事权益受到损害,即要求有损害后果,这一点是民法典侵权责任编与以往立法相比的重大变化。损害是指行为人的行为对受害人的民事权益造成的不利后果,通常表现为财产减少、生命丧失、身体残疾、名誉受损、精神痛苦等。需要强调的一点是,这里的"损害"是一个比较广的概念,不但包括现实的已经存在的"现实损害",还包括构成现实威胁的"不利后果"。如某人的房屋倾斜,如其不采取防范措施,房屋随时有可能倒塌损害他人的人身、财产安全。实践中,受害人大多数情况下受到的是现实损害,这种损害相对容易被认定和证明。在一些情况下,行为人的行为也可能对受害人的民事权益造成现实威胁,为防止其转化成现实损害,行为人也应当承担侵权责任,这有利于保护受害人,体现了侵权责任编预防侵权行为的立法目的,也是现代侵权责任制度立法的发展趋势,本法第 1167 条规定的内容就包含了这层意思。根据该规定,侵权行为危及他人人身、财产安全的,被侵权人有权请求侵权人承担停止侵害、排除妨碍、消除危险等侵权责任。但是,必须明确,排除妨害、消除危险等侵权责任的承担方式,是基于物权、人格权等绝对权而产生的保护性请求权,不要求有损害结果。本条第 1 款中的过错是针对损害赔偿来说的,因此要"造成损害"。

四是行为人的行为与受害人的损害之间有因果关系。因果关系是侵权责任的重要构成要件,在行为与损害事实之间确定存在因果关系的,就有可能构成侵权责任,没有因果关系就必然地不构成侵权责任。对一些比较简单的侵权行为,判断是否存在因果关系比较容易,例如某人开车闯红灯撞伤一行人,行人受伤与被告开车闯红灯之间是否存在因果关系一目了然,举证容易,不需要复杂的理论分析。但是,在现实生活中,侵权行为越来越多样化和复杂化,有的一因多果,有的多因一果,有的甚至多因多果;如何判断或者确定行为与损害之间是否存在因果关系就比较困难,也是审判实践中面临的棘手问题。为了应对因果关系的复杂化,学者、法官创造了多种理论,如“条件说”“原因说”“相当因果关系说”“法律因果关系说”“盖然性因果关系说”等。原则上,如何判断因果关系需要由法官根据个案的实际情况,依一般社会经验决定。对案情较为简单,一因一果的侵权,可以直接根据事实判定,没有必要舍本逐末,再用其他理论判断;对于虽然有其他条件介入,但行为与损害后果之间自然连续、没有被外来事件打断的,也可以认定存在因果关系;对多因一果、一因多果或者多因多果等复杂情形,则需要法官综合考虑当时的情况、法律关系、公平正义、社会政策等多种因素决定。在侵权责任中,一般由原告承担证明损害与行为之间存在因果关系的责任,但在特定情形,如环境污染责任中,不少环境污染损害需要一个积累过程,时间长,跨度大,受害群体分布广,且专业性较强,让普通受害者个人费时耗力地证明是否存在因果关系困难重重。为了保护这些受害者,需要减轻受害者的举证责任,法律规定由被告负责证明自己的行为与损害结果之间没有因果关系。适用这种特殊举证责任需要法律明确规定,法律没有明确规定的,原则上不能适用这样的证明规则。

在过错责任原则中,通常由受害人证明行为人是否有过错,但在一些情况下也适用过错推定。所谓过错推定,是指根据法律规定推定行为人有过错,行为人不能证明自己没有过错的,应当承担侵权责任。在传统的过错责任原则下,受害人向加害人行使请求权时必须证明加害人具有过错,但过错是行为人的一种主观心理状态,受害人证明起来比较困难。加之,进入现代社会后,各种机器设备大量出现,专业分工亦极为细密,碍于专业知识所限,受害人证明加害人的过错就更为困难。为了既能维持过错责任原则的地位不被动摇,又能有效保护和救济受害人,一些国家和地区发展出了减轻受害人举证责任的规则,如英美法有“事实自证”,德国法有“表见证明”,而我国在司法实践中采用了“过错推定”。过错推定实质就是从侵害事实中推定行为人有过错,免除了受害人对过错的举证责任,加重了行为人的证明责任,更有利于保护受害一方的利益,也可更有效地制裁侵权行为。对此,本条第 2 款明确规定了过错推定。过错推定包含在过错责任原则中,但与一般过错责任有较大的不同。近百年来,过错推定与无过错责任原则共同发展,从其他国家过错推定实施和发展的结果看,过错推定近似于无过错责任原则。因此,对行为人而言,过错推定是一种较重的责任,不宜被滥用,需要由法律对适用范围作严格限定,否则就有可能限制人们的行动自由。从境外的立法经验看,基本上都由法律明确规定在什么情况下适用过错推定。本条第2款也强调,根据法律规定推定行为人有过错,其不能证明自己没有过错的,才应当承担侵权责任。法律没有规定过错推定的,仍应由受害一方承担过错的证明责任。

第一千一百六十六条　行为人造成他人民事权益损害,不论行为人有无过错,法律规定应当承担侵权责任的,依照其规定。

【释义】 本条是关于无过错责任归责原则的规定。

无过错责任是指不以行为人的过错为要件,只要其活动或者所管理的人、物损害了他人的民事权益,除非有法定的免责事由,否则行为人就要承担侵权责任。在法律规定适用无过错责任原则的案件中,法官判断被告应否承担侵权责任时,不考虑被告有无过错,不要求原告证明被告有过错,也不允许被告主张自己无过错而请求免责。只要审理查明,被告的行为与原告损害之间存在因果关系,即可判决被告承担侵权责任。由于这种责任的承担,并不考虑行为人的主观意识状态,而只考虑损害结果和免责事由,故又被称为客观责任;与过错责任原则相比,这种责任在承担条件和责任后果上更为严格,故也称为严格责任。适用无过错责任原则的意义在于加重行为人责任,及时救济受害人,使其损害赔偿请求权更容易实现。

在无过错责任原则出现前,侵权责任制度领域实行的是过错责任原则。行为人只有在有过错的情况下,才对自己侵害他人民事权益的行为承担侵权责任,无过错就无责任。但是,到了19世纪末20世纪初,随着工业化的加速,技术日新月异,经济飞速发展,伴随而来的是事故大量发生,极大地危害了人们的生命和财产安全。在这样的时代背景下,对这些事故继续实行过错责任原则,一是会使受害人证明行为人的过错更困难;二是行为人也会找出各种无过错的理由进行抗辩,以免除自己的责任。最终的结果是大量受害人得不到赔偿,激化了社会矛盾,影响了社会的正常运行。为解决这一较为严重的社会问题,有的西方国家在坚持过错责任原则的同时,在交通肇事、矿山事故等纠纷中开始实行无过错责任原则。1838 年,德国针对火车事故首先规定了无过错责任原则。19 世纪末 20 世纪初,美国、法国等国家相继以特别立法或判例的方式承认了这一原则。所以,无过错责任原则的产生是社会发展的必然结果。到了 20 世纪末,考虑到个案和单行法的规定有疏漏之处,有的国家出现以一般规则规定无过错责任原则的动向。

民法通则确立了无过错责任原则。民法通则第 106 条第 3 款规定,没有过错,但法律规定应当承担民事责任的,应当承担民事责任。同时,第 123 条规定,从事高空、高压、易燃、易爆、剧毒、放射性、高速运输工具等对周围环境有高度危险的作业造成他人损害的,应当承担民事责任;如果能够证明损害是由受害人故意造成的,不承担民事责任。这是高度危险作业适用无过错责任原则的一般规则,避免了单行法规定的疏漏。民法通则明文规定无过错责任,是现代社会发展的需要,也适应了侵权责任制度发展的潮流,具有重大实践意义和理论意义。从民法通则多年的实施效果看,无过错责任原则不但有利于受害人及时获得赔偿,缓解社会矛盾,而且对切实保护人民群众人身、财产安全,促使高度危险作业人、产品制造者、环境污染者等行为人对自己从事的活动或者管理的物品高度负责、谨慎从事,不断改进技术安全措施,提高工作质量,尽力保障他人和环境的安全发挥了积极作用。侵权责任法第 7 条延续了民法通则的规定,并进一步明确了无过错责任原则的内涵。在民法典侵权责任编的编纂过程中,有的意见提出,侵权责任法第 7 条中"行为人损害他人民事权益,不论行为人有无过错"的表述,用了两个"行为人"有赘语之嫌疑,建议删除一个。经研究认为,这种观点在侵权责任法制定时就有,侵权责任法的这一表述是有明确用意的。无过错责任原则的精髓并不是行为人没有过错也要承担侵权责任,而是在确定行为人是否承担侵权责任时,不管其有无过错,受害一方都不用证明行为人是否有过错。这一条用了两个"行为人",第一个"行为人"重在排除第三人侵权的情形;第二个"行为人"意在明确承担无过错责任不考虑行为人有无过错,只要法律明确规定应当承担侵权责任,就需要承担。该表述不仅准确体现了无过错责任原则的内涵,解决了对"无过错"的理解问题,也解决了无过错责任原则的责任构成要件问题。民法典侵权责任编基本延续了侵权责任法的规定,仅将"行为人损害他人民事权益"修改为"行为人造成他人民事权益损害",以与过错责任的表述相一致。

根据本条规定,无过错责任的构成要件有四个:一是行为;二是受害人的损害;三是行为与损害之间具有因果关系;四是法律规定应当承担侵权责任,即不存在法定的免责情形。

在许多适用无过错责任原则的领域,法律规定行为人承担无过错责任,并非因为其从事了法律禁止的活动,而恰恰相反,这些活动是社会经济发展所必需的,社会允许其存在。但是,由于这些活动有较高的危险风险,且多数是不可控制的,即使采取所有预防意外的措施,也不可能避免危险,如飞机遇到空中的飞鸟、突遇恶劣天气而坠机等,法律允许这些活动的条件是行为人必须对这种风险产生的后果负责。

这里需要强调以下几点:

一是设立无过错责任原则的主要政策目的,绝不是要使"没有过错"的人承担侵权责任,而主要是免除受害人证明行为人过错的举证责任,使受害人易于获得损害赔偿,使行为人不能逃脱侵权责任。事实上,从我国审判实践的情况看,在适用无过错责任原则的大多数案件中,行为人基本上都是有过错的。

二是无过错责任并不是绝对责任,在适用无过错责任原则的案件中,行为人可以向法官主张法定的不承担责任或者减轻责任的事由。法律根据行为的危险程度,对适用无过错责任原则的不同侵权类型规定了不同的不承担责任或者减轻责任的事由。例如,在产品责任案件中,产品制造者可以通过证明产品投入流通时,引起损害的缺陷尚不存在而免除自己的侵权责任;在高度危险物致损案件中,高度危险作业人可以通过证明受害人故意造成损害而免除自己的责任,等等。

三是在适用无过错责任原则的侵权案件中,只是不考虑行为人过错,并非不考虑受害人过错。如果受害人对损害的发生也有过错的,在有的情况下可减轻,甚至免除行为人的侵权责任。

四是本条关于无过错责任原则的规定,是为了在一些特定领域排除过错责任原则的适用。本条的规定只是为了表明无过错责任原则在我国是与过错责任原则并列的归责原则,其并不直接具有作为裁判根据的意义。要对某一案件适用无过错责任,必须是民法典或者其他法律明确规定该类案件不以过错为承担责任的条件。适用无过错责任原则的案件,所适用的是本法或者其他法律关于无过错责任的具体规定。本法或者其他法律未明确规定适用无过错责任原则的案件,均属于过错责任原则的适用范围。法官不能在法律没有明确规定适用无过错责任原则的情况下,擅自适用该原则。强调这一点,主要是考虑到无过错责任是一种极为严格的责任,若由法官自由决定是否适用该原则,有可能妨碍人们的行为自由和社会进步。立法者在决定哪些领域应当适用无过错责任原则时比较慎重。侵权责任编明确规定了几种适用无过错责任原则的特殊侵权行为,如第 4 章的"产品责任"、第 7 章的"环境污染和生态破坏责任"、第 8 章的"高度危险责任"。其他法律也可以根据实践发展和社会需要规定适用无过错责任原则的领域。这里需要注意的是,第 8 章规定的高度危险责任比较特殊,根据第 1236 条的规定,从事高度危险作业造成他人损害的,应当承担侵权责任。该规定没有限制高度危险责任的具体适用范围,是开放和动态的,只要从事高度危险作业的,就要承担无过错责任。高度危险作业的内涵和外延可以随着社会的发展而扩展。出现新的高度危险作业的,根据实践需要,可用司法解释或者立法解释的方式,也可用单行法的方式包含进来。该规定可以说为将来无过错责任原则的扩大适用留有余地。

五是适用无过错责任原则在赔偿数额上可能存在限制。许多适用无过错责任原则的活动是社会所需要的,法律允许这些活动的存在,但如果法律对这些领域发生的事故赔偿数额没有限制,就有可能过分加重行为人的负担,阻碍经济发展和企业壮大,且无过错责任原则往往与责任保险相连,责任保险可以确保无过错责任制度得以顺利实施,若赔偿额度过高,保险人的负担过于沉重,就可能放弃责任保险,不利于无过错责任制度的顺利实施。所以,在某些适用无过错责任原则的领域,对赔偿额度予以限制是十分必要的。例如,民法典第 1244 条规定,承担高度危险责任,法律规定赔偿限额的,依照其规定,但是行为人有故意或者重大过失的除外。基于特定行业的风险性和保护该行业发展的需要,我国在航空、海运等方面的特别法规往往规定了最高赔偿数额。

第一千一百六十七条　侵权行为危及他人人身、财产安全的,被侵权人有权请求侵权人承担停止侵害、排除妨碍、消除危险等侵权责任。

【释义】　本条是关于危及他人人身、财产安全责任承担方式的规定。

侵权责任法律制度的作用,可从多个角度阐述,有保护被侵权人的作用,有减少侵权和纠纷的作用,还有预防侵权行为及侵权后果发生的作用。从保护被侵权人的角度看,本法第120条规定,民事权益受到侵害的,被侵权人有权请求侵权人承担侵权责任。这是关于侵权损害后果实际发生的救济,赋予被侵权人在其权利受到侵害时享有请求权,规定民事主体在权益受到侵害时可以请求侵权人承担赔偿损失、消除影响、恢复名誉、赔礼道歉等具体的民事责任。在侵权行为的后果还没有出现时,赋予被侵权人一定的请求权以发挥预防性的功能,防止损害后果的扩大,维护被侵权人的合法权益,能够更加及时、充分地发挥法律的功能,获得更好的社会和法律效果。

本条规定来源于侵权责任法第21条。因为本条也是对责任构成要件的规定,民法典侵权责任编编纂时,将本条移至"一般规定"中,在体系上更为科学。

(一)对本条的理解和适用

理解本条规定的"危及"应注意三点:

第一,侵权行为正在实施和持续而非已经结束。

第二,侵权行为已经危及被侵权人的人身、财产安全而非不可能危及。

第三,侵权行为系侵权人所为,而非自然原因造成。对正在危及他人的人身、财产安全的侵权行为发生的情况下,赋予被侵权人请求停止侵害、排除妨碍、消除危险等权利。

(1)停止侵害。当侵权人正在实施侵权行为时,被侵权人可依法请求其停止侵害。停止侵害适用于各种正在进行的侵权行为,对于已经终止和尚未实施的侵权行为不适用停止侵害的民事责任承担方式。例如,被侵权人发现网络上出现侮辱自己的文章或者盗用自己的研究成果的情况时,就可以要求侵权人停止侵害。最高人民法院对于当事人请求停止侵害的法律适用有相应的司法解释,例如,《最高人民法院关于贯彻执行〈中华人民共和国民法通则〉若干问题的意见(试行)》第162条第1款规定,在诉讼中遇有需要停止侵害、排除妨碍、消除危险的情况时,人民法院可以根据当事人的申请或者依职权先行作出裁定。

(2)排除妨碍。排除妨碍,是指侵权行为人实施某种行为妨害他人正常行使权利或者妨害他人合法利益的,被侵权人请求人民法院排除侵权人的侵权行为。例如,因邻居装修施工占用通行道路,不按约定堆放装修材料阻碍交通的,被阻碍通行的人可以要求其尽快清理,排除妨碍。又如,将污染物排放到河流造成环境污染及他人财产损失的,被侵权人有权请求其排除妨碍,清除污染物。

(3)消除危险。消除危险,是指在负有责任的人支配下的物对他人人身和财产安全构成威胁,或者存在侵害他人人身或者财产现实可能性的情况下,受到威胁的人有权请求法院责令对构成危险的责任人采取有效措施消除侵害他人人身或者财产的威胁和现实可能性的承担民事责任的方式。请求消除危险,又称请求防止侵害,是指侵害虽未发生,但其人身、财产面临遭受侵害的可能,对于这种可能发生的侵害,可能被侵权的人有权请求相对人为一定行为或者不为一定行为,防止侵害,消除既存的危险,以避免侵害的发生。例如,住宅小区的树木树枝将要断裂,或者树干枯死,随时可能掉下来砸到行人或者停在树下的车辆,在这种情况下,可以请求树木管理责任人消除隐患,避免损害的发生。又如,住宅小区内的下水井盖丢失,极易造成对人身的伤害,负责井盖管理的人,有责任补上井盖,防止损害的发生。

(二)本法第1165条、第1166条和本条的关系

本法第1165条规定了过错责任原则、第1166条规定了无过错责任原则,本条规定了危及他人人身、财产安全的责任承担方式。三条内容相互衔接、相互补充、相互协调,构成了我国民事侵权责任的基本制度。

第1165条规定的过错责任原则是最常见的侵权责任归责原则,民法典侵权责任编第2章在侵权责任法第2章“责任构成和责任方式”的基础上,修改为“损害赔偿”一章,这意味着在适用该条时,必须有造成损害的后果。相比之下,第1166条是无过错责任的规定,只有在法律有明确规定时,才能适用该条规定。本条是基于物权、人格权等绝对权而产生的保护性请求权,不要求有损害结果。

第一千一百六十八条　二人以上共同实施侵权行为,造成他人损害的,应当承担连带责任。

【释义】　本条是关于共同侵权制度的规定。

(一)共同侵权的概念及法律规定沿革

共同侵权,是指数人共同不法侵害他人权益造成损害的行为。对共同侵权行为,有的学者称为“共同致人损害”,有的学者称为“共同过错”,

还有的学者称为“共同不法行为”。

在大陆法系现代民法中,《法国民法典》一直没有对共同侵权行为作出一般性规定,今日法国所适用的共同侵权制度,乃判例、学说共同努力的成果。在法国,共同侵权行为问题被纳入复数侵权行为的理论框架内加以探讨,并且不区分共同侵权行为和共同危险行为,对此类侵权通常使用数人之过误竞合(加害人不明时适用共同之过误、集团之过误)、全部赔偿义务及损害之同一性等概念展开探讨。

首次明确规定共同侵权制度的立法例出现在1900年施行的《德国民法典》中,其第830条规定,数人因共同实施侵权行为造成损害的,各人对损害均负责任。《德国民法典》这一规定,对其他国家和地区的立法产生了重要影响。又如《日本民法典》第719条第1款规定,由于多人共同的不法行为而对他人造成了损害时,各人对于该损害负有连带赔偿责任。无法得知共同行为人中的某一人是否施加了该损害时亦同样。《意大利民法典》第2055条第1款规定,如果损害行为可归责于多个人,则所有的人要承担连带赔偿的责任。《韩国民法典》第760条第1款规定,数人因共同不法行为(侵权行为)给他人造成损害时,对其损害有连带赔偿责任。《瑞士债务法》第50条第1款规定,如果数人共同造成损害,则不管是教唆者、主要侵权行为人或者辅助侵权行为人,均应当对受害人承担连带责任和单独责任。我国台湾地区“民法”第185条第1款规定,数人共同不法侵害他人之权利者,连带负损害赔偿责任。

民法通则第130条规定:“二人以上共同侵权造成他人损害的,应当承担连带责任。”该条规定首次在立法上使用了“共同侵权”这一制度性概念。《最高人民法院关于审理人身损害赔偿案件适用法律若干问题的解释》对这一规定进行了细化,第3条第1款规定:“二人以上共同故意或者共同过失致人损害,或者虽无共同故意、共同过失,但其侵害行为直接结合发生同一损害后果的,构成共同侵权,应当依照民法通则第一百三十条规定承担连带责任。”侵权责任法第8条规定:“二人以上共同实施侵权行为,造成他人损害的,应当承担连带责任。”民法典侵权责任编延续了侵权责任法的规定,未作修改。

(二)我国学者对共同侵权制度的论述

在对共同侵权制度的研究中,如何理解“共同”的含义至关重要,我国学者对共同侵权制度的研究也主要集中在这个方面。经过梳理,主要有以下几种学说：

1. 意思联络说

有的学者认为，意思联络是共同侵权行为的必要条件，要使主体各自的行为统一起来，成为一个共同行为，就必须要有他们的愿望和动机，即共同的意思联络，或曰共同通谋，或曰共同故意。有了意思联络，便在主体间产生了两个方面的统一：一方面是主体意志的统一；另一方面是主体行为的统一。

2. 共同过错说

有的学者认为，只要几个行为人之间在主观上有共同致害的意思联系，或者有共同过失，即具有共同过错，就应当作为共同侵权行为处理。共同过错就是数个行为人对其行为或结果具有共同的认识或对某种结果的发生应该共同尽到合理的注意而没有注意的情形，包括共同故意与共同过失两类。后者又可以分为两种情形：一是各行为人对其行为所造成的共同损害后果应该预见或认识，而因为疏忽大意或不注意致使损害后果发生；二是数人共同实施某种行为造成他人损害，不能确定行为人对损害结果的发生具有共同故意，但可根据案件的情况，认定行为人具有共同的过失。

3. 关联共同说

有的学者认为，共同侵权行为的构成不应以共同的意思联络为必要条件，只要数人在客观上有共同的侵权行为，就应当承担共同侵权行为的民事责任。有的学者认为，民法上之共同侵权行为与刑法上之共犯不同，尚各自之行为，客观上有关联共同，即为足矣。有的学者认为，数人之加害行为，虽无意思联络，但其行为有关联共同者（各行为造成一共同之损害，无法分别何行为造成何部分之损害），亦属共同加害行为。

4. 折中说

持折中说的学者既不完全采纳意思联络说，也不完全采纳关联共同说，而是认为应当区分不同的情况分别处理。有的学者认为，单纯的主观说或客观说都不足采，正确的理论应当是把握加害人与受害人之间的利益平衡，而不可偏执于一端。在共同侵权行为的构成要件上既要考虑各行为人的主观方面，也要考虑各行为人行为之间的客观联系。从主观方面而言，各加害人应均有过错，或为故意或为过失，但是不要求共同的故意或者意思上的联络；过错的内容应当是相同或者相似的。从客观方面而言,各加害人的行为应当具有关联性,构成一个统一的不可分割的整体,而且都是损害发生不可或缺的共同原因。

持该学说的学者对共同侵权行为进行了分类:法律、法规等明文规定的共同侵权行为,为共同侵权行为;基于数个加害人有意思联络的故意加害行为属于共同侵权行为;基于数个加害人内容相同或者相似的过失侵害同一受害人相同或者相近的民事权益之行为,属于共同侵权行为;基于相同内容的过失与故意之结合或者基于内容相同或相近的过失行为的结合,而侵害同一受害人相同或相近民事权益的行为,也属于共同侵权行为。

(三)对本条的具体理解

在数人侵权情形下,如果构成一般侵权,数个行为人分别根据各自行为造成损害后果的可能性承担按份责任。如果构成共同侵权,数个行为人对受害人承担连带责任,受害人可以要求任一行为人承担全部侵权责任,法律后果更重。连带责任的重要意义在于增加责任主体的数量,加强对受害人请求权的保护,确保受害人获得赔偿。如果每个行为人都具有相应的清偿能力,要求数个行为人对受害人承担连带责任或者按份责任,最终结果都是一样的。但是,如果部分行为人不具有清偿能力,这就凸显了连带责任在保护受害人方面的重要作用,但这也可能使对外承担全部责任的部分行为人无法从其他行为人处获得相应的清偿。

如果共同侵权制度的适用范围过于宽泛,会使行为人动辄与他人承担连带责任,哪怕其本身只需要承担一小部分的份额,其也必须首先对外承担全部责任,然后再向其他行为人追偿,不仅增加了诉讼成本,而且可能使具有清偿能力的人承担其本不应承担的份额,蒙受不公平,反而使本应承担更多份额的行为人得以逃脱。如果共同侵权制度的适用范围过于狭窄,将不利于充分发挥该制度迅捷救济受害人的设计初衷,如果还需要受害人证明数个行为人的侵权行为在损害后果中所占的份额,就增加了诉讼难度。也正因如此,在构建共同侵权制度时,需要在行为人与受害人之间寻找到一个合适的平衡点。

根据本条规定,构成共同侵权行为需要满足以下几个要件:

一是主体复数。共同侵权行为的主体必须是两人或者两人以上,行为人可以是自然人,也可以是法人。

二是共同实施侵权行为。这一要件中的“共同”主要包括三层含义:

其一,共同故意。上文介绍了多种学说,无论哪一种学说,都一致认为,数个行为人基于共同故意侵害他人合法权益的,应当成立共同侵权行为。其二,共同过失。"共同过失"主要是数个行为人共同从事某种行为,基于共同的疏忽大意,造成他人损害。其三,故意行为与过失行为相结合。需要特别强调的是,上述三种形态均可以构成本条所说的"共同实施",不能狭义理解为,本条所指的共同实施只有共同故意实施。

三是侵权行为与损害后果之间具有因果关系。在共同侵权行为中,有时各个侵权行为对造成损害后果的比例有所不同,但必须存在法律上的因果关系,如果某个行为人的行为与损害后果之间没有因果关系,则不应与其他行为人构成共同侵权。

四是受害人具有损害。这是受害人请求加害人承担侵权责任的一个基本要件。无损害,则无救济,如果没有损害,根本不可能成立侵权责任。

根据本条规定,一旦满足上述构成要件,成立共同侵权行为,数个行为人就必须对外承担连带责任,被侵权人有权请求部分或者全部行为人承担全部责任。

需要说明的是,在我国,共同侵权与连带责任的适用范围并不完全重合,两者并不是一一对应关系。根据本法第178条第3款的规定,连带责任,由法律规定或者当事人约定。在法律规定方面,除了共同侵权行为外,还有其他情形的规定。例如,侵权责任编第5章规定的拼装或者已经达到报废标准的机动车的转让人和受让人承担连带责任;第8章规定的高度危险物的所有人与管理人承担连带责任等。

第一千一百六十九条　教唆、帮助他人实施侵权行为的,应当与行为人承担连带责任。

教唆、帮助无民事行为能力人、限制民事行为能力人实施侵权行为的,应当承担侵权责任;该无民事行为能力人、限制民事行为能力人的监护人未尽到监护职责的,应当承担相应的责任。

【释义】　本条是关于教唆侵权和帮助侵权的规定。

(一)我国以及其他国家和地区的立法例

关于共同侵权行为,各国和地区大多对教唆和帮助侵权作出了明确规定。例如《德国民法典》第830条第2款规定,教唆人和帮助人视为共同行为人。《日本民法典》第719条第2款规定，教唆行为人者及帮助行为人者看作共同行为人，适用前款规定。《瑞士债务法》第50条规定，如果数人共同造成损害，则不管是教唆者、主要侵权行为人或者辅助侵权行为人，均应当对受害人承担连带责任和单独责任。法院有权自由裁决责任人是否以及在多大程度上分担责任。教唆者的责任限于其获得的利益和由于其帮助造成的损失的范围。《韩国民法典》第760条第3款规定，教唆人或帮助人视为共同行为人。我国台湾地区"民法"第185条第2款规定，造意人及帮助人，视为共同行为人。

我国民法通则仅仅规定了共同侵权制度，没有对教唆、帮助侵权作出具体规定。《最高人民法院关于贯彻执行〈中华人民共和国民法通则〉若干问题的意见(试行)》弥补了这一空白，第148条规定："教唆、帮助他人实施侵权行为的人，为共同侵权人，应当承担连带民事责任。教唆、帮助无民事行为能力人实施侵权行为的人，为侵权人，应当承担民事责任。教唆、帮助限制民事行为能力人实施侵权行为的人，为共同侵权人，应当承担主要民事责任。"侵权责任法第9条对教唆侵权和帮助侵权作了具体规定。民法典侵权责任编延续了侵权责任法的规定，未作变更。

(二)教唆、帮助行为与共同侵权行为之间的关系

关于教唆、帮助行为与共同侵权行为之间的关系，学者之间有不同的认识。有的学者认为，共同侵权行为的主体是共同加害人，共同加害人按其行为的特点，可以分为实行行为人、教唆行为人和帮助行为人，因而，教唆行为和帮助行为都是共同侵权行为人实行的行为，都是典型的共同侵权行为。有的学者认为，如果某人教唆或者帮助他人从事侵权行为，由于各行为人具有共同故意，其行为已与其他共同侵权行为人的行为构成一个共同的、不可分割的整体，因此都是共同侵权行为人。有的学者认为，教唆或者帮助他人实施侵权行为的人并未直接从事加害行为，原则上不应承担侵权责任，但如此必将大大违背社会正义观念，而且也不利于遏制此等教唆行为或帮助行为之发生。因此，应在侵权责任编中将这两类人与直接从事侵权行为的人同样对待，视其为共同侵权行为人。也有的学者认为，在数人侵权的情况下，有时法律因特别目的规定数人承担连带责任的，属于法定的共同侵权。法律有明文规定的时候，只要符合该法律规定的特别要件，无论其是否符合共同侵权的构成要件，均当然按照共同侵权责任处理。

教唆和帮助行为属于法定的共同侵权行为中的一种类型。

(三)对本条第1款的理解及行为的构成要件

本条第1款中的“他人”指的是完全民事行为能力人。教唆、帮助完全民事行为能力人实施侵权行为需要满足以下构成要件:

一是教唆人、帮助人实施了教唆、帮助行为。教唆行为,是指对他人进行开导、说服,或通过刺激、利诱、怂恿等方法使该他人从事侵权行为。教唆行为只能以积极的作为方式作出,消极的不作为不能成立教唆行为;教唆行为可以通过口头、书面或者其他形式加以表达,可以公开进行也可以秘密进行,可以当面教唆也可以通过别人传信的方式间接教唆。帮助行为,是指给予他人以帮助,如提供工具或者指导方法,以便该他人易于实施侵权行为。帮助行为通常是以积极的作为方式作出,但具有作为义务的人故意不作为时也可能构成帮助行为。帮助的内容可以是物质上的,也可以是精神上的,可以在行为人实施侵权行为前,也可以在实施过程中。一般认为,教唆行为与帮助行为的区别在于:教唆行为的特点是教唆人本人不亲自实施侵权行为,而是唆使他人产生侵权意图并实施侵权行为或危险行为;而帮助行为可能并不对加害行为起决定性作用,只是对加害行为起促进作用。

二是教唆人、帮助人具有教唆、帮助的主观意图。一般来说,教唆行为与帮助行为都是教唆人、帮助人故意作出的,教唆人、帮助人能够意识到其作出的教唆、帮助行为可能造成的损害后果。在帮助侵权中,如果被帮助人不知道存在帮助行为,也并不影响帮助行为的成立。

三是被教唆人、被帮助人实施了相应的侵权行为。这一要件要求教唆行为、帮助行为与被教唆人、被帮助人实施的侵权行为之间具有内在的联系。如果被教唆人、被帮助人实施的侵权行为与教唆行为、帮助行为没有任何联系,而是行为人另外实施的,那么,就该行为所造成的损害不应要求教唆人、帮助人承担侵权责任。这一点与刑法中的教唆犯罪存在明显区别,在刑法中,即便被教唆人没有按照教唆人的意图实施犯罪行为,教唆人的教唆行为仍然可能构成教唆未遂的犯罪。

根据本款规定,教唆人、帮助人实施教唆、帮助行为的法律后果是,教唆人、帮助人与行为人承担连带责任。受害人可以请求教唆人、帮助人或者行为人中的一人或者数人赔偿全部损失。

(四)对本条第2款的理解及行为的构成要件

本条第2款是针对被教唆、被帮助对象是无民事行为能力人或者限制民事行为能力人所作出的特别规定。相比第1款的规定,法律后果有所不同。

一是教唆人、帮助人明知被教唆人、被帮助人为无民事行为能力人或者限制民事行为能力人时,仍然实施教唆、帮助行为的,应当承担侵权责任。即便教唆人、帮助人主观上不知道被教唆人、被帮助人是无民事行为能力人或者限制民事行为能力人的,为了体现法律对教唆、帮助行为的否定性评价,也应当适用本款规定,由教唆人、帮助人承担侵权责任。

二是如果被教唆、被帮助的无民事行为能力人或者限制民事行为能力人的监护人未尽到监护责任的,应当承担相应的责任。监护,是为保护无民事行为能力人和限制民事行为能力人的人身和财产权利而由特定公民或组织对其予以监督、管理和保护的制度。如果监护人未尽到教育和照顾被监护人的职责,疏于履行监护责任,应当对被监护人给他人造成的损害承担侵权责任。

在侵权责任法起草过程和民法典编纂过程中,都有意见提出,无论监护人是否尽到监护责任,都应当由监护人与教唆人或者帮助人承担连带责任。经研究认为,在存在教唆人、帮助人的情形下,监护人承担连带责任过于严厉。还有意见提出,应当对教唆、帮助无民事行为能力人实施侵权行为和教唆、帮助限制民事行为能力人实施侵权行为的责任作出区分规定。教唆、帮助无民事行为能力人实施侵权行为的,被教唆、帮助的无民事行为能力人实际被当作实施侵权的工具,应由教唆人、帮助人承担全部责任。与无民事行为能力人相比,限制民事行为能力人有一定程度的判断力,仍然由教唆人、帮助人承担侵权责任,有失妥当,应当根据各自过错和原因力,对内合理划分各方责任。经研究认为,本款"教唆、帮助无民事行为能力人、限制民事行为能力人实施侵权行为的,应当承担侵权责任"是从侵权人与被侵权人相互关系的角度作出规定的,即侧重外部关系。即使要考虑侵权人的内部关系,教唆人、帮助人的责任,也不能因其教唆或者帮助的对象不同,而体现出主观故意的区别。上述这些意见,虽然都有一定道理,但并未被立法采纳。

第一千一百七十条　二人以上实施危及他人人身、财产安全的行为,其中一人或者数人的行为造成他人损害,能够确定具体侵权人的,由侵权人承担责任;不能确定具体侵权人的,行为人承担连带责任。

【释义】 本条是关于共同危险行为的规定。

学说上指的共同危险行为,是指数人的危险行为对他人的合法权益造成了某种危险,但是对于实际造成的损害无法查明具体是由何人所为,法律为保护被侵权人的利益,数个行为人视为侵权行为人。

(一)境外立法例及我国规定的沿革

共同危险行为制度广泛存在于其他国家和地区的民法典中,但对于共同危险行为制度的起源,学者们还有不同认识。有的学者认为,共同危险行为起源于罗马法的“流出投下物诉权”制度,根据罗马法规定,在有物体从共同住宅窗户投下、坠落或有物流出,造成行人或他人受损害,而又无法查明投下物或流出物为何人所为时,应由共同住宅中全体居民(无论是自有、租赁、借住)负连带责任。有的学者对此表示质疑,并认为大陆法系的共同危险行为理论实际上是在法国和德国审理的一系列“狩猎案”中逐渐确立和成熟的。但通说认为共同危险行为制度起源于德国民法,后为各国立法所确认。

《德国民法典》第 830 条第 1 款规定,数人因共同实施侵权行为造成损害的,各人对损害均负责任。不能查明数关系人中谁的行为造成损害的,亦同。在德国,存在两个非常典型的共同危险行为的案例:一个是“猎人案件”,多个猎人同时向一个方向开枪,路过的行人被射中,但无法查明究竟是哪个猎人射出的子弹击中了该行人。另一个是“摔炮案件”,在一个啤酒花园中,坐在一张桌上的六个人向另外一张桌上的客人都扔出了摔炮,其中一个摔炮炸伤了受害人的眼睛,但受害人无法指认究竟是哪个摔炮导致其眼睛遭受了损害。

《日本民法典》第 719 条第 1 款规定,由于多人共同的不法行为而对他人造成了损害时,各人对于该损害负有连带赔偿责任。无法得知共同行为人中的某一人是否施加了该损害时亦同样。《韩国民法典》第 760 条规定,数人因共同不法行为(侵权行为)给他人造成损害时,对其损害有连带赔偿责任。不构成共同侵权行为的数人行为造成了损害,却不知谁的行为造成的情况下,同前款。《荷兰民法典》第 6:99 条规定,在损害可能产生于两个或者两个以上的人各自应当承担责任的事件时,如果能够认定损害至少产生于此等事件之一,这些人中的每一个人都对赔偿承担责任,除非他能证明损害不是由于他所负有责任的事件造成的。加拿大《魁北克民法典》第 1480 条规定,数人共同参与了导致损害的过错行为或分别犯有可能导致损害的过错的，在这两种情形，如不能确定损害实际上由他们中的何人或诸过错中的何过错引起，则他们就赔偿此等损害负连带责任。我国台湾地区“民法”第185条第1款规定，数人共同不法侵害他人之权利者，连带负损害赔偿责任；不能知其中孰为加害人者，亦同。

在英美侵权行为法中，不存在独立的共同危险行为，而是将其纳入共同侵权行为，作为共同侵权行为的一种表现形式。英美法通过判例的形式确立了解决加害人不明侵权行为的基本规则：如果数个行为人的共同行为是处于协同行动的状态中，其中某一人或部分人的行为导致受害人的损害发生，虽然不能确知谁具体实施了加害行为，但受害人只要能举证侵权行为存在，数个共同行为人即可认定为共同侵权行为人，须就受害人的全部损害承担连带责任；如果数个行为人的共同行为并非处于协同行动的状态中，不能认定共同行为人全体造成受害人的同一损害，而是在于行为人中仅一人的行为与损害结果之间具有因果关系，如果受害人不能证明该侵权行为系其所起诉的被告实施，则不能获得胜诉判决。

我国民法通则没有对共同危险行为制度作出明确规定。《最高人民法院关于审理人身损害赔偿案件适用法律若干问题的解释》第4条规定：“二人以上共同实施危及他人人身安全的行为并造成损害后果，不能确定实际侵害行为人的，应当依照民法通则第130条规定承担连带责任。共同危险行为人能够证明损害后果不是由其行为造成的，不承担赔偿责任。”侵权责任法第10条规定了共同危险行为。民法典侵权责任编延续了侵权责任法第10条的规定，未作变更。

（二）共同危险行为的构成要件

根据本条规定，构成共同危险行为应当满足下列几个要件：

一是二人以上实施危及他人人身、财产安全的行为。行为主体是复数，这是最基本的条件，这样才会出现不能确定谁是具体加害人的情况。

在侵权责任法起草及民法典编纂过程中，均有意见提出，建议加上“共同”二字，即“二人以上共同实施侵权行为”。经研究，我们认为，在共同危险行为制度中，“共同”的含义要求数个行为人的行为必须是在同一时间、同一场所的行为，即“时空上的共同性”。如果数个行为人的行为在时间上、场所上发生了分离，就不属于“共同”危险。我国侵权责任制度共同侵权规定中的“共同”与上述的“共同”的含义不一样,不要求时空上的共同性。例如,本法第 1168 条规定,二人以上共同实施侵权行为,造成他人损害的,应当承担侵权责任。这一条中的“共同”不要求数个侵权人在同一时间、同一场所实施侵权行为。因此,为了防止在同一部法律中出现表述相同但含义不同的法律术语,本条没有采取“共同实施”的表述。

有的意见提出,共同危险行为人承担连带责任的根据在于数个行为人具有共同过错,这种共同过错表现为共同过失。还有的意见认为,把行为人连接在一起的是共同过错,这种共同过错既非共同故意也非单独故意,而只能表现为共同过失,即共同地疏于对他人权利保护的注意义务。经研究,我们认为,我国法律上的共同危险行为制度源于最高人民法院的司法解释,该司法解释的初衷是防止因无法指认具体加害人而使受害人的请求权落空。本条的着眼点是每个行为人都实施了危及他人人身、财产安全的行为。

二是其中一人或者数人的行为造成他人损害。虽然实施危及他人人身、财产行为的是数人,但真正导致受害人损害后果发生的只是其中一个人或者几个人的行为。

三是不能确定具体加害人。一般而言,受害人只能请求加害人就其侵权行为所造成的损失予以赔偿,加害人也仅对其侵权行为所造成的损失进行赔偿。但在共同危险行为制度中,数个行为人实施的危及行为存在偶合性,事实上只有部分行为人的行为造成了损害后果。但是,由于受害人无法掌握各个行为人的行为动机、行为方式等证据,无法准确判断哪个行为才是真正的加害行为,为了保护受害人的合法权益,降低受害人的举证难度,避免其因不能指认真正加害人而无法行使请求权,同时由于每个行为人都实施了危及行为,在道德上具有可责难性,所以规定由所有实施危及行为的人承担连带责任是合理的。如果受害人能够指认或者法院能够查明具体加害人,那就是普通的侵权责任,由具体加害人承担侵权责任。

根据本条规定,适用共同危险行为制度的法律后果是,数个行为人对受害人承担连带责任。共同危险行为不仅在一般过错责任中适用,在过错推定责任、无过错责任中也有适用余地。

(三)共同危险行为制度的免责事由

对于是否规定部分行为人能通过证明其不可能是加害人或者其行

为与损害后果之间不存在因果关系来免除责任,学术界历来都有两种主张:一种是肯定说。认为只要数人中有人能够证明自己根本没有加害他人的可能的,也就证明了自己没有实施危险行为,此时即便其他人中仍然不能确知谁为加害人,也应当将该人排除在共同危险人之外,使其免除责任。另一种是否定说。认为即便数人中的某人能够证明自己没有加害行为,也不能当然地免除其责任,因为其他人也如法炮制地证明自己没有加害行为,则势必会发生全体危险行为人逃脱责任的现象,受害人所受损害根本无法获得补救,因此,行为人能够证明自己并非加害人并不能免责。

关于本条应当采纳哪种主张,在起草过程中也曾有过不同意见。有的意见认为,为了保护受害人的利益,共同危险行为制度将部分不应承担责任的行为人作为责任人,应当给予这部分人免除责任的机会,如果必须指明谁是加害人,则失之过严。还有的意见认为,相对受害人而言,行为人容易证明谁是加害人,如果允许行为人通过证明自己不可能是加害人来免责,则可能导致行为人轻易从责任中逃逸,使受害人无法得到救济。这两种观点都有其合理性。本条最终规定,不能确定具体加害人的,由行为人承担连带责任。换言之,只有在确定具体加害人的情形下,其他行为人才可以免除责任。

第一千一百七十一条　二人以上分别实施侵权行为造成同一损害,每个人的侵权行为都足以造成全部损害的,行为人承担连带责任。

【释义】 本条是关于无意思联络分别实施侵权行为,但是都能造成全部损害时,承担连带责任的规定。

适用本条规定需要符合以下构成要件:

一是二人以上分别实施侵权行为。行为主体的复数性是最基本的条件,每个人的行为都必须是侵权行为。相比本法第 1168 条规定的共同侵权行为,本条要求数个侵权行为之间相互独立。本条中的“分别”是指实施侵权行为的数个行为人之间不具有主观上的关联性,各个侵权行为都是相互独立的。每个行为人在实施侵权行为之前以及实施侵权行为过程中,与其他行为人没有意思联络,也没有意识到还有其他人也在实施类似的侵权行为,这就是所谓的“无意思联络”。如果行为人主观上具有关联性,存在共同故意或者共同过失,应当适用本法第 1168 条共同侵权行为的规定,而不能适用本条。

二是造成同一损害后果。"同一损害"指数个侵权行为所造成的损害的性质是相同的,都是身体伤害或者财产损失,并且损害内容具有关联性。如甲的侵权行为造成了丙左腿受伤,乙的侵权行为也造成了丙左腿受伤。如果乙的侵权行为造成了丙右腿受伤,那么,甲、乙两人的侵权行为造成的就不是同一损害,而是不同损害。本条强调损害的同一性。本条与共同侵权制度是有区别的。在共同侵权制度中,即便每个侵权行为所造成的损害后果不同,如甲的侵权行为造成了丙身体上的伤害,乙的侵权行为造成了丙的财产损失,只要数个行为人主观上具有关联性,同样构成共同侵权,由数个行为人对受害人的全部损失承担连带责任。此外,如果各个行为人对受害人所造成的损害是不同的,即便因偶然原因而同时发生在一个人身上,行为人也仅就各自所致的损害承担赔偿责任。

三是每个人的侵权行为都足以造成全部损害。判断每个侵权行为是否足以造成全部损害是适用本条的关键。本条中的"足以"并不是指每个侵权行为都实际上造成了全部损害,而是指在没有其他侵权行为的共同作用的情况下,独立的单个侵权行为也有可能造成全部损害。如甲、乙两人分别从不同方向向同一房屋放火,将该房屋烧毁,根据两个方向的火势判断,如果不存在另一把火,每把火都有可能将整栋房屋烧毁,但事实上是两把火共同作用烧毁了该房屋,所以只能说每把火都"足以"烧毁整栋房屋。

根据本条规定,一旦满足本条规定的上述三个构成要件,数个行为人必须对造成的损害承担连带责任。

第一千一百七十二条　二人以上分别实施侵权行为造成同一损害,能够确定责任大小的,各自承担相应的责任;难以确定责任大小的,平均承担责任。

【释义】 本条是关于无意思联络的分别侵权行为承担按份责任的规定。

(一)境外立法例及我国规定的沿革

世界大多数国家和地区的民法中没有类似的规定,只有加拿大《魁北克民法典》第 1478 条规定,数人引起的损害,依他们各自过错的严重程度的比例分担责任。受害人自己的过错部分地导致了损害的,也要分担责任。

充分代表美国学术界观点的《美国侵权法第三次重述·责任分担》第17条规定,如有两人或多人的独立侵权行为构成某一不可分损害的法律原因,将由该案司法管辖区的法律确定这些侵权人应否承担连带责任、单独责任或连带责任与单独责任的某种混合责任形态。该法在第17条以下规定了五种解决路径,分别是连带和分别责任、分别责任、结合再分配的连带和分别责任、基于比较责任份额界限的混合责任、基于赔偿种类的混合责任。由此可见,美国学术界对数个独立侵权行为造成同一损害的情形,行为人承担何种责任未有定论。

我国民法通则没有对无意思联络的分别侵权行为作出规定,《最高人民法院关于审理人身损害赔偿案件适用法律若干问题的解释》第3条第2款规定:"二人以上没有共同故意或者共同过失,但其分别实施的数个行为间接结合发生同一损害后果的,应当根据过失大小或者原因力比例各自承担相应的赔偿责任。"侵权责任法吸收了最高人民法院司法解释的规定,在第12条规定了无意思联络的分别侵权行为承担按份责任的情形。民法典侵权责任编延续了侵权责任法的规定,对个别字词作了调整。

(二)构成要件

适用本条规定应当符合下列构成要件:

一是二人以上分别实施侵权行为。这一要件与本法第1171条中"二人以上分别实施侵权行为"的含义相同,要求数个侵权行为相互之间是独立的,不存在应当适用本法第1168条共同侵权制度的情形。

二是造成同一损害后果。这一要件与本法第1171条中"造成同一损害"的含义一样。如果数个侵权行为造成的损害后果不同,可以明显区分,应当适用本法第1165条或者第1166条的规定。本条与本法第1171条同属分别侵权制度,但在构成要件上有所不同,第1171条的构成要件更加严格,要求"每个人的侵权行为都足以造成全部损害"。

(三)适用本条的法律后果

在法律后果上,本条数个行为人的责任与第1171条在法律后果上有本质区别,第1171条要求各个行为人承担连带责任,更为严厉。本条确定各个行为人应当承担的责任,分两个层次规定:

一是能够确定责任大小的。虽然数个侵权行为结合造成了同一损害,但是在大部分案件中,可以根据各个侵权行为对造成损害后果的可能性(盖然性)来确定责任份额。判断这种可能性,可以综合各个行为人的过错程度、各个侵权行为与损害后果因果关系的紧密程度、公平原则以及政策考量等因素。有的学者将这种可能性称为"原因力",是指在构成损害结果的共同原因中,每一个原因对于损害结果发生或扩大所发挥的作用力。法律不可能脱离具体案件,事先抽象出各种确定责任份额的标准,只能由法官在具体案件中综合考虑各种因素来确定。

二是难以确定责任大小的。责任分配的尺度很难有一个可以量化的标准,在某些情形下,由于案情复杂,很难分清每个侵权行为对损害后果的作用力究竟有多大。我们可以借鉴其他国家和地区在确定各个连带责任人内部份额时的做法,在有疑问的情况下,推定所有人的责任相同。本条也作出了类似规定,难以确定责任大小的,各个行为人平均承担责任。侵权责任法第 12 条规定的是"平均承担赔偿责任"。民法典侵权责任编编纂过程中,考虑到侵权责任的承担方式除了最常适用的赔偿损失以外,还有赔礼道歉、消除影响、恢复名誉等其他方式,因此将"赔偿"二字删除,规定为"平均承担责任"。

(四)本条与第 1168 条、第 1171 条的关系

一是本条与第 1168 条共同侵权的规定在适用范围上呈现互补关系。第 1168 条要求数个行为人共同实施侵权行为,而本条要求数个行为人分别实施侵权行为。《德国民法典》当初规定共同侵权制度时,要求只有主观上具有共同故意才能构成共同侵权,除此之外,其他类型的数人侵权都属于分别侵权。但随着共同侵权制度的适用范围不断变宽,一些国家和地区对共同侵权逐渐采用客观说,将部分原属于分别侵权范畴的无意思联络数人侵权纳入共同侵权范畴,现代民法中"共同"与"分别"的区别越来越模糊。

二是在处理数人实施侵权行为的具体案件时,首先需要分析是否满足第 1168 条共同侵权制度规定的构成要件;不符合的,分析其是否满足第 1171 条的构成要件;还不符合的,再分析能否适用本条规定。需要特别强调的是,在逻辑关系上,并不存在不适用第 1168 条、第 1171 条,就一定适用本条的关系。

第一千一百七十三条　被侵权人对同一损害的发生或者扩大有过错的,可以减轻侵权人的责任。

【释义】 本条是关于“与有过错”制度的规定。

（一）有关术语及立法体例

在被侵权人对于损害的发生也有过错的情况下，使侵权人承担全部侵权责任有失公允。因此，侵权人可以以被侵权人的过错为由进行抗辩，要求减轻自己的侵权责任，实践中主要是减少损害赔偿的数额。严格来说，“与有过错”制度与“损益相抵”制度是不同的两项制度。“与有过错”中的“与”指的是侵权人与被侵权人双方，该制度是双方均有过错的情况下如何承担责任。侵权责任法第 26 条一个“也”字说明一切。“损益相抵”是指被侵权人因同一侵权行为受到损害又获得利益的，计算损害赔偿额时，除非依据利益的性质或者依照法律的规定不得扣除，应当扣除所获利益。侵权责任法与民法典侵权责任编均没有规定“损益相抵”制度，主要考虑侵权行为中极少有侵权人因同一侵权行为受到损害又获得利益的情形。

在侵权责任法立法过程中，对“与有过错”制度规定在哪一章有过争议。最终侵权责任法规定在“不承担责任和减轻责任的情形”一章中。在民法典侵权责任编编纂过程中，整合了侵权责任法第 1 章至第 3 章的规定，因此“与有过错”制度被吸收到了侵权责任编第 1 章“一般规定”中。

（二）关于本条的适用

民法典侵权责任编对侵权责任法“与有过错”制度作了拓展。侵权责任法第 26 条规定：“被侵权人对损害的发生也有过错的，可以减轻侵权人的责任。”本条规定：“被侵权人对同一损害的发生或者扩大有过错的，可以减轻侵权人的责任。”对两条进行比较，主要的变化有两点：

一是侵权责任编对损害作了限定，必须是“同一”损害才能适用本条。对“同一”的理解，在一部法律中是一脉相承的，指对一个性质相同的损害结果的发生，侵权人与被侵权人均有责任。这次作出修改，主要是有的意见提出，实践中不同法院对侵权责任法第 26 条的理解和适用不一，为了维护司法裁判的统一性，应当有所限定。二是增加了损害的“扩大”。侵权责任法第 26 条“被侵权人对损害的发生”的表述中，发生是包含扩大的含义的，扩大是后续的损害，是新发生的损害，也是损害的一种形态，正确理解侵权责任法的规定，这一点必须明确。民法典编纂过程中，有的意见提出，损害发生后，其范围并非立即确定，而是有可能随着时间的推移而变化。从损害发生到损害范围扩大的全部阶段,都有可能发生受害人违反对自己的不真正义务,故受害人过错制度适用的范围,不限于损害的发生,也应包括损害的扩大。经研究,民法典侵权责任编将“扩大”从“损害的发生”中独立出来了。侵权人造成了损害,被侵权人因为自己的原因,致使同一损害扩大,对扩大的部分,可以减轻侵权人的责任。

“与有过错”制度的适用范围问题一直存在争论。特别是该制度是否适用于无过错责任,我国理论界的争论由来已久。从比较法的角度来看,绝大多数国家和地区的“与有过错”制度都适用于无过错责任。民法典侵权责任编在本条明确了无过错责任也可以适用“与有过错”制度。不过,需要特别指出的是,法律明确针对特定的无过错责任类型规定了特殊免责事由的,不适用本条规则。例如,依照本法第 1237 条的规定,民用核设施或者运入运出核设施的核材料发生核事故造成他人损害的,民用核设施的营运单位能够证明损害是因战争、武装冲突、暴乱等情形或者受害人故意造成的,不承担责任。也就是说,如果损害是由受害人的过失,哪怕是重大过失造成的,也不能减轻民用核设施经营人的责任。

(三)“与有过错”与受害人故意造成损害的关系

在侵权责任法立法过程和民法典编纂过程中,有的建议将本条中的“过错”改为“过失”。理由是:(1)从德国、日本和我国台湾地区的立法来看,都强调的是受害人对于损害的发生存在过失;(2)“过错”包括“故意”和“过失”,如果是受害人故意造成自己损害,则不是减轻行为人责任的问题,而应当免除行为人的责任。

本法没有采纳上述意见,理由主要是,如果损害完全是由于受害人故意造成的,即损害发生的唯一原因是受害人的故意,应完全免除行为人的责任。在侵权人对于损害的发生有故意或者重大过失,受害人对于同一损害的发生或者扩大也有责任时,只有减轻侵权人责任的问题。

在立法过程中还有的建议将本条中的“可以减轻侵权人的责任”中的“可以”修改为“应当”。经研究认为,在损害主要是由侵权人造成,被侵权人对同一损害仅有轻微责任的情况下,就不一定要减轻侵权人的责任。例如,在责任认定上,侵权人占 99%的原因,被侵权人占 1%的原因。这种情况下,如果规定“应当”减轻侵权人的责任,是不公平的。因此立法没有采纳上述建议。

第一千一百七十四条　损害是因受害人故意造成的,行为人不承担责任。

【释义】　本条是关于受害人故意造成损害,行为人免责的规定。

受害人故意造成损害,是指受害人明知自己的行为会发生损害自己的后果,而希望或者放任此种结果的发生。受害人故意分为直接故意和间接故意。直接故意是指受害人从主观上追求损害自己的结果发生,如受害人摸高压线自杀;间接故意是指受害人已经预见到自己的行为可能发生损害自己的结果,但也不停止该行为,而是放任损害结果的发生,如受害人盗割高压线,导致自己伤亡。

本条规定对行为人免责,是指损害完全是因为受害人的故意造成的,即受害人故意的行为是其损害发生的唯一原因。例如,本法第1238条规定,民用航空器造成他人损害的,民用航空器的经营者应当承担侵权责任;但是,能够证明损害是因受害人故意造成的,不承担责任。

本条规定适用于过错责任自不待言,从现有法律规定来看,本条也适用于无过错责任,上述第1238条的规定即是无过错责任的一例。此外,本编第8章"高度危险责任"的很多条文都规定了受害人故意造成损害,行为人免责。在侵权责任法中,本条规定在不承担责任和减轻责任的情形一章中,民法典侵权责任编整合了侵权责任法第1章至第3章的内容,因此本条被吸收到了侵权责任编第1章"一般规定"中。

第一千一百七十五条　损害是因第三人造成的,第三人应当承担侵权责任。

【释义】　本条是关于第三人过错的规定。

第三人过错的概念往往在诉讼中体现,指受害人起诉被告以后,被告提出该损害完全或者部分不是由自己造成,是第三人的过错造成,从而提出免除或者减轻自己责任的抗辩事由。第三人的过错包括故意和过失。第三人应当与被告不存在任何隶属关系,比如用人单位的工作人员在工作过程中造成他人损害的,用人单位不能以其工作人员作为第三人,提出"第三人过错"的抗辩。用人单位应当对工作人员造成的损害,承担替代责任。

本条在适用上应把握以下两点:

(一)第三人过错是造成损害的唯一原因

在过错责任和过错推定责任范围内,被告能够证明损害完全是由于第三人的过错行为造成的,应免除被告的责任,由第三人对原告承担侵权责任。在过错责任适用范围内,例如,甲在骑车下班途中,碰巧遇见乙和丙在路边斗殴,乙突然把丙推向非机动车道,甲躲闪不及,将丙撞伤。在本案中,甲对丙突然被推向他的车前是不可预见的,因此甲没有任何过错,丙的损害应由乙承担赔偿责任。在过错推定责任适用范围内,例如,某农舍的墙上挂了一串玉米,某一天该玉米脱落砸伤了在该墙下乘凉的人。农舍的主人能够证明自己没有过错,并且能够证明损害是由于与自己有积怨的邻居拔松了挂玉米的钉子,从而使玉米脱落砸伤了他人。在此情况下,应由邻居承担损害赔偿责任。

在无过错责任范围内,情况比较复杂。在某些无过错责任情形之下,即使完全由第三人过错造成的损害,也应先由被告承担责任,即被告不能以第三人造成损害为由,对原告进行抗辩。在某些无过错责任情形之下,由第三人的过错造成损害,被侵权人可以选择行为人或者第三人之一承担责任。例如,本法第1233条规定,因第三人的过错污染环境、破坏生态的,被侵权人可以向侵权人请求赔偿,也可以向第三人请求赔偿。侵权人赔偿后,有权向第三人追偿。在某些无过错责任情形之下,完全由第三人造成的损害,由第三人承担责任,即被告可以"第三人过错"造成损害为由,对原告进行抗辩。例如,电力法第60条第3款规定:"因用户或者第三人的过错给电力企业或者其他用户造成损害的,该用户或者第三人应当依法承担赔偿责任。"

(二)第三人过错是造成损害的部分原因

本条规定的"第三人过错"与本法第1168条共同侵权行为、第1170条共同危险行为、第1171条无意思联络承担连带责任的侵权行为、第1172条无意思联络承担按份责任的侵权行为等多数人侵权制度有着紧密的联系,同时也极易造成混淆。在何时、何种条件下,被告可以援用"第三人过错"而要求减轻自己责任的问题上,在侵权责任法立法过程中也有不少争论,侵权责任法颁布以来,在司法实践中也有不少错误认识。因此,有必要对以下几个问题进行澄清:

一是与第1168条共同侵权行为的关系。例如,甲和乙合谋将丙打伤,丙将乙起诉到法院,乙不能以甲参与了侵权为由,要求适用本条的规定。即构成共同侵权行为的,应当适用本法第 1168 条的规定,由侵权人承担连带责任,即被侵权人有权要求侵权人中的一人承担全部责任,而不能适用第三人过错免责。

二是与第 1170 条共同危险行为的关系。例如,甲在农田耕作时遭受枪伤,甲将其受伤时发现的非法狩猎人乙告上法庭。乙在庭上陈述,其在开枪的同时,还有另一名非法狩猎人丙也开了枪。但甲的枪伤只有一处,乙提出枪伤可能是自己所为,但也可能是丙的行为所致。这种情况下,依照本法第 1170 条的规定,乙的行为和丙的行为构成共同危险行为,在不能确定具体加害人的情况下,乙和丙承担连带责任,乙不能以第三人丙的行为为由,对受害人甲进行抗辩,要求与丙分担甲的损失,免除或者减轻自己的责任。当然,乙在承担连带责任后,可以起诉丙,以进一步分清二者的责任,但那是另一个法律关系。

三是与第 1171 条无意思联络承担连带责任的侵权行为的关系。例如,甲、乙二人分别在丙的房舍的东西两面放火烧荒,甲、乙二人没有意思联络,但两股火同时向丙的房舍蔓延,致使丙的房舍焚毁。丙将甲起诉到法院,甲提出乙的放火行为也是房屋被焚的原因之一,要求减轻自己的责任。本案中,甲、乙的行为直接结合,是构成丙的损害的共同原因,依照第 1171 条的规定,甲、乙应对丙承担连带责任。甲以第三人侵权行为造成损害为由的抗辩不能成立。

四是与第 1172 条无意思联络承担按份责任的侵权行为的关系。这两种情形最难区分,本条规定"损害是因第三人造成的,第三人应当承担责任",这种情况下,被告是否仍然要承担部分责任,法律对此没有明确规定。这就需要司法实践中结合个案进行仔细分析,在"被告的过错"与"第三人的过错"分别构成同一损害的原因的情况下,被告可以造成的损害还有"第三人的过错"为由,向原告行使抗辩权,要求减轻自己的责任。

第一千一百七十六条　自愿参加具有一定风险的文体活动,因其他参加者的行为受到损害的,受害人不得请求其他参加者承担侵权责任;但是,其他参加者对损害的发生有故意或者重大过失的除外。

活动组织者的责任适用本法第一千一百九十八条至第一千二百零一条的规定。

【释义】　本条是关于自甘风险制度的规定。

（一）有关概念辨析

自甘风险和自愿承担损害容易混淆，两者是既有共同点又有区别的两个概念。

（1）自甘风险又称自愿承受危险，是指受害人自愿承担可能性的损害而将自己置于危险环境或场合，造成损害的行为人不承担责任。其构成要件是：第一，受害人作出了自愿承受危险的意思表示，通常是将自己置于可能性的危险状况之下；第二，这种潜在的危险不是法律、法规所禁止的，也不是社会公序良俗所反对的，且此种危险通常被社会所认可存在或者难以避免的。例如，参加拳击比赛而自愿承受可能受到的人身伤害的危险。

（2）自愿承担损害又称受害人同意，是指受害人自愿同意他人对其人身或财产施加某种损害。关于自愿对其人身实施损害，例如，病人同意医生对其手术，手术将造成失血，而手术对于挽救病人生命与失血的损害相比是利大于弊，于是病人选择手术的情形；汶川地震中，为了施救，先锯断某人的腿，然后才能将其救出的例子等。此种损害不违反法律或公共道德，如果受害人以此种损害请求赔偿，被告应享有抗辩权。但是，如果甲同意乙打其一记耳光，乙真的打了，则乙的行为具有违法性，不能适用受害人同意。关于自愿他人对其财产进行损害，例如，同意他人对自己的财产进行抛弃或毁损，由于财产权的权利人有权处分自己的财产，同意他人对自己财产的损害，如同自己损害自己的财产一样，一般情况下此种情形不构成对法律或公共道德的违反。自愿承担损害的构成要件是：第一，受害人明确作出了同意对其实施加害的意思表示，知道或者应当知道对其实施加害行为的法律后果；第二，同意加害的内容不违反法律、不违背公序良俗，且不超出受害人同意的范围。

（3）自甘风险与受害人同意的区别主要为：一是适用领域不同。自甘风险主要适用于危险性的文体、探险等活动；受害人同意的适用范围比较广泛，对于不违反法律、不违背公序良俗的一般行为，只要受害人同意，均可产生免责效果。二是受害人对损害后果的知情程度不同。在自甘风险制度中，受害人对其参加什么文体活动、该活动通常具有什么危险或者损伤、自己的竞技水平和身体健康情况是知晓的，只是不能具体预测自己参加活动是否一定会遭受损害、遭受多大程度的损害，受害人往往没有明确作出自愿接受损害结果的意思表示；在受害人同意制度中,受害人对损害的发生、损害的性质、损害的范围一般都是知情、能够预测到的。三是损害的发生是否符合受害人的意愿不同。在自甘风险制度中,受害人不希望损害后果的发生;在受害人同意制度中,损害的发生符合受害人的意思,受害人必须以明示或者默示的意思表示作出处分行为,放弃法律的保护。

(二)境外对自甘风险制度的有关规定

《葡萄牙民法典》第340条规定:(1)侵害他人权利的行为在得到他人事先同意时,就是合法的。(2)但倘若同意的内容违反法律或善良风俗,受害人的同意不排除行为的不法性。(3)倘若侵害行为是基于受害人的利益所为且符合其推定意愿时,视为同意。《美国侵权法第二次重述》第496A条规定,原告就被告的过失或不计后果行为而导致伤害的危险自愿承担的,不得就该伤害请求赔偿。第496B条规定,就被告的过失或不计后果行为而伤害的危险,原告以行为或其他方式,明示同意接受的,除非该同意的约定违反公共政策而无效,不得就该伤害请求赔偿。第496C条规定:(1)除本条第2项外,原告完全了解因被告的行为或被告的土地或动产的情况,而导致其自身或其物受到伤害的危险,但原告自愿地选择进入或停留,或准许其进入或停留在该危险地区,依据其情形显示原告有接受该危险的意愿的,原告就该危险范围所导致的损害,没有请求赔偿权利。(2)前项所规定不得适用于以明示约定接受危险将因违反公共政策而无效的情形。

(三)国内有关规定及民法典规定自甘风险制度的考虑

《学生伤害事故处理办法》第12条第5项规定,在对抗性或者具有风险性的体育竞赛活动中发生意外伤害,学校已履行了相应职责,行为并无不当的,无法律责任。

在侵权责任法立法过程中,有的建议规定自甘风险作为免责事由。对于是否规定,各方面有过激烈争论,没有达成一致性意见。赞成规定的理由主要是:权利人有权处分自己的权利,该处分行为只要不违反法律和公共道德,就应认可该种意思表示的效力。自甘风险往往是为了博弈一个较大的利益,或者在两个不利后果中选择一个较小的不利后果。受害人同意承受相应风险的,应可以作为被告方的抗辩事由。不同意规定的理由主要是:自甘风险是处分自己权益的行为,被告的行为不构成侵权,也就不存在免责的问题。实践中自甘风险的情况非常复杂,比如核设施等危险区域提示不得入内,但受害人进去了,管理人就没有责任吗?因此,由司法实践根据个案的情况确定被告方的责任比较妥当。在自甘风险的情况下,被告方要不要承担责任还是看其有没有过错,有过错的承担责任,没过错的不承担,并不是说只要受害人同意或者自甘风险,侵害人就算有过错也不承担责任。既然已将过错作为承担责任原则,因此没有必要规定。本着谨慎负责的态度,经过反复研究,侵权责任法没有规定自甘风险制度。

在民法典编纂过程中,有的建议提出,参加对抗性较强的体育等活动容易发生受伤等情况,实践中,对伤害由谁承担责任经常产生纠纷。如在参加马拉松竞赛活动中参赛者去世,要求组织者承担侵权责任等。为了满足具有风险性的体育竞技等方面的需要,建议增加规定自甘风险制度。我们研究认为,参加者自愿参与这些活动应当充分认识到其危险性,由此产生的正常风险原则上应当由参加者自己承担。在法律中确立"自甘风险"规则,对于自愿参加对抗性、风险性较强的体育活动,以及学校等机构正常组织开展体育课等活动学生受伤发生纠纷时,明确责任的界限是有利的。据此,民法典侵权责任编草案二审稿增加了一条规定:自愿参加具有危险性的活动受到损害的,受害人不得请求他人承担侵权责任,但是他人对损害的发生有故意或者重大过失的除外。活动组织者的责任适用该审议稿第973条的规定。即活动组织者就未尽到安全保障义务承担侵权责任。对这一规定,各方面提出了很多意见,主要是建议自甘风险的适用范围不宜过宽,应限定为体育比赛等具有一定风险的文体活动。同时,建议明确教育机构在组织这类活动时应当如何承担责任。因此,民法典侵权责任编草案三审稿对自甘风险的规定作了修改:一是自愿参加具有一定风险的文体活动,因其他参加者的行为受到损害的,受害人不得请求其他参加者承担侵权责任,但是其他参加者对损害的发生有故意或者重大过失的除外。二是如果活动组织者为学校等教育机构,应当适用学校等教育机构在学生受到人身损害时的相关责任规定。

(四)本条适用中应把握的几点问题

一是受害人必须意识到所参加的文体活动的风险。这种风险必然存在,但是否会产生损害结果不确定。例如参加篮球运动一定会存在冲撞,参加足球运动必然有铲球,这些行为都有可能会造成倒地的风险,有可能会造成骨折的风险,是否必然出现这样的后果是不一定的,运动的剧烈程度、冲撞的角度、铲球的力度、双方是否遵守规则、运动护具的穿戴、参加者运动技能和身体素质等因素的不同,会使风险产生很大的变数。本质上讲,参加任何文体活动都有可能存在风险、造成损害。本条规定本着谨慎的精神,仅规定了"自愿参加具有一定风险的文体活动"中才能适用自甘风险制度,这类活动是对自身条件有一定要求、对抗性较强等的文体活动。

二是在正常情况下,由其他参加者的行为受到损害的,其他参加者不承担侵权责任。具有一定风险的文体活动的参加者在了解风险的前提下,仍自愿参加,在文体活动中受到损害的,其他参加者不承担侵权责任,也就是说法律规定这种情况下直接免责。但是,其他参加者对损害的发生有故意或者重大过失的,这种情形下损害是由于行为人的侵权行为造成的,已经超过其自甘风险的范围,法律规定了除外条款,对此应当根据双方的过错程度,确定损害的承担。为了防止侵权人不当地援用"自甘风险"条款免责,应限定其适用范围,这也是本条将侵权人承担责任的主观要件限定于故意或者重大过失的重要原因。

三是活动组织者的责任承担,法律规定适用安全保障义务的规定。但是应当明确,有些文体活动需要组织者详细明确告知参加者各种风险;有些活动按照经验不需要组织者告知参加者风险的,因为这些活动的固有危险已经为社会一般人所知晓,更为参加者所熟知。在确定文体活动组织者责任时,应当予以考虑。例如参加马拉松活动,正常跑步过程中的晒伤、膝关节损伤、碰撞等运动伤害,是不需要组织者特别告知的。但是,固有风险之外的意外损害,应当由组织者承担。此外,在整个活动过程中,组织者是否尽到了必要的安全保障义务、采用了足够安全的措施、设计了突发情况的预案、损害发生后及时采取了合理措施等,是考虑活动组织者是否尽到了责任的因素。当然,还要考虑受害人是否有过错以及过错程度。

四是适用本条规定需要结合具体的案件,从案件的具体情况出发,审慎确定文体活动是否具有一定的风险性,是否属于自甘风险的情况,当事人双方、活动组织者是否有过错以及过错程度,要从各方面从严认定和把握。

第一千一百七十七条　合法权益受到侵害,情况紧迫且不能及时获得国家机关保护,不立即采取措施将使其合法权益受到难以弥补的损害的,受害人可以在保护自己合法权益的必要范围内采取扣留侵权人的财物等合理措施;但是,应当立即请求有关国家机关处理。

受害人采取的措施不当造成他人损害的,应当承担侵权责任。

【释义】　本条是关于自力救济制度的规定。

(一)关于自力救济制度的沿革与概念

自力救济是一项古老的制度,属于私力救济的范畴,希腊罗马时期的法典中即有明文规定。现代文明国家建立后,公民的权利主要由公权力保障,私力救济逐渐演变为公力救济,通过司法程序解决纠纷成为最主要的救济方式之一。从私力救济到公力救济的演变是一个漫长而交错的历史过程。两者长期并存,既对立冲突,也交错互补。你中有我,我中有你,私力救济中有"公力"因素,公力救济中有"私力"因素,其间存在一种融合两者特征的社会型救济,如调解和仲裁。随着历史的发展和社会经济的进步,私力救济法律化,逐渐被纳入法律框架。相比于私力救济,公权力救济具有文明性、稳定性、强制性等诸多优点。

现代社会中的自力救济,主要指在民事法律关系中,权利人在特殊情况下,无法及时得到国家机关的公力救济,而依法以自己的力量来保护自己或他人权利的行为。民法通则、侵权责任法等法律中,没有规定自力救济制度。

(二)民法典对自力救助制度规定的情况

在民法典编纂过程中,有的建议规定自力救济制度,主要理由有:一是司法最终解决是现代法治的基本要求,但司法最终解决不等于唯一解决,只有纠纷达到一定的条件或标准后,才会纳入司法的视野。有些私力救济方式经过长期的演化已经形成一定的习惯和规范,有时候更能实现公正。二是我国法律中规定的正当防卫、紧急避险等制度,在性质上应当属于自力救济的范围。因此,将这一制度进一步扩大有法律、理论和实践基础。三是实践中,自力救济行为广泛存在,会导致滥用自力救济的情况,引发更大的纠纷,反而不利于社会的稳定。实践中就出现了在合法权益受到侵害,来不及请求国家机关保护的情况下,受害人自己采取措施保护权益,反而被他人起诉侵权的案件。

经研究认为,“自助行为”制度可以赋予公民在一定条件下的自我保护权利,是对国家权力在维护社会秩序和保护公民权益不及时情况下的有益补充。明确规定这种制度,对保护公民人身、财产权益安全具有重要的现实意义,也有利于对这种自力救济行为进行规范。因此,在民法典侵权责任编草案二审稿中增加了该制度,二审稿的表述为:合法权益受到侵害,情况紧迫且不能及时获得国家机关保护的,受害人可以在必要范围内采取扣留侵权人的财物等合理措施。受害人实施前款行为后,应当立即请求有关国家机关处理。受害人采取的措施不当造成他人损害的,应当承担侵权责任。对该规定,各方面提出了很多意见和建议。有的建议对“合法权益”进行限定,将“合法权益受到不法侵害”修改为“因自己的合法权益受到侵害”,以进一步明确实施自助行为的前提条件,防止被滥用。有的提出,自助行为人只有在侵权人逃跑或转移财产、日后难以查找等紧迫情况下,为保全或恢复自己的权利,才能对他人财产采取予以扣留等措施,否则完全可以在事后通过民事诉讼等其他方式向国家机关寻求救济,建议明确“情况紧迫”的内涵,在“情况紧迫且不能及时获得国家机关保护的”后面增加规定“如不采取自助行为,则以后权利无法实现或难以实现”。

针对这些意见和建议,民法典侵权责任编三审稿作了修改完善,规定:合法权益受到侵害,情况紧迫且不能及时获得国家机关保护,不立即采取措施将使其权益受到难以弥补的损害的,受害人可以在必要范围内采取扣留侵权人的财物等合理措施,但是应当立即请求有关国家机关处理。受害人采取的措施不当造成他人损害的,应当承担侵权责任。2019年12月形成民法典草案时,在三审稿的基础上进一步修改完善,将“不立即采取措施将使其权益”修改为“不立即采取措施将使其合法权益”。此后,根据各方面的意见,又在民法典草案的基础上进一步完善,主要是进一步明确受害人可以实施自助行为的范围:“在保护自己合法权益的必要范围内”。

(三)对本条的理解和适用

一是情况紧迫且不能及时获得国家机关保护,这是前提条件。例如,走在路上发现自己被盗的自行车,此时不马上扣下自行车,以后将很难找到;马上去报案或者拨打“110”,时间上来不及。

二是不立即采取措施将使其合法权益受到难以弥补的损害的，这是必要条件。如前例所述，如果不马上扣下自行车，骑车人骑着车走了，以后再去寻找车在哪里就很困难了。我国民事诉讼法、专利法等法律均使用了“难以弥补”的表述，为保持法律之间的一致性，本条使用了该表述。

三是在保护自己合法权益的必要范围内采取扣留侵权人的财物等合理措施，这是范围条件。“保护自己合法权益”把自助行为的目的揭示出来，实施自助行为不能超越保护自己合法权益这个范围；“必要范围”“合理措施”，主要是自助行为扣留的财物应当与保护的利益在价值上大体相当。例如，餐馆老板发现有人吃“霸王餐”，不交钱准备离去。为了维护自己的合法权益，可以扣留与餐费价值差不多的物品，要求将来送餐费时再归还物品。

四是应当立即请求有关国家机关处理，这是合法条件。自助行为结束后，行为人必须及时寻求公权力机关救济。若行为人怠于寻求公权力机关救济，或被公权力机关驳回，或被公权力机关认定行为超出必要限度，则不排除其行为不法性，仍须依侵权行为承担相应后果。“立即请求”指自助行为完成后，“情况紧迫”的阻却事由消失，受害人应当立刻、无迟延地向有关国家机关报告自己实施了自力救济的事实，由公权力及时介入处理。只有这样，自力救济才具有正当性，成为民法上的免责事由。同时本条第 2 款明确规定，受害人采取的措施不当造成他人损害的，就突破了自力救济的必要性，应当承担侵权责任。

第一千一百七十八条　本法和其他法律对不承担责任或者减轻责任的情形另有规定的，依照其规定。

【释义】　本条是关于民法典和其他法律在责任承担上衔接的规定。

（一）我国规范侵权责任的法律体系及制度沿革

一部法律解决不了所有民事侵权问题，世界上也没有一部民法典囊括所有民事侵权内容。如德国，除民法典外，规范侵权责任的重要法律有赔偿义务法、道路交通法、航空交通法、原子能法、污染防控法、药品法、产品责任法、基因技术法、水务法、反不正当竞争法、强制保险法等法律。

我国规范侵权责任的法律有两个层次：第一个层次是民法典侵权责任编，从基本法的角度对侵权责任作出三类规定：一是普遍适用的共同规则;二是典型的侵权种类的基本规则;三是其他单行法不可能涉及的一些特殊规则。第二个层次是相关法律,许多单行法都从自身调整范围的角度对侵权责任作出了规定,如道路交通安全法第76条规定了交通事故赔偿原则。有关侵权责任的法律在宪法统率下相辅相成,共同规范侵权责任。

侵权责任法第5条规定:"其他法律对侵权责任另有特别规定的,依照其规定。"民法典侵权责任编对侵权责任法的规定进行了必要的拓展,侵权责任编草案三审稿第955条曾规定,本编和其他法律对不承担责任或者减轻责任的情形另有规定的,依照其规定。有的意见提出,本条是不承担责任或者减轻责任的兜底条款。除侵权责任编以外,民法典总则编、物权编、合同编、继承编等分编,以及其他法律中对不承担或者减轻责任的情形均有明确规定,建议兜底条款囊括这些情形。经研究,我们采纳了这一意见,最终规定为:"本法和其他法律对不承担责任或者减轻责任的情形另有规定的,依照其规定。"

(二)对本条的理解和适用

适用过错责任归责原则和无过错责任归责原则的侵权行为,能否以及如何适用本条,需要分别讨论。

(1)本法第1165条对过错责任作了规定。过错责任是侵权责任领域中最常见的归责原则,因生活是复杂的、丰富多样的,过错责任的具体表现也就相差很大。因此,适用过错责任归责原则的侵权行为的减轻或者免除责任事由,在民法典侵权责任编的几个高度概括的条文中无法涵盖和穷尽罗列,所有规范和涉及民事生活的民法基本法、民事单行法、各特别法中,都有大量的除外情形。本章规定的这几种不承担责任或者减轻责任的情形,适用过错责任归责原则的侵权行为当然要适用,但是,如果本法和其他法律另有规定的,也要依照其规定。

(2)本法第1166条对无过错责任作了规定。对于无过错责任能否适用本条,需要区分两种情形:

一是法律在相应条文中对责任的免除或者减轻事由作了明确规定的,应当适用该条中的相关规定。换句话说,本章规定的这几种不承担责任或者减轻责任的情形,在该规定中就不能全部适用。例如,本编"高度危险责任"一章中,第1237条规定,民用核设施或者运入运出核设施的核材料发生核事故造成他人损害的,免责事由为"能够证明损害是因战争、武装冲突、暴乱等情形或者受害人故意造成的”。又如,本法第1240条规定,从事高空、高压、地下挖掘活动或者使用高速轨道运输工具造成他人损害的,免除责任的事由为“能够证明损害是因受害人故意或者不可抗力造成的”,减轻责任的事由只能为“被侵权人对损害的发生有重大过失的”。

二是法律规定某行为适用无过错责任归责原则,但是在相应条文中对责任的免除或者减轻责任事由未作规定,则不适用本条规定,其不承担责任或者减轻责任的情形,适用本章规定的这几种情形。例如,本法第1229条规定,因污染环境、破坏生态造成他人损害的,侵权人应当承担侵权责任。该条是无过错责任归责原则的情形,但没有规定免除或者减轻责任事由,可以适用本章规定的这几种不承担责任或者减轻责任情形的规定,当然,如果环境法律、行政法律等其他法律对不承担责任或者减轻责任的情形另有规定的,依照其规定。

(三)本法规定的其他不承担责任或者减轻责任的情形

单行法对不承担责任或者减轻责任规定了很多情形,此处不再赘述。本法中也规定了一些不承担责任或者减轻责任的情形,例如本法第316条规定,拾得人在遗失物送交有关部门前,有关部门在遗失物被领取前,应当妥善保管遗失物。因故意或者重大过失致使遗失物毁损、灭失的,应当承担民事责任。根据此规定,拾得人一般过失是不承担责任的。又如,本法第897条规定,保管期内,因保管人保管不善造成保管物毁损、灭失的,保管人应当承担赔偿责任。但是,无偿保管人证明自己没有故意或者重大过失的,不承担赔偿责任。根据此规定,无偿保管人一般过失是不承担责任的。再如,本法第1148条规定,遗产管理人应当依法履行职责,因故意或者重大过失造成继承人、受遗赠人、债权人损害的,应当承担民事责任。根据此规定,遗产管理人一般过失是不承担责任的。

第二章 损害赔偿

本章共9条,主要规定了人身损害赔偿范围、以相同数额确定死亡赔偿金、请求权的转移、侵害人身权益造成财产损失的赔偿、精神损害赔偿、财产损失的计算方式、严重侵犯知识产权的惩罚性赔偿、公平分担损失、赔偿费用支付方式等内容。

本章是在侵权责任法第 2 章"责任构成和责任方式"的基础上,增删改编纂形成的,民法典侵权责任编一审稿中章名为"责任承担"。有的意见提出,本章绝大部分条文解决的都是损害赔偿问题,而且侵权责任编的责任形式也主要是损害赔偿。应当将侵权损害赔偿请求权与绝对权请求权相区分,有关绝对权请求权主要由物权编和人格权编作出规定,侵权责任编主要规定侵权损害赔偿。经研究我们采纳了这一建议,从民法典侵权责任编二审稿开始,本章的章名修改为"损害赔偿"。

第一千一百七十九条　侵害他人造成人身损害的,应当赔偿医疗费、护理费、交通费、营养费、住院伙食补助费等为治疗和康复支出的合理费用,以及因误工减少的收入。造成残疾的,还应当赔偿辅助器具费和残疾赔偿金;造成死亡的,还应当赔偿丧葬费和死亡赔偿金。

【释义】 本条是关于人身损害赔偿范围的规定。

人身损害赔偿是指行为人侵犯他人的生命健康权益造成致伤、致残、致死等后果,承担金钱赔偿责任的一种民事法律救济制度。侵权责任法第 16 条规定了人身损害赔偿制度,消费者权益保护法、产品质量法等法律以及相关司法解释在侵权责任法的基础上对人身损害赔偿制度作了补充。本条在侵权责任法等法律规定的基础上作了完善,人身损害赔偿的范围包括以下几点:

(一)侵害他人造成人身损害的一般赔偿范围

这是指侵犯他人生命健康权益造成人身损害一般都要赔偿的项目。无论是致伤、致残还是致死,凡是有一般赔偿范围内所列项目的费用支出,行为人均应赔偿。本条在侵权责任法的基础上,吸收最高人民法院司法解释,增加了"营养费""住院伙食补助费"这两项赔偿项目;为了与残疾人保障法的表述一致,将"残疾生活辅助具"修改为"辅助器具"。行为人的行为造成他人人身伤害但并未出现残疾或者死亡后果的,原则上行为人仅需赔偿本条规定的一般赔偿范围内的赔偿项目。需强调的是,本条所列举的一般赔偿范围内的赔偿项目仅是几种比较典型的费用支出,实践中并不仅限于这些赔偿项目,只要是因为治疗和康复所支出的所有合理费用,都可以纳入一般赔偿的范围,但前提是合理的费用才能予以赔偿,否则既会增加行为人不应有的经济负担,也会助长受害人的不正当请求行为,有失公正。因此,在司法实践中,法官必须在查清事实的基础上,结合医疗诊断、鉴定和调查结论,准确确定人身损害的一般赔偿范围。对人身损害的赔偿要坚持赔偿与损害相一致的原则,既要使受害人获得充分赔偿,又不能使其获得不当利益。基于这一原则,对医疗费、护理费、交通费、营养费、住院伙食补助费等为治疗和康复支出的合理费用,以及因误工减少的收入的赔偿,一般都有具体衡量的标准,应当全部赔偿,即损失多少就赔偿多少。

医疗费包括挂号费、检查费、药费、治疗费、康复费等费用。在审判实践中,一般根据医疗机构出具的药费、治疗费等收费凭证,结合病历和诊断证明等相关证据确定医疗费的具体数额。赔偿义务人对治疗的合理性和必要性有异议的,应当承担相应的举证责任。医疗费的具体数额一般按一审法庭辩论终结前实际发生的数额确定。根据医疗证明或者鉴定意见确定在将来必然发生的医疗费,可以与已经发生的医疗费一并予以计算和赔偿,所以本条所指的医疗费既包括已经发生的医疗费,也包括将来确定要产生的医疗费。在民法典编纂过程中,有的建议本条将“侵害他人造成人身损害的”修改为“侵害他人造成身心损害的”,并增加规定“精神心理诊疗费”。经研究认为,精神伤害也是人身伤害;精神方面的诊疗活动,也属于医疗费的范畴,因此目前的规定是完全能够涵盖这些内容的。

护理费是指受害人因受到损害导致生活不能自理,需要有人进行护理而产生的费用支出。赔偿护理费的前提是,受害人受到损害,生活不能自理或者不能完全自理,需要有人进行护理。这种情况应当有医疗单位或法医的证明:证明需要陪护的,予以赔偿;没有必要的,则不予赔偿。在审判实践中,护理费一般根据护理人员的收入状况和护理人数、护理期限确定。护理人员有收入的,原则上参照其因误工而减少的收入计算;没有收入或雇用专门护工的,原则参照当地护工从事同等级别护理的劳务报酬标准计算。护理期限原则上应计算至受害人恢复自理能力时止。受害人因残疾不能恢复自理能力的,可以根据其年龄、健康状况等因素确定合理的护理期限。

交通费是指受害人及其必要的陪护人员因就医或者转院所实际发生的用于交通的费用。赔偿交通费应当根据实际支出确定,以正式交通费的票证收据为准,票证收据记载的时间、地点、人数要与实际救治的时间、地点、人数相一致。对不合理的支出,不应当赔偿,但确定的标准不宜过于严格。例如,对没有就近治疗,但是选择的医院是合理、必要的,其交通费也应当赔偿。

营养费是受害人通过平常饮食的摄入尚不能满足受损害身体的需求,以平常饮食以外的营养品作为对身体补充而支出的费用,是辅助治疗支出的费用。适当的营养支持能改善受害人的营养状况,有效地配合临床,缩短住院时间,促进尽快康复。因此,营养费的支出对于受害人的治疗和康复有着不同程度的需要。营养费的赔偿数额,应当根据受害人伤残情况参照医疗机构的意见确定,既要有利于受害人身体的恢复,也要坚持必要性原则。

住院伙食补助费是受害人遭受人身损害,在医院治疗期间支出的伙食费用。《最高人民法院关于审理人身损害赔偿案件适用法律若干问题的解释》第 23 条规定,住院伙食补助费可以参照当地国家机关一般工作人员的出差伙食补助标准予以确定。受害人确有必要到外地治疗,因客观原因不能住院,受害人本人及其陪护人员实际发生的住宿费和伙食费,其合理部分应予赔偿。由此可见,司法解释对"受害人确有必要到外地治疗,因客观原因不能住院,其陪护人员实际发生的伙食费"也纳入了受害人住院伙食补助费的范围内,因为护理人员的护理费原则上参照其因误工而减少的收入计算,误工而减少的收入损失涵盖不了伙食支出。

因误工减少的收入是指受害人由于受到伤害,无法从事正常工作或者劳动而失去或者减少的工作、劳动收入。受害人受到伤害但并未残疾或者死亡的,因误工减少的收入就是受害人从受到损害到恢复正常能参加工作、劳动时止这段时间内的损失。因误工减少的收入的基本计算方法是:单位时间的实际收入乘以误工时间。

(二)造成残疾的赔偿范围

对于残疾的赔偿范围,我国的立法有一个发展变化的过程。根据民法通则第 119 条的规定,受害人残疾的,应当赔偿医疗费、因误工减少的收入、残废者生活补助费等费用,对于是否赔偿被扶养人生活费和残疾赔偿金没有明确规定。1993 年颁布的消费者权益保护法则明确规定,受害人残疾的,除应当赔偿医疗费、治疗期间的护理费、因误工减少的收入等费用外,还应当支付残疾者生活自助具费、生活补助费、残疾赔偿金以及由其扶养的人所必需的生活费等费用,但是没有明确生活补助费、残疾赔偿金以及由其扶养的人所必需的生活费三者之间的关系。对此,理论界有不同认识,法官在司法实践中也有不同做法。例如,《最高人民法院关于审理人身损害赔偿案件适用法律若干问题的解释》第 17 条第 1 款、第 2 款规定,受害人遭受人身损害,因就医治疗支出的各项费用以及因误工减少的收入,包括医疗费、误工费、护理费、交通费、住宿费、住院伙食补助费、必要的营养费,赔偿义务人应当予以赔偿。受害人因伤致残的,其因增加生活上需要所支出的必要费用以及因丧失劳动能力导致的收入损失,包括残疾赔偿金、残疾辅助器具费、被扶养人生活费,以及因康复护理、继续治疗实际发生的必要的康复费、护理费、后续治疗费,赔偿义务人也应当赔偿。侵权责任法第 16 条规定,侵害他人造成损害的,应当赔偿医疗费、护理费、交通费等为治疗和康复支出的合理费用,以及因误工减少的收入。造成残疾的,还应当赔偿残疾生活辅助具费和残疾赔偿金。民法典侵权责任编在造成残疾的赔偿范围上,与侵权责任法保持一致,只是将"残疾生活辅助具"的表述修改为"辅助器具"。

辅助器具费是指受害人因残疾而造成身体功能全部或者部分丧失后需要配制补偿功能的残疾辅助器具的费用。残疾生活辅助器具主要包括假肢及其零部件、假眼、助听器、盲人阅读器、助视器、矫形器等。

残疾赔偿金是受害人残疾后特有的一个赔偿项目。虽说我国的消费者权益保护法、国家赔偿法、产品质量法等法律和一些司法解释对残疾赔偿金已作了明确规定,但理论界和实务界对其性质和赔偿标准有较大争论。有的意见认为,残疾赔偿金是精神损害抚慰金,因此,其不应有明确的赔偿标准,应由法官根据具体案情,考虑若干因素决定赔偿数额。有的意见将残疾赔偿金界定为对受害人未来的预期收入损失,并明确规定了赔偿标准。有的意见认为,残疾赔偿金既是对受害人未来预期收入损失的赔偿,也是对其因残疾丧失的一些精神生活的赔偿。从境外的立法情况来看,一些国家和地区将残疾赔偿金视为对受害人未来财产损失的赔偿,只是在确定赔偿标准时有不同做法,有的国家和地区采用了"收入所得丧失说",即在计算残疾赔偿金时,是以受害人受到伤害之前的收入与受到伤害之后的收入之间的差额作为赔偿额。根据"收入所得丧失说",受害人虽然因残疾丧失或者减少劳动能力,但其残疾前与残疾后的收入并没有差距的,受害人不得请求残疾赔偿金。有的国家和地区采用

“生活来源丧失说”,即受害人残疾必然会导致其生活来源丧失或者减少,行为人应当赔偿受害人的生活费,使其生活来源能够重新恢复。一些国家和地区则采用了“劳动能力丧失说”,即受害人因残疾导致部分或者全部劳动能力丧失本身就是一种损害,无论受害人残疾后其实际收入是否减少,行为人都应对劳动能力的丧失进行赔偿。我国现在的司法实践主要采用的是“劳动能力丧失说”。以上三种做法各有利弊,“收入所得丧失说”可操作性较强,但在实践中若完全依据该做法,一些无收入的受害者,如家庭主妇、儿童、失业者等,由于在受到残疾前并没有收入,就有可能得不到赔偿,对这些受害者是相当不公平的。根据“生活来源丧失说”,残疾赔偿金赔偿的是受害人残疾前后生活费的差额。根据这种做法确定的残疾赔偿金比较低,不利于保护受害人的利益。“劳动能力丧失说”比较符合损害发生时的实际情况,但没有考虑到受害人未来劳动能力的提高和精神生活受到损害的情况,且完全忽视了受害人的具体情况,如受教育程度、年龄、受害人的实际收入等因素。

(三)造成死亡的赔偿范围

人身损害死亡赔偿制度是指自然人因生命权受侵害而死亡,侵权人承担金钱赔偿责任的一种民事法律救济制度。民法通则第119条规定,侵害公民身体造成伤害的,应当赔偿医疗费、因误工减少的收入、残疾者生活补助费等费用;造成死亡的,并应当支付丧葬费、死者生前扶养的人必要的生活费等费用。根据1993年颁布的产品质量法的规定,因侵权行为造成他人死亡的,除赔偿医疗费等费用外,还应当支付丧葬费、人身损害死亡赔偿金以及由死者生前扶养的人必要的生活费等费用。上述三部法律,均采取在丧葬费和被扶养人生活费以外,同时给付死亡赔偿金的模式。《最高人民法院关于审理人身损害赔偿案件适用法律若干问题的解释》第17条第3款规定,受害人死亡的,赔偿义务人除应当根据抢救治疗情况赔偿医疗费、误工费、护理费、交通费、住宿费、住院伙食补助费、必要的营养费外,还应当赔偿丧葬费、被扶养人生活费、死亡补偿费以及受害人亲属办理丧葬事宜支出的交通费、住宿费和误工损失等其他合理费用。司法解释对死亡赔偿项目的列举,比法律明确列举的赔偿项目要更多一些。侵权责任法在立法和司法实践经验基础上,借鉴国外做法,规定侵害他人造成死亡的,除应当赔偿一般人身损害赔偿项目外,还应当赔偿丧葬费和死亡赔偿金。民法典侵权责任编在这一方面与侵权责任法的规定一致。

立法中,对如何规定死亡赔偿制度存在较大争论。被侵权人死亡的,其医疗费、丧葬费的赔偿较为明确,便于计算,争议不大。争议较大的是死亡赔偿金的支付。司法实践中,各级法院根据司法解释,对农村居民和城市居民按不同标准支付死亡赔偿金,一度引发"同命不同价"的争论。对死亡赔偿金的争论主要集中在如何确定死亡赔偿对象、赔偿范围和赔偿标准。

赔偿对象解决死亡赔偿金赔给谁。有的意见认为,侵权人致被侵权人死亡,造成了死者损害,侵害了死者权益,死亡赔偿金是对死者的赔偿,死者近亲属只是继承了死亡赔偿金;也有的意见认为,被侵权人死亡后已经不具有民事主体资格,因此,侵害的只能是死者近亲属权益,死亡赔偿金是对死者近亲属的赔偿。

赔偿范围与赔偿对象有一定关联性,死亡赔偿金的范围解决哪些损害应当得到赔偿。理论界和实务界对此主要有两种观点:一是以被扶养人丧失生活来源作为依据的"扶养丧失说",受害人死亡后,被其扶养的人因此失去了生活来源,侵害人对此应予以赔偿,死亡赔偿金的范围是被扶养人的生活费。对受害人死亡导致的预期收入减少,不予赔偿。二是以受害人死亡导致的预期收入减少为依据的"继承丧失说",即侵权人向死者近亲属赔偿死者余命年限内(主要以一个国家的平均寿命减去死者死亡时的年龄)将获得的除去生活费等正常开支的剩余收入。从境外的赔偿情况和司法实践来看,有的国家采用了"扶养丧失说",如德国;有的国家主要采用了"继承丧失说",如日本。这两种模式各有利弊,但共同的缺憾之一是都以财产损失为基础,而没有考虑到精神生活的损失。人的生活分为物质生活和精神生活,即使是物质生活,也不单纯是取得报酬或者收入。侵害人的生命,造成被侵权人死亡,赔偿范围应包括物质损失和非物质损失。这样,有利于保护被侵权人的合法权益,符合民法损害赔偿原则,彰显尊重生命的时代精神。

赔偿标准解决具体的赔偿数额问题。从境外的情况来看,主要有两种做法:一是定额赔偿法。"定额赔偿法"实际是一种单一赔偿标准,不考虑具体受害人的个人收入状况、职业、受教育程度等方面的差异,原则上按照平均收入乘以一定年限计算赔偿数额,从而以抽象化、定型化的方式确定死者未来收入损失。二是个体赔偿法。原则上根据死者近期收入乘以一定年限计算赔偿数额。死者无收入的,划分不同情况按照平均收入乘以一定年限计算赔偿数额。大多数国家和地区采用这种方法。以这种方法确定死亡赔偿金数额时,法官一般要综合考虑每个死者的职业、年龄、受教育程度、被扶养人的状况等因素。在同一案件中,死者的这些因素一般都不完全相同,因此,法官根据这些因素确定的赔偿额也不可能完全相同。例如,在同一侵权行为中,一死者为出租车司机,另一死者为著名足球运动员,二者年龄相当,如果依"定额赔偿法",死者的近亲属获得的死者赔偿相同;如果依"个体赔偿法",死者的近亲属获得的死者赔偿就不一样。由于"个体赔偿法"强调与个人的收入状况、受教育程度等因素相联系,而实践中个人状况千差万别,给损失的确定带来困难。在立法中,也有的意见提出,赔偿标准原则上应统一,同时适当考虑个人年龄、收入、精神损害程度、文化程度等差异。但统一标准不宜以城乡划界,也不宜以地区划界,而是应以人不分城乡、地不分东西的全国统一标准。个人差异,有时可以考虑,有时可不考虑,如交通肇事、矿山事故等发生人数较多伤亡时,可不考虑个人差异,采用"一揽子"赔偿方案,按相同数额确定死亡赔偿金。为解决法官在审判实践中难以操作、人身损害赔偿案件的裁判尺度难以统一等问题,侵权责任法曾试图对死亡赔偿金的赔偿标准作明确规定。但是,最终考虑到实践中的人身损害死亡赔偿案件千差万别,我国各地的经济情况差异较大,个体之间的实际情况也不完全相同,情况非常复杂,法律规定的任何赔偿标准都有可能无法照顾到这些差异,都有可能引起较大争议。从境外的经验看,多数国家都没有在法律中对人身损害死亡赔偿金的赔偿标准作明确规定,主要由法官在司法实践中根据具体案情自由裁量。因此,侵权责任法没有规定统一的标准。

在民法典侵权责任编编纂过程中,又有意见提出法律应规定统一的残疾赔偿金和死亡赔偿金计算标准。侵权责任编曾经尝试作出规定:残疾赔偿金的确定以国家上年度职工平均工资为基础,并可以综合考虑被侵权人丧失劳动能力的程度、受伤时的年龄、受伤前的收入状况、被扶养人的生活状况等因素。死亡赔偿金的确定以国家上年度职工平均工资为基础,并可以综合考虑被侵权人死亡时的年龄、死亡前的收入状况、被扶养人的生活状况等因素。对这一规定,在征求意见过程中,各方面有不同的认识,存在较大争议。有的提出,全国统一标准使计算数额过高,西部省区的侵权责任人难以承受。有的提出,我国幅员辽阔,各地区之间的经济发展水平和职工收入存在较大差距,全国采用单一的全国统一标准不利于解决实际的个案纠纷。我们认真分析收到的各种意见建议,又尝试将残疾赔偿金和死亡赔偿金的确定基础修改为"受诉的省级法院所在地国家上年度职工平均工资"。对此有的提出,这一规定又产生了"地区歧视",也不公平。还有的提出,这一规定还可能造成当事人为获得较高赔偿而选择管辖法院的情况。综合来看,残疾赔偿金、死亡赔偿金的问题十分复杂,无论是侵权责任法还是民法典侵权责任编,都无法简单规定一个"放之全国而皆准"的标准,宜由法官在处理具体案件时,根据个案的特殊情况,运用自由裁量权进行裁判。据此,民法典也没有规定残疾赔偿金和死亡赔偿金的计算标准。残疾赔偿金和死亡赔偿金可以由法官在司法实践中,根据案件的具体情况,综合考虑各种因素后确定数额;也可以由最高人民法院结合近些年来的司法经验,修改目前适用的司法解释的规定。但是,为了便于解决纠纷,使受害人及时有效地获得赔偿,对因同一侵权行为造成多人死亡的情况,法律规定可以以相同数额确定死亡赔偿金。

第一千一百八十条　因同一侵权行为造成多人死亡的,可以以相同数额确定死亡赔偿金。

【释义】　本条是关于以相同数额确定死亡赔偿金的规定。

在侵权责任法立法中,有的意见提出,在许多情况下,根据死者年龄、收入状况等情形,确定的死亡赔偿数额有所不同,但在因同一事故造成多人死亡时,为便于解决纠纷,实践中,不少采用相同数额予以赔偿。例如有的地方,对药物损害事故中的多个死者统一赔偿每人 20 万元,这样的做法起到了较好的社会效果和法律效果。侵权责任法吸收实践中的这些有益做法,在第 17 条规定,因同一侵权行为造成多人死亡的,可以以相同数额确定死亡赔偿金。在民法典编纂过程中,有的建议删除本条规定。经过研究,保留了侵权责任法的规定。立法中作出这一规定主要有以下考虑:

在境外,也有的国家和地区采用了类似做法,如日本自 20 世纪 70 年代以来,在环境污染、药物损害、交通事故等导致多人死亡的侵权案件中,常常采用"概括的一揽子赔偿方式"解决死亡赔偿问题。"概括的一揽子赔偿”将受害人受到的所有社会、经济、精神损害作为一个损害，不区分财产损害与非财产损害，也不将财产损害细化为若干项目，而赋予受害人统一的赔偿请求权。

从境外经验以及我国实践情况看，在因同一侵权行为造成多人死亡的案件中，以相同数额确定死亡赔偿金主要有以下好处：一是在因同一侵权行为造成多人死亡引发的众多诉讼中，对众多的损害项目和考虑因素逐一举证比较烦琐，而且有时证明较为困难。以相同数额确定死亡赔偿金可以避免原告的举证困难，并防止因此而导致的诉讼迟延，让其可以及时有效地获得赔偿。二是考虑每个死者的具体情况分别计算死亡赔偿金，不但未必能计算出损害的全部内容，而且使法院面临较为沉重的负担，不利于节省司法资源。以相同数额确定死亡赔偿金不但可将受害人及其亲属受到的肉体、社会生活、精神生活等损害覆盖其中，有效避免挂一漏万，更好地保护受害人利益，还可以减轻法院负担，节约司法资源。三是以相同数额确定死亡赔偿金可以维护社会稳定。在处理导致多人死亡的侵权案件时，以同一数额确定死亡赔偿金，既迅速救济了原告，也防止了原告之间相互攀比，避免同一事故中的众多原告之间因赔偿数额差距过大引发社会争论。实际上，从我国近些年的司法实践来看，在一些因同一事故导致多人死亡的侵权案件中，由于法院最终判决的死亡赔偿金在众多原告之间差异较大，引起了当事人不满，社会效果也不是很好。

这里需要注意以下几点：一是，以相同数额确定死亡赔偿金并非确定死亡赔偿金的一般方式，若分别计算死亡赔偿金较为容易，可以不采用这种方式。二是，根据本法的规定，以相同数额确定死亡赔偿金原则上仅适用于因同一侵权行为造成多人死亡的案件。三是，本条特别强调，对因同一侵权行为造成多人死亡的，只是“可以”以相同数额确定死亡赔偿金，而不是任何因同一侵权行为造成多人死亡的案件都“必须”或者“应当”以相同数额确定死亡赔偿金。至于什么情况下可以，什么情况下不可以，法院可以根据具体案情，综合考虑各种因素后决定。实践中，原告的态度也是一个重要的考虑因素，多数原告主动请求以相同数额确定死亡赔偿金的，当然可以；原告没有主动请求，但多数原告对法院所提以相同数额确定的死亡赔偿金方案没有异议的，也可以适用这种方式。四是以相同数额确定死亡赔偿金的，原则上不考虑受害人的年龄、收入状况等个人因素。

这里还需要强调一点,本条只是规定,因同一侵权行为造成多人死亡的,可以对“死亡赔偿金”以相同数额确定,对死者在死亡前产生的医疗费、护理费等合理费用支出,以及丧葬费支出,宜根据实际支出情况单独计算,损失多少,赔偿多少。

第一千一百八十一条　被侵权人死亡的,其近亲属有权请求侵权人承担侵权责任。被侵权人为组织,该组织分立、合并的,承继权利的组织有权请求侵权人承担侵权责任。

被侵权人死亡的,支付被侵权人医疗费、丧葬费等合理费用的人有权请求侵权人赔偿费用,但是侵权人已经支付该费用的除外。

【释义】 本条是关于被侵权人死亡后,谁可以成为请求权主体的规定。

(一)境外立法例及我国规定的沿革

在被侵权人仅仅受到伤害、残疾,或者被侵权人作为组织仍存在的情况下,请求权人原则上是被侵权人本人。但是,被侵权人死亡的,其权利能力消灭,法律主体资格不复存在,死者不可能以权利主体资格请求侵权人承担侵权责任。同样地,被侵权人为组织,其分立、合并的,被侵权人的法律主体资格也消失,也不可能以权利主体资格请求侵权人承担侵权责任。因此,在这两种情况下,请求权人都只能是被侵权人以外的主体。

从境外的立法来看,大陆法系国家和我国台湾地区、澳门特别行政区将被侵权人死亡情况下的请求权人分为以下两种情况:一是经济损失的请求权人。在被侵权人死亡的情况下,请求权人为死者近亲属、受扶养人和丧葬费支付人,但对被扶养人的范围,规定不完全相同。一些国家和我国台湾地区将被扶养人的范围限定为被侵权人对其负有法定扶养义务的人。如依据《德国民法典》第 844 条的规定,被扶养人包括两类:受害人被侵害前负有法定扶养义务的人;在侵害时尚未出生的胎儿。俄罗斯等国家的被扶养人范围较广,既包括法定被扶养人,也包括实际被扶养人。二是精神损害的请求权主体。大多数国家和我国台湾地区规定,受害人死亡导致其近亲属精神损害的,该近亲属可以为请求权人。这里的近亲属一般指父母、子女及配偶。如我国台湾地区“民法”规定,不法侵害他人致死者,被害人之父母、子女及配偶,虽非财产上之损害,亦得请求赔偿相当之金额。对受害人死亡的损害赔偿请求权人的范围,美国大多数州有两种法律作出规定:第一,“幸存法”。该法规定,受害人死后,因侵权行为所受损害,如身体和精神上的伤痛、经济上的损失等仍然可以得到赔偿,这些赔偿由他的近亲属以死者名义提起诉讼而获得。第二,“非正常死亡法”。该法主要赋予死者近亲属提起因亲人死亡导致自己所受损害的诉讼权利和索赔权利。死者近亲属一般包括死者的配偶、子女;如果没有配偶或子女,则为死者的父母。在有些州,法律不允许养子和私生子提起“非正常死亡”诉讼。死者近亲属要求赔偿的损失,除了自己的经济损失(如扶养费)外,还包括失去伴侣、失去夫妻生活的快乐和精神痛苦等损失。

侵权责任法在总结我国立法经验和司法实践经验基础上,参考境外立法,在第18条分两款作了规定:被侵权人死亡的,其近亲属有权请求侵权人承担侵权责任。被侵权人为单位,该单位分立、合并的,承继权利的单位有权请求侵权人承担侵权责任。被侵权人死亡的,支付被侵权人医疗费、丧葬费等合理费用的人有权请求侵权人赔偿费用,但侵权人已支付该费用的除外。因为民法总则将单位修改为法人、非法人组织,民法典侵权责任编在延续侵权责任法第18条的基础上,与编纂入民法典的总则编保持用语一致。考虑到法人、非法人组织与自然人相比,均为组织形态,为了用语表述简单,本条将侵权责任法第18条中的“单位”修改为“组织”。

(二)对本条的理解

根据本条第1款的规定,被侵权人死亡的,其近亲属有权请求侵权人承担侵权责任。近亲属的范围在本法第1045条作了明确规定,包括配偶、父母、子女、兄弟姐妹、祖父母、外祖父母、孙子女、外孙子女。

根据本条第2款的规定,被侵权人死亡的,支付被侵权人医疗费、丧葬费等合理费用的人有权请求侵权人赔偿费用,但是,侵权人已经支付该费用的除外。在司法实践中,支付被侵权人死亡前的医疗费等合理费用的,不一定是被侵权人本人,而有可能是其亲属、朋友或者其他人;对于丧葬费,由于受害人已经死亡,只能是其亲属、朋友或者其他人支付。若支付这些费用的是被侵权人的近亲属,这些近亲属当然可以依据本条第1款的规定请求侵权人赔偿这些费用,若支付这些费用的并非其近亲属，而是其朋友、其他人或者某一组织的，实际支付费用的主体也可以作为独立的请求权人请求侵权人赔偿这些费用，但若侵权人已将这些费用赔偿给被侵权人近亲属的，实际支付这些费用的主体就不能再向侵权人请求赔偿，而只能要求获得赔偿的近亲属返还这些费用。赋予实际支付医疗费、丧葬费等费用的主体独立请求权，有利于弘扬帮扶帮衬的社会美德，保护善良的社会风俗，也可以防止侵权人获得不当利益。

在民法典侵权责任编编纂过程中，有的提出，本条第1款仅考虑法人和其他组织的分立、合并情形，没有考虑到这些主体被撤销、解散和破产清算等情形的请求权主体问题。我们研究认为，本条的立法目的是解决被侵权人死亡后请求权主体的确定以及费用的追偿问题，对于组织的解散和破产清算等情形中权利如何承继，已经在企业破产法等单行法中作出了明确规定，不需要在此作出规定。

第一千一百八十二条　侵害他人人身权益造成财产损失的，按照被侵权人因此受到的损失或者侵权人因此获得的利益赔偿；被侵权人因此受到的损失以及侵权人因此获得的利益难以确定，被侵权人和侵权人就赔偿数额协商不一致，向人民法院提起诉讼的，由人民法院根据实际情况确定赔偿数额。

【释义】　本条是关于侵害他人人身权益造成财产损失赔偿的规定。

人身权益是民事主体最基本的权益，侵害他人人身权益应当依法承担侵权责任。本条在侵权责任法第20条的基础上，增加了被侵权人的选择，对于侵害他人人身权益如何计算财产损失作了较为具体的规定。

（一）按照被侵权人受到的损失赔偿

根据侵害行为及侵害人身权益内容的不同，侵害他人的人身权益造成财产损失的赔偿范围也不尽相同。主要包括：

（1）侵害他人生命、健康、身体等权益造成的财产损失的赔偿范围，一般包括积极的财产损失和可得利益的损失。依照本法第1179条规定，侵害他人造成人身损害的，应当赔偿医疗费、护理费、交通费、营养费、住院伙食补助费等为治疗和康复支出的合理费用，以及因误工减少的收入。造成残疾的，还应当赔偿辅助器具费和残疾赔偿金；造成死亡的，还应当赔偿丧葬费和死亡赔偿金。其中，因治疗而支出的医疗费、护理费、交通费、营养费、住院伙食补助费等为治疗和康复等实际发生的费用；被侵权人残疾所需要的辅助器具费等因侵权行为导致被侵权人实际支出的费用;被侵权人死亡所支付的丧葬费以及办理丧葬事宜所支出的交通、住宿等其他合理费用,即为积极的财产损失。被侵权人因误工而减少的收入以及受害人死亡办理丧事其亲属误工所减少的收入;被侵权人因全部或者部分丧失劳动能力而减少的预期收入;被侵权人死亡的,其因死亡而不能获得的未来一定期限内的预期收入等为可得利益的损失,即因侵权行为的发生导致被侵权人本应获得而无法获得的可得利益损失。

(2)侵害他人名誉权、荣誉权、姓名权、肖像权和隐私权等人身权益造成的财产损失。对此,学说界一直存在不同认识,有的人认为,侵害他人非物质性人身权益没有财产损害,只能通过精神损害赔偿。《最高人民法院关于确定民事侵权精神损害赔偿责任若干问题的解释》和《最高人民法院关于审理人身损害赔偿案件适用法律若干问题的解释》将精神损害赔偿作为侵害非物质性人身权的主要救济方式。也有的意见认为,侵害他人非物质性人身权有时也会产生财产损害,应当按照其实际损害赔偿。例如,某些名人的姓名权、肖像权具有一定的商业价值,如果用于广告等商业目的,取得使用的同意一般需要给付相应的对价,未经同意擅自使用直接影响了其应当获得的财产利益,这种财产损失是可计算的,因此属于侵害他人人身权益造成财产损害的情形。有的因个人隐私被披露导致生病看病的费用,也是直接的财产损失。

在德国,侵害人格权在财产损害与非财产损害之间的界限发生了变化,财产损害方式获得了扩张。在一些案件中,法官将受害人的精神不悦以及人格展开的商品化可能都解释为一种财产损害。例如,所有能够以财产计算并且在市场中通过金钱可以获得的利益都是财产损害。在遭受精神损害的情况下,如果当事人为了摆脱此种精神压抑而支付了一定的费用,则此种花费也是财产损害。德国由此存在两种理论:一种理论称为“沮丧理论”,即所有因为侵权行为所造成的或者使用的机会丧失都可以作为财产损害;另一种理论是“商品化理论”,即在现代社会中,大量的生活关系都可以在当今的财产社会中通过金钱购买到,所以在造成他人精神损害,而此种精神损害又可以通过金钱加以抚慰时,应当承认精神损害赔偿,这种应当得到赔偿的损害进而延伸为财产损害。

侵害非物质性人身权益的财产损失,可以根据不同的侵权行为和相关证据具体判断处理，有实际财产损失的，按照实际损失赔偿，没有实际损失的，可以根据法律的相关规定给予救济。

（二）按照侵权人因此获得的利益

一些侵害人身权益的行为，被侵权人的财产损失难以确定，尤其是在被侵权人的名誉受损、知识产权被侵害等情况下，很难确定财产损失。在此情形下，侵权人如何赔偿，怎样确定赔偿数额是困扰司法实践的一个难题。例如，某运动员身披国旗的照片被企业印到产品的包装盒上了，运动员诉企业侵权。在此案中，侵害他人肖像权的行为确实存在，如何对被侵权人进行赔偿，赔偿数额如何确定成了被关注的热点。《最高人民法院关于确定民事侵权精神损害赔偿责任若干问题的解释》第 10 条规定的关于精神损害的赔偿数额确定的因素中，将“侵权人的获利情况”作为其中之一，由此，在侵害他人人身权益的情况下，可将侵权人的获利情况作为司法实践中确定赔偿数额的重要因素考虑。在总结我国的司法实践经验的基础上，侵权责任法第 20 条明确规定，“被侵权人的损失难以确定，侵权人因此获得利益的，按照其获得的利益赔偿”。在民法典侵权责任编编纂过程中，有的意见提出，随着社会发展和利益多元化，侵权行为具体样态越发复杂。侵权责任法规定只有在“被侵权人的损失难以确定”的情形下，才能适用“侵权人因此获得利益的，按照其获得的利益赔偿”，在某些情形下对保护被侵权人的权益不利。建议不再规定先后顺序，赋予被侵权人一定的选择权，在被侵权人因侵权行为受到的损失或者侵权人因侵权行为获得的利益赔偿中进行选择，这样既能有效获得赔偿实现公平正义，又能有效遏制与震慑侵权行为。

我们吸收采纳了这一意见，在侵权责任编二审稿中规定，侵害他人人身权益造成财产损失的，按照被侵权人因此受到的损失或者侵权人因此获得的利益赔偿。当然，对这一修改，也有反对的意见。有的意见提出，作出这一修改与我国侵权责任赔偿制度的填平原则不吻合。财产损失应当首先按照被侵权人受到的损失计算，无法计算损失时，才按照侵权人获得的利益计算，两者是有先后顺序的。填平原则是民事责任的基本原则。只有在没有有效的办法进行填补损害时，才考虑其他的救济方案，例如获益返还等。在可以确定损失的情形下，若获利大于损害，被侵权人选择获利赔偿，将突破完全赔偿原则，违反“禁止得利”原则。

我们慎重研究后认为，从总体上考虑，本条赋予被侵权人一定的选择权比较好。一是,这样便于被侵权人选择对自己有利的赔偿方案,从而有利于保护受害人的权益。二是,这样规定便于案件争议迅速有效的解决。三是,从理论上讲,这构成了侵权损害赔偿和不当得利损害赔偿的竞合。既然是竞合,显然是选择赔偿的问题。侵权责任法第20条规定确立的实际损失赔偿、侵权所得赔偿和法院根据实际情况确定赔偿数额三种方式渐次展开,虽然只是将"侵权人获得的利益难以确定"作为酌定赔偿的适用条件,但酌定赔偿适用的条件实际上是被侵权人的损失和侵权人获得的利益均难以确定。因为在这一模式下,只有被侵权人的损失难以确定,才需要考虑侵权人获得的利益能否确定。当侵权人获得的利益难以确定时,被侵权人的损失自然也难以确定。此时由被侵权人进行选择,被侵权人肯定选择最能弥补其损害的计算方式,因此不违反填平原则。

(三)由人民法院根据实际情况确定赔偿数额

该规定主要针对损人不利己等获利难以计算的情况。例如,有的侵权人将别人的隐私放在网络上造成很坏的影响,他自己并没有获利,如果依照"被侵权人因此受到的损失或者侵权人因此获得的利益赔偿"的规定处理,不能很好地保障被侵害人的权益,侵权人也得不到惩罚。当出现被侵权人因此受到的损失以及侵权人因此获得的利益难以确定时,被侵权人与侵权人可以就赔偿数额进行协商,协商不一致的,被侵权人可以向人民法院提起诉讼,由法院根据实际情况赔偿数额。这项规定表达了三层含义:一是在侵权人损人没有获利或者获利难以计算的情况下,当事人可以就赔偿数额进行协商;二是赋予被侵权人获得赔偿的请求权,侵权人不能因为没有获利或者获利难以计算就不负赔偿责任;三是如何确定赔偿数额由法院根据侵权人的过错程度、具体侵权行为和方式、造成的后果和影响等确定。

第一千一百八十三条　侵害自然人人身权益造成严重精神损害的,被侵权人有权请求精神损害赔偿。

因故意或者重大过失侵害自然人具有人身意义的特定物造成严重精神损害的,被侵权人有权请求精神损害赔偿。

【释义】　本条是关于精神损害赔偿的规定。

(一)精神损害赔偿制度的境外立法例及历史沿革

精神损害赔偿是受害人因人格利益或身份利益受到损害或者遭受精神痛苦而获得的金钱赔偿。

1. 境外立法例有关情况

《德国民法典》中确立精神抚慰金迄今已有一百多年的历史。2008年8月以前,精神抚慰金的法律依据主要是《德国民法典》第847条的规定,在侵害身体或者健康,以及在剥夺人身自由的情况下,受害人所受损害即使不是财产上的损失,也可以因受损害而要求合理的抚慰。对妇女犯有违反道德的犯罪或者不法行为,或者以欺诈、威胁或者滥用从属关系,诱使妇女同意婚外同居的,该妇女享有精神抚慰请求权。原则上,只有当发生非合同的过错责任时,才会产生精神抚慰金。精神抚慰金具有双重功能,即补偿功能和让受害人获利心理平衡功能。2002年8月以后,德国议会颁布了《关于修改损害赔偿法规定的第二法案》,对精神抚慰金的范围作了重大调整,将第847条的内容并到第253条中,规定,对于非财产损害,只有法律上有明确规定的,才能请求精神抚慰金。由于侵害身体、健康、自由或性自主权而须损害赔偿的,受害者也可基于非财产损害请求合理的精神抚慰金。调整精神抚慰金适用范围的意义在于:统一了精神抚慰金适用的标准,将不再以合同与非合同、过错与非过错的区分为基础。后又将精神抚慰金适用范围,由限于侵权行为法领域扩展到合同法和危险责任领域,加强了对受害者利益的保护。德国目前关于精神抚慰金的发展趋势主要体现在两个方面:一是从20世纪90年代起,提高痛苦费的金额,对于重大伤情确定痛苦费的,明显高于以前的规定;二是不再有家庭成员的痛苦费,死者家属作为间接的受害者在法律规定的例外情况下,有自己的索赔权。柏林高等法院在判例中指出,死者家属"出现严重的精神上的惊吓"绝不是提出非物质伤害补偿的理由,一次事故或者一个关于事故的消息,都可以成为要求补偿的理由,条件是它们造成了精神病理学意义上的后果,或者更为严重的后果——导致患了精神病。认定痛苦费所必需的肉体和心灵的伤害,要由法院依据民事诉讼法的规定,通过聘请事故外科专家、矫形外科大夫以及神经科和精神病科的专家等作出鉴定来认定。精神抚慰金的数额要综合考虑受害者的肉体和心灵的伤害程度、遭受痛苦的强度和持续时间以及受害者自身的年龄、职业、所在地区的经济水平等。

需要特别指出的是,《德国民法典》规定的“精神抚慰金”,在翻译成汉语时,很多译者将其翻译成“精神损害赔偿金”,在民法学界一般能理解两者是同一术语,但“精神损害赔偿金”这一术语在社会上反复流传使用,再结合我国语言文字的使用习惯与社会公众认知,在内涵与外延上产生了远超《德国民法典》“精神抚慰金”意义上的含义。这也导致了司法实践中对“精神损害赔偿金”的误读误用,有的案例中原告起诉被告要求支付几百万乃至上千万的“精神损害赔偿金”。精神损害无法用金钱与物质量化衡量,也无法以赔偿的方式填平这一损害。因此,《德国民法典》使用“精神抚慰金”的表述,仅能以赔偿的方式进行抚慰,是精确适当的。

我国台湾地区“民法”第 195 条第 1 款规定,不法侵害他人之身体、健康、名誉、自由、信用、隐私、贞操,或不法侵害他人人格权而情节重大者,被害人虽非财产上之损害,亦得请求赔偿相当之金额。其名誉被侵害者,并得请求为恢复名誉之适当处分。

根据《日本民法典》第 710 条的规定和法院的判例,在以下三种情况下可以请求精神损害赔偿:一是侵害他人身体、自由、名誉导致精神损害的。司法实践中,对侵害其他人身权益导致精神损害的,如隐私权、肖像权、信用权、家庭关系等,法官也允许受害人请求精神损害赔偿。二是侵害财产权导致精神损害的。如侵害他人祖上传下来的财产,或者他人喜爱的宠物导致精神损害的,法院曾判决精神损害赔偿。三是侵害他人生命权导致死者的父母、配偶及子女受到精神损害的。但近几年,日本最高法院也判决,即使受害人未死亡,其近亲属受到与受害人死亡时相同的精神痛苦时,该近亲属也可以请求精神损害赔偿。从总体上讲,日本精神损害赔偿的适用范围越来越宽,请求权人越来越多。日本没有法律明确规定如何确定精神损害赔偿额,对法官裁量时应斟酌的事项也没有限制,主要由法官根据个案综合考虑各种因素自由裁量。

美国的精神损害赔偿制度经历了一个发展变化过程。在早期的侵权责任法中,精神损害赔偿请求权依附于身体伤害,只有因身体伤害导致的精神损害才可以请求精神损害赔偿。现今,精神损害赔偿已经发展为一项独立的侵权责任形式。司法实践中,可以请求精神损害赔偿的情况一般包括:一是因身体伤害导致精神损害的;二是因性骚扰、不合理解雇雇员以及性别歧视导致精神损害的;三是“旁观者”因目睹侵权人殴打第三人而受到精神损害,且第三人是“旁观者”近亲属的。例如,原告目睹他的亲人遭受被告的殴打、羞辱和强暴,以致心脏病突发或出现精神方面疾病的,法官一般会判原告受到了精神损害;四是侵犯名誉、隐私导致其受到精神损害,对于这种精神损害,原告只需证明自己隐私受到侵犯,但这种赔偿一般是象征性的,数额较低。法官决定是否给予精神损害一般考虑侵权人的主观恶意(故意或者通过极端骇人的、不可忍受的行为)和受害人是否受到精神损害,一时不高兴不能算作精神损害。以前美国各州对精神损害赔偿数额没有任何限制,完全由法官或者陪审团根据法官的指示进行自由裁量,为了防止精神损害赔偿数额过大,美国现在已有 12 个州对精神损害赔偿设置了上限,例如有的州规定,这类赔偿最高不得超过 35 万美元。

精神损害赔偿的适用范围几经变迁,各个国家和地区在逐渐承认这一制度的同时,也对其适用范围进行一定的限制,主要是考虑:一是精神损害具有一定程度的不确定性。如果过分扩大其适用范围,可能给侵权人带来过重的负担,从而不当地限制了社会的一般行为自由。二是精神损害赔偿的范围过宽,可能引发对感情商业化的担忧。三是精神损害赔偿的适用通过法官的自由裁量实现。如果不加以限制,可能导致自由裁量权的滥用。

2. 我国精神损害赔偿规定的历史沿革

我国民法通则中没有规定精神损害赔偿制度。《最高人民法院关于确定民事侵权精神损害赔偿责任若干问题的解释》对精神损害赔偿作了较为详尽的规定,用以指导司法实践。该司法解释第 4 条规定,具有人格象征意义的特定纪念物品,因侵权行为而永久性灭失或者毁损,物品所有人以侵权为由,向人民法院起诉请求赔偿精神损害的,人民法院应当依法予以受理。同时,该解释第 10 条规定了确定精神损害赔偿数额的考虑因素。侵权责任法第一次在民事法律中对精神损害赔偿作了规定,即侵害他人人身权益,造成他人严重精神损害的,被侵权人可以请求精神损害赔偿。2013 年修正的消费者权益保护法第 51 条进一步规定,经营者有侮辱诽谤、搜查身体、侵犯人身自由等侵害消费者或者其他受害人人身权益的行为,造成严重精神损害的,受害人可以要求精神损害赔偿。

随着实践的发展,社会公众对精神损害赔偿的认知有所加深也存在误读,人民法院受理的请求承担精神损害赔偿的案件不断增多。为满足实践需要,在民法典侵权责任编编纂过程中,结合各方面提出的意见和建议,在侵权责任法第22条的基础上更进一步,作出修改完善:一是将“他人”修改为“自然人”,明确我国精神损害赔偿的主体只能是自然人。二是将“被侵权人可以请求精神损害赔偿”修改为“被侵权人有权请求精神损害赔偿”,在侵权责任编中统一规范请求权术语的表达。三是扩大了精神损害赔偿的适用范围,增加一款,规定“因故意或者重大过失侵害自然人具有人身意义的特定物造成严重精神损害的,被侵权人有权请求精神损害赔偿”。

(二)对精神损害赔偿规定的理解与适用

1. 根据本条第1款的规定,侵害自然人人身权益造成严重精神损害的,被侵权人有权请求精神损害赔偿

第一,精神损害赔偿的范围是人身权益,侵害财产权益不在精神损害赔偿的范围之内。第二,需要造成严重精神损害。并非只要侵害他人人身权益,被侵权人就可以获得精神损害赔偿,偶尔的痛苦和不高兴不能认为是严重精神损害。之所以强调“严重”的精神损害,是为了防止精神损害赔偿被滥用。对“严重”的解释,应当采取容忍限度理论,即超出了社会一般人的容忍限度,就认为是“严重”。第三,被侵权人有权请求精神损害赔偿。一般来说,请求精神损害赔偿的主体应当是直接遭受人身权侵害的本人,自不待言。在民法典侵权责任编编纂过程中,有的建议提出,被侵权人因侵权行为死亡的,其近亲属能不能主张精神损害赔偿,不够明确,建议予以明确。我们认为,自侵权责任法明确规定精神损害赔偿制度开始,我国民事立法对这一问题态度就是明确的:被侵权人因侵权行为死亡而导致近亲属受到严重的精神损害的,本条第1款中规定的“侵害自然人人身权益”中“自然人”就是被侵权人的近亲属。因被侵权人已经死亡,不存在本人精神损害的问题,是因为其死亡,给其近亲属造成了严重精神损害,因此本条第1款已经解决了这个问题。

2. 根据本条第2款的规定,因故意或者重大过失侵害自然人具有人身意义的特定物造成严重精神损害的,被侵权人有权请求精神损害赔偿

在民法典侵权责任编编纂过程中,曾将第2款与第1款放在一起规定。有的建议,不要将“自然人人身权益”与“具有人身意义的特定物”混在一起规定。我们研究认为,侵害自然人人身权益在很多情形下会造成

严重精神损害，但是对“具有人身意义的特定物”应当严格限定，即使该行为侵害了受害人权益，也给受害人造成了严重精神损害，但未必一定要承担精神损害赔偿责任。因为对侵权人而言，自己的行为侵害了被侵权人的物权，自己对此是非常清楚的。但是，除了遗体、遗骨等极少数物品之外，法律不能一般性地期待侵权人认知该物对被侵权人具有人身意义。只有当侵权人明知是“具有人身意义的特定物”而故意加以侵害，且造成严重精神损害的，才能要求其承担精神损害赔偿。因此，将本款内容单列一款作了规定。本款规定了侵害行为的主观要件，即故意或者重大过失。“具有人身意义的特定物”的范围，在实践中主要涉及的物品类型为：(1)与近亲属死者相关的特定纪念物品，如遗像、墓碑、骨灰盒、遗物等；(2)与结婚礼仪相关的特定纪念物品，如录像、照片等；(3)与家族祖先相关的特定纪念物品，如祖坟、族谱、祠堂等。这些物品对被侵权人具有人身意义。

3. 关于精神损害赔偿的数额

精神损害本身无法用金钱数额进行衡量，但是精神损害赔偿的数额应该与精神损害的严重程度相一致。侵权人的过错程度、侵害手段、场合、行为方式、侵权行为所造成的后果，是衡量被侵权人精神损害程度的重要因素。越是故意甚至恶意的主观状态、在更为公开的场合、以更为恶劣的加害手段侵害被侵权人，对被侵权人造成越为严重的后果，则被侵权人所受精神损害的程度就越深，侵权人应承担的赔偿数额也就越高。同时应当承认，侵权人的获利情况、侵权人承担责任的经济能力与司法政策、法官结合具体案件自由裁量密不可分，因此精神损害赔偿的数额，宜在具体案件中，结合个案情况灵活处理。随着社会经济的发展变化，精神损害赔偿的数额也会随之发生变化。

第一千一百八十四条　侵害他人财产的，财产损失按照损失发生时的市场价格或者其他合理方式计算。

【释义】　本条是关于财产损失计算的规定。

财产权益是民事权益中的重要组成部分，包括物权、知识产权、股权和其他投资性权利、网络虚拟财产等具有财产性质的权益。

因侵权行为导致财产损失的，一般按照财产损失发生时的市场价格计算。也就是以财产损失发生的那个时间，该财产在市场上的价格为计算标准,完全毁损、灭失的,要按照该物在市场上所对应的标准全价计算;如果该物已经使用多年的,其全价应当是市场相应的折旧价格。例如,一辆已经开了五年的汽车被毁坏,其全价应当是二手车市场与该种车型及使用年限相对应的价格;财产部分毁损的,应当按照由于毁损使该物价值减损的相应的市场价格标准计算。如果该财产没有在市场上流通,没有市场的对应价格,可以采用其他合理方式计算,包括评估等方式。如家传的古董,没有市场价格,就可以按照有关部门的评估价格计算。

本条基本延续了侵权责任法第 19 条的规定,对个别文字进行了调整,增加了“合理”二字。在民法典侵权责任编编纂过程中,有的意见提出,实践中,从财产受到损失到法院作出判决一般都会经历较长时间,财产价格因市场因素很可能会发生较大变化,若只能按照损失发生时的市场价格计算赔偿额,对被侵权人不是很公平。还有的建议明确“其他合理方式”的具体类型是什么,以增强可操作性。

我们经研究认为,一般来说,市场价格会有上升或下降的可能,一个侵权案件审判终结需要一段时日,如果对于价格标准不作确定,则可能在司法实践中引起混乱,侵权行为发生时、诉讼开始时、诉讼终结时等都可能成为法官考虑的时间点,由于市场价格的波动,不同的时间点可能赔偿的数额就会不同。为了避免司法实践中可能出现的规则运用上的不统一,本条需要明确对财产损失的计算标准,最终规定以财产损失发生的时间点计算赔偿价格,主要考虑两点:一是这个时间点相比较其他时间点最容易固定和掌握。其他时间点上,例如起诉之日、立案之日、判决作出之日等均有各种诉讼法上的不确定性,有可能存在同一类型案件确定时间不同的情况,不利于对同一类型财产损失的计算点。二是本条还规定了“或者其他合理方式计算”确定损失的方法。当价格波动较大时,为了使被侵权人获得充分的救济,法官可以以其他合理方式确定损失。法律没有限定“其他合理方式”的范围,由法官结合具体案情自由裁量。

第一千一百八十五条　故意侵害他人知识产权,情节严重的,被侵权人有权请求相应的惩罚性赔偿。

【释义】 本条是关于故意侵害他人知识产权惩罚性赔偿的规定。

惩罚性赔偿也称惩戒性赔偿,是侵权人给付给被侵权人超过其实际受损害数额的一种金钱赔偿。作为一种集补偿、制裁、遏制等功能于一身的制度,在一些国家和地区得到了广泛运用。

(一)境外有关立法例

一些英美法系国家承认惩罚性赔偿制度,比较典型的是美国。英美法中的惩罚性赔偿制度起源于 1763 年英国的哈克勒诉蒙尼一案。早期的美国法不承认精神损害赔偿,但当受害人遭受精神痛苦与情绪受挫等精神损害时,可以请求惩罚性赔偿,其主要被适用于诽谤、诱奸、恶意攻击、诬告、非法拘禁等使受害人遭受名誉损失及精神痛苦的案件。19 世纪以前美国的惩罚性赔偿基本是对精神损害的赔偿。19 世纪以后,惩罚性赔偿主要转向制裁和遏制极其恶意的不法行为。20 世纪以来,一些大公司制造的不合格商品对消费者造成了严重损害。尽管消费者可以通过一般损害赔偿获得补救,但由于大公司财大气粗,补偿性赔偿难以对其制造和销售不合格甚至危险商品的行为起遏制作用,这就需要通过惩罚性赔偿的方法保护广大消费者利益。基于此,惩罚性赔偿已逐渐被广泛用于产品责任领域。目前,美国除路易斯安那州、马萨诸塞州、内布拉斯加州、华盛顿州未采纳惩罚性赔偿制度外,其他州均已采纳这一制度。美国的一些联邦法案如《谢尔曼法案》《克莱顿法案》《联邦消费者信用保护法》《联邦职业安全与健康法》等都对惩罚性赔偿作了规定。《美国侵权法第二次重述》也对惩罚性赔偿制度作了规定。

大陆法系国家在民事立法、司法实践中普遍不接受惩罚性赔偿制度,例如根据《德国民法典》第 249~255 条的规定,德国学界的一般观点认为损害赔偿的唯一目的就是纯粹的补偿性。主要原因是:这些国家严格区分公法与私法,强调公法、私法具有不同的职能。行政法、刑法等公法的任务是惩罚犯罪和不法行为,维护社会公共利益;私法的任务是协调私人之间的利益纷争,对受害人所受损害进行补偿和救济,维护个体之间的利益平衡,私法责任(民事责任)具有完全补偿性,不具有惩罚性。惩罚性赔偿制度实质是一种公法责任而非私法责任,将其作为民事责任纳入私法体系,与公、私法的严格划分观念及私法的基本原则不相符。然而近年来,情况发生了一些变化。法国、德国、西班牙以及欧盟等国家和地区已经开始接受惩罚性赔偿并逐步执行有惩罚性赔偿的美国判决,例如德国法院就常常将惩罚性的因素加入损害赔偿中,通常这样的做法被视为例外,但是这样的例外有逐渐泛化的趋势。

(二)惩罚性赔偿的功能

传统民法认为,损害赔偿的功能在于填补受害人的损害。惩罚性赔偿制度的产生和发展没有否认传统的补偿性赔偿制度的合理性,只是在一般损害赔偿制度之外发展了一种例外的赔偿制度。一般认为惩罚性赔偿主要具有以下功能:

(1)制裁功能。对不法行为人来说,补偿其故意行为所致的损害如同一项交易,只要付出一定的补偿性赔偿,即可任意实施民事违法行为,这将使不法行为人特别是富人享有很大的损害他人的权利,只有通过惩罚性赔偿才能使被告刻骨铭心,从而达到制裁的效果。过错是惩罚的重要根据。惩罚性赔偿就是对故意或者恶意的不法行为实施惩罚,这种惩罚与补偿性损害赔偿所体现的制裁作用有所不同。它通过给不法行为人强加更重的经济负担,使其承担超过被害人实际损失的赔偿来制裁不法行为。

(2)遏制功能。遏制是对惩罚性赔偿合理性的传统解释。惩罚性赔偿的目的在于惩罚过去的过错行为,并"以此作为一个样板遏制未来的过错行为",这概括了惩罚性赔偿的两项功能,即制裁和遏制。制裁只是手段,遏制才是真正的目的。关于惩罚性赔偿遏制功能的合理性,学者曾经有许多论述,例如,有学者从道德伦理角度论述其合理性,也有学者从社会正义角度阐述其合理性,还有学者从经济效率的角度解释了其合理性。从经济学的观点来看,惩罚性赔偿通过给不法行为人增加经济上的负担使其为自己的不法行为付出一定的代价,这就可以促使行为人采取较为安全的措施以防止损害的发生或者将事故发生的危险降到最低程度。许多学者认为,惩罚性赔偿对滥用权利的大公司是"强制性的教训"。在某些情况下,受害人获得补偿性赔偿的数额与其因提起诉讼而花费的时间和精力极不相称,从而不能在利益上形成一种使受害人提起诉讼的激励机制。惩罚性赔偿可以鼓励受害人为获得赔偿金而提起诉讼以揭露不法行为并对不法行为予以遏制,这也有利于阻吓未来潜在的危险和不法行为。

(三)我国惩罚性赔偿的立法沿革

民法典编纂之前,我国现行法律对惩罚性赔偿的具体规定主要体现在消费者权益保护法、食品安全法、商标法、电子商务法等单行法中,民法总则对惩罚性赔偿作了原则性规定。消费者权益保护法对欺诈消费者的行为规定了惩罚性赔偿,该法第55条规定,经营者提供商品或者服务有欺诈行为的,应当按照消费者的要求增加赔偿其受到的损失,增加赔偿的金额为消费者购买商品的价款或者接受服务的费用的3倍;增加赔偿的金额不足500元的,为500元。法律另有规定的,依照其规定。经营者明知商品或者服务存在缺陷,仍然向消费者提供,造成消费者或者其他受害人死亡或者健康严重损害的,受害人有权要求经营者依照本法第49条、第51条等法律规定赔偿损失,并有权要求所受损失2倍以下的惩罚性赔偿。合同法第113条第2款规定,经营者对消费者提供商品或者服务有欺诈行为的,依照消费者权益保护法的规定承担损害赔偿责任。侵权责任法第47条规定,明知产品存在缺陷仍然生产、销售,造成他人死亡或者健康严重损害的,被侵权人有权请求相应的惩罚性赔偿。食品安全法第148条第2款规定,生产不符合食品安全标准的食品或者经营明知是不符合食品安全标准的食品,消费者除要求赔偿损失外,还可以向生产者或者经营者要求支付价款10倍或者损失3倍的赔偿金;增加赔偿的金额不足1000元的,为1000元。但是,食品的标签、说明书存在不影响食品安全且不会对消费者造成误导的瑕疵的除外。商标法第63条第1款规定,侵犯商标专用权的赔偿数额,按照权利人因被侵权所受到的实际损失确定;实际损失难以确定的,可以按照侵权人因侵权所获得的利益确定;权利人的损失或者侵权人获得的利益难以确定的,参照该商标许可使用费的倍数合理确定。对恶意侵犯商标专用权,情节严重的,可以在按照上述方法确定数额的1倍以上5倍以下确定赔偿数额。赔偿数额应当包括权利人为制止侵权行为所支付的合理开支。电子商务法第42条第3款规定,因通知错误造成平台内经营者损害的,依法承担民事责任。恶意发出错误通知,造成平台内经营者损失的,加倍承担赔偿责任。2017年颁布的民法总则第179条第2款规定,法律规定惩罚性赔偿的,依照其规定。

2018年8月,民法典各分编草案提请十三届全国人大常委会第五次会议一审后,有的提出,加强知识产权保护是完善产权保护制度的重要内容,建议进一步加大对知识产权的保护力度。我们研究认为,以习近平同志为核心的党中央高度重视知识产权保护工作,多次指示和批示要求加强对侵犯知识产权行为的惩罚力度。为了切实加强对知识产权的保护,必须显著提高侵犯知识产权的违法成本,把法律的威慑作用充分发挥出来。据此,2018年12月提请十三届全国人大常委会第七次会议审议的民法典侵权责任编草案二审稿增加一条规定:“故意侵害知识产权,情节严重的,被侵权人有权请求相应的惩罚性赔偿。”2019年8月提请十三届全国人大常委会第十二次会议审议的民法典侵权责任编草案三审稿,在二次审议稿的基础上作了文字完善,规定故意侵害“他人”知识产权,情节严重的,被侵权人有权请求相应的惩罚性赔偿。这一规定延续至民法典本条最终的表述。

目前,我国知识产权法律主要是著作权法、专利法和商标法。此外,国务院颁布的《中华人民共和国商标法实施条例》、《集成电路布图设计保护条例》和《中华人民共和国植物新品种保护条例》分别对地理标志、集成电路布图和植物新品种作出了规定和保护。现行著作权法没有规定惩罚性赔偿制度,著作权法修改已列入十三届全国人大常委会立法规划第一类项目,著作权法修正案草案于2020年4月提请十三届全国人大常委会第十七次会议进行了审议。专利法修改正在进行中,草案对于故意侵犯专利权情节严重的,拟惩罚性赔偿。商标法规定了1倍以上5倍以下的惩罚性赔偿数额。地理标志、集成电路布图和植物新品种规定在国务院行政法规中,因行政法规不宜规定惩罚性赔偿,对这三种知识产权的保护可以适用本条的规定。

第一千一百八十六条　受害人和行为人对损害的发生都没有过错的,依照法律的规定由双方分担损失。

【释义】　本条是关于公平分担损失的规定。

(一)立法沿革

现代公平分担的规定最初产生于未成年人和精神病人的赔偿案件。在这些案件中,古代有些法律要求未成年人对其所致损害完全负责。然而,19世纪以来,由于过错责任的发展,许多国家和地区认为未成年人不具备意思能力,不能被确定有过错,因此对其造成的损害不负责任。由于完全免责和完全负责的做法都不尽合理,因此一些国家和地区接受了公平分担的思想,在立法上规定了公平分担。比如《埃塞俄比亚民法典》第2099条规定,如果导致责任的过错行为是处于不知其行为的过错性质状态的人实施的,在有衡平需要时,法院可减少赔偿额。在这一问题上,必须考虑当事人各自的财务状况和过错行为人的赔偿损害责任的后果。我国台湾地区“民法”第218条规定,损害非因故意或者重大过失所致者,如其赔偿致赔偿义务人之生计有重大影响时,法院得减轻其赔偿金额。我国民法通则和最高人民法院的司法解释对公平分担也作了规定。民法通则第132条规定:“当事人对造成损害都没有过错的,可以根据实际情况,由当事人分担民事责任。”《最高人民法院关于贯彻执行〈中华人民共和国民法通则〉若干问题的意见(试行)》第157条规定:“当事人对造成损害均无过错,但一方是在为对方的利益或者共同的利益进行活动的过程中受到损害的,可以责令对方或者受益人给予一定的经济补偿。”侵权责任的承担以行为人有过错为基本构成要件,行为人对损害发生没有过错的,除法律规定承担无过错责任外,一般不承担责任。但在现实生活中,有些损害的发生行为人虽无过错,法律也没有规定承担无过错责任,但毕竟由行为人引起,如果严格按照无过错即无责任的原则处理,受害人就要自担损失,这不仅有失公平,也不利于和谐人际关系的建立,因此侵权责任法第24条规定:“受害人和行为人对损害的发生都没有过错的,可以根据实际情况,由双方分担损失。”

在民法典侵权责任编编纂过程中,有的提出,本条适用范围不明确,实践中争议大、裁判不统一,出现了一些问题。一是适用范围宽泛化。一些法院出现了对行为人与受害人都有过错,受害人有过错或行为人、第三人有过错的案件,依据该条予以判定的情况。二是自由裁量空间过大。“实际情况”的确定体现了对多重因素的综合考虑,一般包括受害人所受损失的严重程度、受害人与行为人的具体情况、社会道德准则与和谐等因素。司法判决中,由于侵权责任法的规定有些抽象,法官自由裁量的过程中,出现了认定过于随意、标准失之宽松的情况,导致了公平分担损失原则的滥用。因此,应妥当限定。为进一步明确公平分担损失原则的适用范围,统一裁判尺度,避免自由裁量尺度过宽等弊端,侵权责任编草案一审稿将侵权责任法规定的“可以根据实际情况,由双方分担损失”修改为“可以依照法律的规定,由双方分担损失”。对此规定,有的意见提出,在受害人和行为人对损害的发生都没有过错的情况下,要求分担损失只能依照法律规定,因此不应再规定“可以”依照法律规定。经研究,我们在侵权责任编草案三审稿开始,采纳这一建议,删除“可以”的表述。

公平责任是不是与过错责任、无过错责任并列的侵权责任的归责原则,要不要在侵权法中规定公平责任,这个问题在侵权责任法的立法以及民法典侵权责任编的编纂中都有不同意见。有的认为,公平责任原则是我国民法公平原则的必然引申,是由民法所担负的保护公民和法人的合法权利的任务决定的,是市场发展的内在要求,也是淳化道德风尚、建设社会主义精神文明的需要。该责任原则既不同于过错责任,也有别于严格责任,具有相当的特殊性、功能和自身独有的适用范围。有的认为,公平责任不是侵权责任法的归责原则。因为过错责任原则和无过错责任原则,均体现了公平原则的精神。公平原则属于指导性原则,不能成为法院裁判的依据。有的认为,公平责任的适用不具有法律上的确定性,将其作为归责原则,将会背离过错责任这一基本原则,造成另一种形式的不公平。考虑到实践中有适用公平分担的特殊需求,民法通则和最高人民法院的司法解释也都对公平责任作了规定,因此,侵权责任法、民法典保留了关于公平分担的规定,但将民法通则规定的“分担民事责任”修改为“分担损失”。该修改主要基于理论和实践两方面考虑:从理论层面来看,无过错即无责任是承担侵权责任的基本原则,既然双方当事人对损害的发生都没有过错,那么行为人就不应承担责任,而只能是分担损失。从实践层面来看,有些情况下让无过错的当事人承担责任,他们比较难以接受。因此,侵权责任法及民法典均没有将公平分担损失规定为一项侵权责任归责原则。

(二)对本条的理解

1. 公平分担损失的规定是侵权责任编根据实际情况作出的特别规定,与过错责任原则和无过错责任原则均有不同。与过错责任的区别主要有:(1)过错责任原则以行为人的过错作为承担责任的前提,而公平分担行为人并没有过错。(2)承担过错责任以填补受害人全部损失为原则,公平分担只是根据实际情况适当给受害人以补偿。与无过错责任的区别:(1)无过错责任无论行为人是否有过错,其适用以法律的特殊规定为根据。也就是说,承担无过错责任,行为人可能有过错,也可能无过错。而公平分担,行为人没有过错,也不属于法律规定的适用无过错责任的情形。(2)无过错责任适用于法律明确规定的几种情形。而公平分担只是原则规定适用条件,没有具体界定所适用的案件类型。(3)承担无过错责任,有的是填补受害人的全部损失,有的法律规定了最高责任限额。公平分担只是分担损失的一部分,没有最高额限制。

2. 公平分担适用于行为人和受害人对损害的发生均无过错的情况。如果损害由受害人过错造成,应当由其自己负责;如果由行为人或者第三人过错造成,应当由行为人或者第三人负责;如果行为人和受害人对损害的发生都有过错,应当根据他们的过错程度和原因分配责任。也就是说,只要有过错责任人,都不适用本条规定。公平分担不是说加害人与受害人各打五十大板,平均分担损失。确定损失分担,应当考虑行为的手段、情节、损失大小、影响程度、双方当事人的经济状况等实际情况,以达到公平合理、及时化解矛盾、妥善解决纠纷、促进社会和谐的目的。

3. "法律的规定"可以是本法的规定,例如:"因紧急避险造成损害的,由引起险情发生的人承担民事责任。危险由自然原因引起的,紧急避险人不承担民事责任,可以给予适当补偿。""完全民事行为能力人对自己的行为暂时没有意识或者失去控制造成他人损害有过错的,应当承担侵权责任;没有过错的,根据行为人的经济状况对受害人适当补偿。"除了本法外,"法律的规定"还可以是其他法律根据实践需要作出的相应规定。

第一千一百八十七条　损害发生后,当事人可以协商赔偿费用的支付方式。协商不一致的,赔偿费用应当一次性支付;一次性支付确有困难的,可以分期支付,但是被侵权人有权请求提供相应的担保。

【释义】 本条是关于赔偿费用支付方式的规定。

侵权责任制度的一项重要功能就是填补受害人的损失。由于损失既包括实际损失,例如侵害他人造成人身损害,因此产生的医疗费、护理费、交通费、营养费等为治疗和康复支出的合理费用,也包括预期利益的损失,例如因误工减少的收入;既涉及赔偿的额度,例如有的赔偿费用只有百十元,有的却有几十万元、成百上千万元,也涉及侵权人的支付能力,例如有的侵权人拿不出钱,有的财富充裕。因此,赔偿费用的支付方式成为能否有效地保护受害人利益的重要问题。

(一)境外有关立法例

世界各国和地区在赔偿费用支付方式的处理上有以下几种模式:

一是绝对的一次性支付。采此模式的主要是英国、美国、丹麦、西班牙等。英国法院基于"一了百了"的原则,通常都要求赔偿义务人将赔偿费用一次性支付给受害人,但如果受害人能够证明其在未来的某个时间内将出现某种严重疾病或者生理、心理状况的恶化,受害人可以要求法院判决临时性给付。

二是以一次支付为原则,以定期金给付为例外。采此模式的主要是我国台湾地区、澳门特别行政区等。我国台湾地区"民法"第193条规定,不法侵害他人之身体或健康者,对于被害人因此丧失或减少劳动能力或增加生活上之需要时,应负损害赔偿责任。前项损害赔偿,法院得因当事人申请,定为支付定期金,但需加害人提出担保。我国澳门特别行政区民法典第561条规定,经考虑损害的连续性,法院可以依照受害人的申请,就全部或者部分损害定出终身或暂时定期金的赔偿。如果受害人没有提出此种申请,则应当判决一次性给付赔偿费用。

三是以定期金支付为原则,以一次性给付为例外。采此模式的主要是德国、俄罗斯等。《德国民法典》第843条规定,因侵害他人身体或者健康致受害人丧失或者减少劳动能力,或者增加生活上的需要,应以支付金钱定期金对受害人赔偿损失。如果存在有重大原因,受害人可以不要求定期金而要求一次给付赔偿总额。《俄罗斯联邦民法典》第1092条规定,因受害人劳动能力降低或者因受害人死亡引起的损害赔偿,按月支付。有正当理由时,法院考虑致害人支付的可能性,可依有损害赔偿权的公民的请求,判决向其一次性给付,但对3年以上的赔偿不适用一次给付。

四是赔偿费用的支付方式由法官自由裁量。采此模式的主要是荷兰、埃塞俄比亚等。《荷兰民法典》第105条规定,法官可以命令债务人一次性支付或分期支付赔偿费用,并附随或不附随担保义务。此命令可以附带法官确定的条件。《埃塞俄比亚民法典》第2154条规定,如果采取定期金的支付方式与损害的性质或案情相适应从而被证明是合适的,则法院可命令以定期金方式赔偿损害。在此等情形,债务人得就偿付定期金提供担保。

(二)我国规定的立法沿革

我国民法通则和最高人民法院相关司法解释对赔偿费用的支付方式也作了规定。民法通则第108条规定:"债务应当清偿。暂时无力偿还的,经债权人同意或者人民法院裁决,可以由债务人分期偿还。有能力偿还拒不偿还的,由人民法院判决强制执行。"《最高人民法院关于审理人身损害赔偿案件适用法律若干问题的解释》第 33 条规定："赔偿义务人请求以定期金方式给付残疾赔偿金、被扶养人生活费、残疾辅助器具费的，应当提供相应的担保。人民法院可以根据赔偿义务人的给付能力和提供担保的情况，确定以定期金方式给付相关费用。但一审法庭辩论终结前已经发生的费用、死亡赔偿金以及精神损害抚慰金，应当一次性给付。"第 34 条规定："人民法院应当在法律文书中明确定期金的给付时间、方式以及每期给付标准。执行期间有关统计数据发生变化的，给付金额应当适时进行相应调整。定期金按照赔偿权利人的实际生存年限给付，不受本解释有关赔偿期限的限制。"

侵权责任法借鉴有关国家和地区的立法经验，结合中国法律已有规定和司法实践的做法，作了规定。民法典侵权责任编延续了侵权责任法的规定。

（三）对本条的理解

本条对赔偿费用的支付方式作了三个层面的规定：

（1）由当事人协商确定赔偿费用的支付方式。当事人对赔偿费用支付方式的协商可以包括：是一次性支付还是分期支付；如果是分期支付，分几期，每次付多少，要不要考虑物价变化因素；要不要支付利息，利息如何计算等。当事人可以根据赔偿数额的多少，受害人对赔偿费用的需求程度，侵权人的支付能力等实际情况对赔偿费用的支付进行协商。

由当事人协商确定赔偿费用的支付方式，一是有利于赔偿费用的按时支付。比如有的赔偿数额不是很高，侵权人一次支付没有问题，可以协商一次支付，而有的赔偿数额超出侵权行为人的支付能力，强求其一次支付，可能会陷入执行难的困境或者导致侵权行为人破产，最终损害受害人的利益。协商确定支付方式，当事人可以根据双方实际情况作出合情合理的支付安排，避免支付障碍。二是有利于合理确定赔偿费用的数额。损害赔偿的目的是弥补受害人的损失，但有时损失数额并不确定。例如，一次性赔偿受害人预期收入的，通常以赔偿费用支付时受害人的收入标准计算赔偿数额，这样就失去了对受害人将来的身体状况、发展机遇、收入调整等变化因素的考量，赔偿数额不一定合理；又如，一次性赔偿难以预测未来物价变动，将来受害人很难以物价上涨为由要求侵权人增加支付，侵权人也不能因物价下降要求退还已支付的赔偿费用。协商确定支付方式，当事人可以通过支付方式的选择，规避赔偿费用未来的风险敞口,保全自己的利益。三是有利于预防纠纷。协商确定支付方式,当事人可以充分表达自己的意愿、需求、面临的困难等,在尊重对方利益的基础上,达成双方都能接受的方案,从而避免因支付而产生新的争议。

当事人协商确定支付方式后,侵权行为人应当按照约定的方式支付赔偿费用,不能将协商作为拖延给付赔偿费用的手段。如果以合法形式掩盖非法目的,违反约定到期不履行支付赔偿费用的义务,受害人有权请求人民法院宣告该约定无效,强制侵权人履行赔偿义务。

(2)协商不一致的一次性支付。侵权行为发生后,受害人的损失应当得到全面和及时的弥补,因此,如果当事人就赔偿费用的支付方式协商后,受害人不同意分期支付,侵权人就应当一次性支付全部赔偿费用。一次性支付,可以彻底了结纠纷,避免了受害人对侵权人未来能否按照约定支付的担心。

(3)一次性支付确有困难的,可以分期支付,但是被侵权人有权请求提供相应的担保。虽然本条规定当事人就赔偿费用支付协商不成的应当一次性支付,但在实践中确实存在行为人一次支付确有困难的情况,比如,有的侵权人生活困难;有的侵权人虽可竭尽全力一次支付,但支付后不能保证自己的基本生活需要,或者造成企业停业甚至破产,带来新的社会问题。侵权责任法虽然要填补受害人损失,但也要兼顾侵权人的合法权益。民事诉讼法也规定,强制执行被执行人的财产,应当保留被执行人及其所扶养家属的生活必需品。因此,本条规定一次性支付确有困难的,可以分期支付。分期支付应当具备以下两个条件:一是一次性支付确有困难。确有困难应当由侵权人举证证明,由人民法院作出判断。二是被侵权人有权请求提供相应的担保。该担保是应被侵权人请求提供的,可以是保证人提供的保证,也可以是侵权人以自己的财产抵押、质押。

第三章　责任主体的特殊规定

本章共 14 条,主要规定了监护人的侵权责任,委托监护时监护人的侵权责任,完全民事行为能力人暂时丧失意识后造成他人损害的侵权责任，用人单位的侵权责任，个人之间因劳务产生的侵权责任，承揽关系中的侵权责任，网络侵权责任，宾馆、商场、银行等的安全保障义务，学校、幼儿园等教育机构的过错推定责任等。在本章规定的这些责任中，有的责任承担的方式比较特殊，如监护人的责任、用人单位的责任等在理论上被称为替代责任，在这些责任中出现了行为人和责任人的分离；有的承担责任的主体具有特定性，如承担安全保障义务的责任主体是宾馆、商场、银行、车站、娱乐场所等经营场所、公共场所的经营者、管理者或者群众性活动的组织者；有的不仅规定了行为人的责任，还规定了在第三人侵权的情况下，有管理职责主体的责任。比如，学校、幼儿园等教育机构的责任中不仅规定了教育机构在不同情况下承担过错责任或者过错推定责任，还明确了无民事行为能力人或者限制民事行为能力人在教育机构学习、生活期间，受到第三人伤害，侵权人的责任和教育机构的补充责任。

第一千一百八十八条　无民事行为能力人、限制民事行为能力人造成他人损害的，由监护人承担侵权责任。监护人尽到监护职责的，可以减轻其侵权责任。

有财产的无民事行为能力人、限制民事行为能力人造成他人损害的，从本人财产中支付赔偿费用；不足部分，由监护人赔偿。

【释义】　本条是关于监护人责任的规定。

（一）本法监护责任的规定

民事行为能力是民事主体从事民事活动所具备的资格。只要达到一定的年龄，能够理智地处理自己事务的人，就具有民事行为能力。公民的民事行为能力依据其年龄和精神健康状况分为完全民事行为能力、限制民事行为能力和无民事行为能力。

首先，自然人的民事行为能力可以从年龄上划分。根据总则编的规定，18 周岁以上的自然人为成年人。不满 18 周岁的自然人为未成年人。成年人为完全民事行为能力人，可以独立实施民事法律行为。16 周岁以上的未成年人，以自己的劳动收入为主要生活来源的，视为完全民事行为能力人。8 周岁以上的未成年人为限制民事行为能力人，实施民事法律行为由其法定代理人代理或者经其法定代理人同意、追认；但是，可以独立实施纯获利益的民事法律行为或者与其年龄、智力相适应的民事法律行为。不满8周岁的未成年人为无民事行为能力人,由其法定代理人代理实施民事法律行为。

其次,自然人的民事行为能力也可以从精神状态上划分。根据总则编的规定,不能辨认自己行为的成年人为无民事行为能力人,由其法定代理人代理实施民事法律行为。不能完全辨认自己行为的成年人为限制民事行为能力人,实施民事法律行为由其法定代理人代理或者经其法定代理人同意、追认;但是,可以独立实施纯获利益的民事法律行为或者与其智力、精神健康状况相适应的民事法律行为。

无民事行为能力人、限制民事行为能力人的监护人是其法定代理人。父母是未成年子女的监护人。未成年人的父母已经死亡或者没有监护能力的,由下列有监护能力的人按顺序担任监护人:(1)祖父母、外祖父母;(2)兄、姐;(3)其他愿意担任监护人的个人或者组织,但是须经未成年人住所地的居民委员会、村民委员会或者民政部门同意。无民事行为能力或者限制民事行为能力的成年人,由下列有监护能力的人按顺序担任监护人:(1)配偶;(2)父母、子女;(3)其他近亲属;(4)其他愿意担任监护人的个人或者组织,但是须经被监护人住所地的居民委员会、村民委员会或者民政部门同意。被监护人的父母担任监护人的,可以通过遗嘱指定监护人。依法具有监护资格的人之间可以协议确定监护人。协议确定监护人应当尊重被监护人的真实意愿。

(二)境外监护人责任的立法例及我国立法例沿革

设立监护制度的目的是保护被监护人的人身、财产及其他合法权益不受损害,同时监护人也要承担起管教好未成年人和无行为能力、限制行为能力的精神病人的责任,对于被监护人给他人造成损害的,监护人应当承担责任。

一些国家和地区对于监护人责任的规定主要有以下三种模式:第一种是规定监护人对被监护人的行为承担无过错责任。例如,法国民法规定,任何人对应由其负责的他人的行为所造成的损害,负赔偿的责任。具有监护权的父母对与其一起生活的未成年子女造成的损害承担赔偿责任。第二种是规定监护人承担过错推定责任。例如,德国民法规定,依法律规定对未成年人或者因精神与身体状况而需要监护的人负有监督义务者,对此人给第三人造成的不法损害,有赔偿的义务。监督人如果已经尽到相当的监督责任,或者纵然加以应有的监督也难免发生损害的,不负赔偿责任。第三种是根据被监护人的年龄区分监护人的责任。比如,荷兰民法规定,对于未满 14 周岁的儿童造成他人损害的,父母或者其他监护人承担无过错责任;已满 14 周岁但未满 16 周岁的被监护人造成他人损害的,父母或者其他监护人承担过错推定责任。外国对于监护人责任的不同规定,与其在法律中是否承认被监护人责任能力有关。德国等国家承认被监护人的责任能力,并根据监护人的责任能力来确定监护人的责任。被监护人对于自己的行为有辨别能力的,应当自己承担责任;监护人有过错的承担责任,没有过错的不承担责任;被监护人对于自己的行为无辨别能力的,监护人根据其过错承担责任。法国等国家不承认被监护人有责任能力,法律规定监护人对被监护人造成他人损害的,均承担无过错责任。

我国侵权责任法第 32 条规定,无民事行为能力人、限制民事行为能力人造成他人损害的,由监护人承担侵权责任。监护人尽到监护责任的,可以减轻其侵权责任。有财产的无民事行为能力人、限制民事行为能力人造成他人损害的,从本人财产中支付赔偿费用。不足部分,由监护人赔偿。民法典侵权责任编有关监护人责任的规定延续了侵权责任法的规定。

(三)对本条的理解和适用

本条第 1 款主要规定责任能力和监护人承担监护责任的问题。监护责任是无过错责任还是过错责任,一直以来都有争议。本条第 1 款规定,无民事行为能力人和限制民事行为能力人造成他人损害的,由监护人承担民事责任,是由监护人的职责所决定的。由于大多数监护人与被监护人有血缘等密切关系,监护人有责任通过教育、管理等方式来减少或者避免被监护人侵权行为的发生。无民事行为能力或者限制民事行为能力人造成他人损害的,应当由监护人承担侵权责任。

依照本条第 2 款的规定,在具体承担赔偿责任时,如果被监护人有财产的,比如未成年人接受了亲友赠与的财产或者拥有其他价值较大的财产等,那么应当首先从被监护人的财产中支付赔偿费用,不足的部分再由监护人承担赔偿责任。虽然从我国的情况来看,无民事行为能力人或者限制民事行为能力人有自己独立财产的情况不多,但是随着经济和社会的多元化发展,无民事行为能力人或者限制民事行为能力人通过创作、接受赠与或者继承等方式取得独立财产的情况将会越来越多,因此,以自己的财产对自己造成他人的损害承担赔偿责任,也是公平的。在侵权责任法立法和民法典编纂过程中,一直有意见质疑本款的合理性。本款的一个重要意义,在于解决父母等亲属之外的人员或者单位承担监护人的情况下,被监护人造成他人损害的,如果要求监护人承担责任,那么实践中很多个人或者单位可能不愿意担任监护人,这对被监护人的成长、生活会造成负面影响。为了打消这种顾虑,考虑到父母等亲属之外的人员或者单位担任监护人的情况,可能会给被监护人留有独立财产。在这种情况下,先从被监护人的财产中支付赔偿费用更具有制度安排上的意义。当然,从被监护人的财产中支付赔偿费用的,应当保留被监护人基本的生活费用,保障其正常的生活和学习不受影响。被监护人的财产不足以支付赔偿费用的,其余部分由监护人承担。

第一千一百八十九条　无民事行为能力人、限制民事行为能力人造成他人损害,监护人将监护职责委托给他人的,监护人应当承担侵权责任;受托人有过错的,承担相应的责任。

【释义】　本条是关于委托监护时监护人的责任。

(一)历史沿革

侵权责任法并未规定监护人将监护职责委托给他人时,无民事行为能力人、限制民事行为能力人造成他人损害的,如何承担责任的问题。《最高人民法院关于贯彻执行〈中华人民共和国民法通则〉若干问题的意见(试行)》第 22 条规定,监护人可以将监护职责部分或者全部委托给他人。因被监护人的侵权行为需要承担民事责任的,应当由监护人承担,但另有约定的除外;被委托人确有过错的,负连带责任。这一规定确定了委托监护中监护人承担无过错责任、受托人在有过错时承担连带责任的规则,司法实践中一直沿用,较好地保护了被侵权人的利益,有利于督促监护人履行监护职责。但该司法解释的规定存在两个问题,一是"另有约定的除外"为监护人规避监护人责任提供了借口,不利于监护人责任的承担,且"约定"具有对内性,不能对抗被侵权人的损害赔偿请求。二是监护人是承担监护职责的第一责任人,享有履行监护职责产生的权利。实践中,委托监护大量存在于亲朋好友之间,且基本是无偿的。承担义务时要求其"确有过错的,负连带责任",过分强调了对被侵权人的保护而没有平衡委托人与受托人的利益,使监护的权利与义务失衡。

因此,民法典侵权责任编在吸收司法解释规定和有关意见的基础上,在本条对委托监护情形下责任承担进行了明确,以突出权利与义务的一致性。2019 年 12 月的民法典草案本条曾规定,“监护人将监护职责委托给他人的,由监护人承担侵权责任;受托人有过错的,承担相应的责任”。对此,有的意见提出,本条在语言逻辑上有瑕疵,既然“由监护人承担侵权责任”了,受托人有过错的情况下,为何“承担相应的责任”?经研究,将民法典草案该条中“由监护人承担侵权责任”修改为“监护人应当承担侵权责任”,表明有可能由监护人承担,也有可能由其他人承担,这样与后面一句“受托人有过错的,承担相应的责任”在逻辑上更加清楚,避免出现误解和语言逻辑问题。

(二)对本条的理解

委托监护是指监护人委托他人代行监护的职责,是一种双方的民事法律行为,是被监护人的监护人与受托人之间关于受托人为委托人履行监护职责、处理监护事务的协议,须有监护人委托与受委托人接受委托的意思表示一致才能成立。因此,很多学者将委托监护认定为一种合同关系。

委托监护当事人之间的委托协议一旦成立,受托人即负有依约定为委托人履行监护职责的义务;委托人负有依其约定支付必要费用的义务,如果合同中约定了支付报酬的内容,则还应当向受托人支付办理受托事务的报酬。委托人和受托人任何一方违反义务,都应当向对方负违约责任。但实践中,我国委托监护一般发生在亲朋好友之间,所以这种合同往往是口头的,也基本上是无偿的。

在委托监护中,委托人可以将部分监护职责委托给受托人行使,也可以将全部监护职责委托给受托人行使。《最高人民法院关于贯彻执行〈中华人民共和国民法通则〉若干问题的意见(试行)》第 10 条规定,监护人的职责包括:保护被监护人的身体健康,照顾被监护人的生活,管理和保护被监护人的财产,代理被监护人进行民事活动,对被监护人进行管理和教育,在被监护人合法权益受到侵害或者与人发生争议时,代理其进行诉讼。这些行为都是可以由他人来行使的,而并非须由监护人本人亲自行使不可的。受托人可以和应当行使何种职责,应完全由当事人之间委托监护的协议确定。

需要特别说明的是,委托监护不同于意定监护。意定监护是在监护领域对自愿原则的贯彻落实,是具有完全民事行为能力的成年人对自己将来的监护事务,按照自己的意愿事先所作的安排。本法第33条规定了这一制度:具有完全民事行为能力的成年人,可以与其近亲属、其他愿意担任监护人的个人或者组织事先协商,以书面形式确定自己的监护人,在自己丧失或者部分丧失民事行为能力时,由该监护人履行监护职责。由此可以看出两者主要有以下不同点:

第一,委托监护是监护人与非监护人之间确定非监护人代行监护职责的协议,而意定监护是在法定监护人之间确定监护人的协议。

第二,委托监护中,尽管委托人可以将监护职责全部委托给受托人,但即使在此情况下,受托人也不是监护人。也就是说,监护人不能依照委托监护的协议将监护人的资格转让给他人,他人也不能通过委托监护的协议来取得监护资格。因此,在委托监护中即使监护职责全部由受托人行使,监护人的监护资格也不丧失。在意定监护中,依当事人之间的协议所确定的监护人对被监护人负监护人责任,其就是被监护人的监护人。

第三,委托监护适用于无民事行为能力人、限制民事行为能力人的未成年人或者成年人。意定监护只适用于具有完全民事行为能力的成年人。

根据本条规定,无民事行为能力人、限制民事行为能力人造成他人损害,监护人将监护职责委托给他人的,监护人应当承担侵权责任。这意味着,实行监护人责任首负原则。除了监护人外,如果受托人有过错的,也要承担相应的责任。具体承担责任的范围,由司法机关结合具体案件情况依法裁量。

第一千一百九十条　完全民事行为能力人对自己的行为暂时没有意识或者失去控制造成他人损害有过错的,应当承担侵权责任;没有过错的,根据行为人的经济状况对受害人适当补偿。

完全民事行为能力人因醉酒、滥用麻醉药品或者精神药品对自己的行为暂时没有意识或者失去控制造成他人损害的,应当承担侵权责任。

【释义】　本条是关于完全民事行为能力人暂时丧失意识后侵权责任的规定。

（一）境外立法例及我国有关法律规定

过错是行为人承担侵权责任的要件，过错的前提是行为人有意识能力。完全民事行为能力人造成他人损害时，如果已经丧失了意识是否应当承担侵权责任，一些国家和地区对此作出了规定。

《德国民法典》规定，在无意识状态或者处于精神错乱而不能自己决定意思的状况下，对他人施加损害的人，不对该损害负责任。如果由于其饮酒或者类似手段而使自己陷于此种暂时状况的，对其在此状况下造成的损害，以如同其有过失一样的方式负责任；其没有过错而陷于此状况的，该责任即不发生。

日本民法规定，因精神上的障碍，在对自己的行为欠缺辨识能力的状况下给他人造成了损害的人，不负赔偿责任。但因故意或者过失而导致一时性的状态时，不在此限。

埃塞俄比亚民法规定，如果导致有责任的过错行为是处于不知其行为的过错性质状态的人实施的，在有衡平需要时，法院可减少给予的赔偿。在这一问题上，必须考虑当事人各自的财务状况和过错行为人的赔偿损害责任的后果。

我国台湾地区“民法”规定，在无意识或者精神错乱中所为之行为致第三人受损害时，法院因被害人之声请，得斟酌行为人及其法定代理人与被害人之经济状况，令行为人或其法定代理人为全部或一部之损害赔偿。

从以上境外立法例的规定来看，对于过错导致完全民事行为能力人暂时丧失意识造成他人损害的，原则上行为人需要承担侵权责任。此外，在赔偿的问题上会考虑各方当事人的经济状况，根据衡平的原则来处理。

我国侵权责任法第 33 条对完全民事行为能力人暂时没有意识或者失去控制造成他人损害的责任作了规定。民法典侵权责任编延续了该条的规定。

（二）对本条的理解和适用

考虑到导致完全民事行为能力人丧失意识的情况比较复杂，本条根据不同的情形，规定了完全民事行为能力人的责任。

（1）完全民事行为能力人对于自己丧失意识存在过错。如果是因为自己的过错,丧失了意识后造成了他人的损害,那么行为人应当根据其过错承担赔偿责任。比如,某人患有心脏病,需每天按时服药,医生禁止其骑自行车外出,但是,该人未按医嘱服药,并骑车外出,结果途中心脏病发作,丧失意识后摔倒并撞伤一行人。那么,在这种情况下,由于该人对于失去意识存在过错,所以应当根据其过错的程度来承担侵权责任。本条第1款中的过错,是指"过错"导致其丧失意识,因为失去意识之后确实没有过错可言。完全民事行为能力人是由于其过错导致意识丧失,那么对于丧失意识后的行为造成他人损害的,则要承担相应的侵权责任。

(2)完全民事行为能力人对于自己的行为暂时没有意识或者失去控制没有过错。如果行为人暂时没有意识或者失去控制不是由于自己的过错造成,而是由于其他原因导致发生,在这种情况下,行为人可以不承担侵权责任,不过需要根据公平分担的规定,适当分担被侵权人的损失。需要说明的是,这里对受害人是"补偿"而不是"赔偿"。因为赔偿原则上采取"填平"的原则,受害人损失多少赔多少,而补偿通常行为人没有过错,是根据行为人的经济能力,适当弥补受害人的损失。本条第1款的规定是本法第1186条公平分担损失原则在具体制度中的体现。

(3)完全民事行为能力人因醉酒、滥用麻醉药品或者精神药品导致自己暂时没有意识或者失去控制造成他人损害的。根据我国刑法的规定,醉酒的人应当承担刑事责任。治安管理处罚法规定,醉酒的人违反治安管理的,应当给予处罚。醉酒的人在醉酒状态中,对本人有危险或者对他人的人身、财产或者公共安全有威胁的,应当对其采取保护性措施约束至酒醒。麻醉药品是具有一定依赖性潜力的药品,连续使用、滥用或者不合理使用,易产生生理依赖性和精神依赖性,能成瘾癖。精神药品是直接作用于中枢神经系统,使之极度兴奋或抑制的药品。我国对于精神药品一直实行严格管理并严禁滥用,但为了治疗有关的病人,医院和药房也要保证精神药品正常销售。目前,一些侵权行为都是发生在行为人醉酒、滥用麻醉药品或者精神药品后。特别是在交通事故中,虽然道路交通安全法规定,饮酒、服用国家管制的精神药品或者麻醉药品,不得驾驶机动车,但是,全国每年发生的交通事故中不少都是因为驾驶员酒驾、醉驾所致。作为完全民事行为能力人,应当预见到醉酒或者滥用麻醉药品、精神药品后会难以控制自己的行为,可能会危害公共安全和他人的生命健康，但行为人放任结果的发生，仍然驾车或者采取其他方式造成他人人身权和财产权的损害。虽然侵权行为发生时，行为人已经丧失意识，似乎没有“过错”可言，但是，其行为本身具有违法性，应当对此发生的侵权行为承担责任。本条第 2 款规定“醉酒、滥用麻醉药品或者精神药品对自己的行为暂时没有意识或者失去控制造成他人损害”，其实也属于第 1 款“有过错”的一种情形。为了强调醉酒、滥用麻醉药品或者精神药品的行为和一般的过错相比，具有违法性，且危害性较大，本条第 2 款对醉酒、滥用麻醉药品或者精神药品导致自己暂时没有意识或者失去控制造成他人损害的责任专门作出了规定。

第一千一百九十一条　用人单位的工作人员因执行工作任务造成他人损害的，由用人单位承担侵权责任。用人单位承担侵权责任后，可以向有故意或者重大过失的工作人员追偿。

劳务派遣期间，被派遣的工作人员因执行工作任务造成他人损害的，由接受劳务派遣的用工单位承担侵权责任；劳务派遣单位有过错的，承担相应的责任。

【释义】　本条是关于用人单位责任、劳务派遣单位和劳务用工单位责任的规定。

（一）用人单位的责任

用人单位的工作人员因工作造成他人损害的，由用人单位对外承担侵权责任，这种责任在理论上被称为替代责任，即由他人对行为人的行为承担责任。由于工作人员是为用人单位工作，用人单位可以从工作人员的工作中获取一定的利益，因此，工作人员因工作所产生的风险，需要用人单位承担。用人单位与工作人员相比，一般经济能力较强，让用人单位承担责任，有利于更好地保护被侵权人的合法权益，也有利于用人单位在选任工作人员时能尽到相当的谨慎和注意义务，加强对工作人员的监督和管理。

1. 境外有关立法例

由于境外的国家和地区多为私有制，个人和所在单位之间的关系可以统称为雇佣关系，因此，用人单位的责任在境外多称为雇主责任。法国、德国、意大利、日本等国家和我国台湾地区，以及英美法系国家都对雇主责任作出了规定，不过归责原则有所不同，主要有以下立法例：

(1)雇主承担无过错责任。法国民法规定,主人与雇主,对其家庭佣人与受雇人在履行他们受雇的职责中造成的损害,雇主应该负侵权责任。英美法系国家雇主也多承担无过错责任,雇主不能通过举证自己没有选任或者指示过失而免责。

(2)雇主承担过错推定责任。德国民法规定,雇用他人执行事务的人,对受雇人在执行事务时违法施加于第三人的损害,负赔偿义务。雇用人对于在任命受雇人时,并在其应提供设备和工具器械或者应当监督事务的执行时,对装备和监督已尽必要注意义务,或者即使已尽必要注意仍难免发生损害的,不发生赔偿义务。日本民法规定,因某事业雇用他人者,对受雇人因执行其职务而加于第三人的损害,负赔偿责任。但是,雇用人对受雇人的选任及其事业的监督已尽相当注意时,或即使尽相当注意损害仍会产生时,不在此限。不妨碍雇用人或监督人对受雇人行使求偿权。

(3)以过错推定责任为主,并结合衡平的原则。我国台湾地区"民法"规定,受雇人因执行职务,不法侵害他人之权利者,由雇用人与行为人负连带损害赔偿责任。但选任受雇人及监督其职务之执行,已尽相当之注意或纵加以相当之注意而仍不免发生损害者,雇用人不负赔偿责任。如被害人依前项但书之规定,不能受损害赔偿时,法院因其声请,得斟酌雇用人与被害人之经济状况,令雇用人为全部或一部之损害赔偿。雇用人赔偿损害时,对于为侵权行为之受雇人,有求偿权。从以上规定中可以看到,雇主责任的归责原则,不同国家和地区的规定有所不同,不过德国和日本虽然法律规定雇主承担过错推定责任,但据了解在司法实践中,雇主很难通过证明自己尽到了相关的注意义务而免责,其雇主责任已趋同于无过错责任。而我国台湾地区在过错推定责任的基础上增加了衡平原则,也使雇主很难不对雇员的行为承担责任。

总之,雇主承担无过错责任可以说已成为许多国家和地区的通行做法。

2. 我国有关规定的历史沿革

用人单位的责任,我国民法通则和司法解释都作出过规定。民法通则第 43 条规定:"企业法人对它的法定代表人和其他工作人员的经营活动,承担民事责任。"第 121 条规定:"国家机关或者国家机关工作人员在执行职务中,侵犯公民、法人的合法权益造成损害的,应当承担民事责任。"《最高人民法院关于人身损害赔偿案件适用法律若干问题的解释》中分别对法人责任、雇主责任作出了规定:法人或者其他组织的法定代表人、负责人以及工作人员,在执行职务中致人损害的,由法人或者其他组织承担民事责任。雇员在从事雇佣活动中致人损害的,雇主应当承担赔偿责任;雇员因故意或者重大过失致人损害的,应当与雇主承担连带责任。雇主承担连带责任后,可以向雇员追偿。侵权责任法第 34 条规定,用人单位的工作人员因执行工作任务造成他人损害的,由用人单位承担侵权责任。劳务派遣期间,被派遣的工作人员因执行工作任务造成他人损害的,由接受劳务派遣的用工单位承担侵权责任;劳务派遣单位有过错的,承担相应的补充责任。

需要特别说明的是,是否规定用人单位的追偿权,在侵权责任法立法过程中就有很大争议,最终侵权责任法没有规定。在侵权责任法的释义中,我们对不规定的原因作过详细的阐述。当时研究认为,在侵权责任法中规定追偿权是一把"双刃剑"。虽然侵权责任法对追偿权没有作出规定,但是不影响用人单位依照法律规定,或者根据双方的约定来行使追偿权。民法典侵权责任编编纂过程中,又有不少意见提出,建议在侵权责任法规定的基础上,增加规定用人单位的追偿权。因为根据诚实信用的原则,劳动者对用人单位负有忠实和勤勉的义务,当劳动者未尽到基本的注意义务造成用人单位损害的,应当承担适当的责任。但追偿比例应根据过错程度等因素综合考虑,而不应由劳动者承担所有的损害后果。建议以重大过失作为责任承担与否的分界线,合理地强化了工作人员的注意义务,也会促进工作人员在工作时的认真负责态度,从而有利于减少工作人员在工作中造成损失发生的情形,也有利于在用人单位与工作人员之间公平分配责任。我们经过考虑,采纳了这一意见。本条在延续侵权责任法的基础上,在第 1 款增加了用人单位追偿权的规定。

3. 对本条第 1 款的理解和适用

我国对用人单位采取的是无过错责任,只要工作人员实施侵权行为造成他人的损害,用人单位就要首先承担赔偿责任。用人单位不能通过证明自己在选任或者监督方面尽到了相应的义务来免除自己的责任。当然,用人单位承担侵权责任后,可以向有故意或者重大过失的工作人员追偿。

本条中的"用人单位",包括企业、事业单位、国家机关、社会团体等,也包括个体经济组织等。“工作人员”既包括用人单位的正式员工,也应当包括临时在单位工作的员工。

用人单位承担侵权责任的前提是工作人员的行为与“执行工作任务”有关。工作人员应当按照用人单位的授权或者指示进行工作。与工作无关的行为,即使发生在工作时间内,用人单位也不承担侵权责任,该责任由工作人员自己承担。比如,一职工在上班时间因私事将一朋友打伤,受害人就应当直接找该职工要求赔偿。为了更准确地界定工作人员的行为与职务之间的关系,本条明确用人单位承担侵权责任的前提是工作人员“因执行工作任务”造成他人损害。

需要指出的是,国家机关及其工作人员因工作造成他人损害的,一类属于履行公职权的行为;另一类不属于履行公职权的行为,是国家机关为了维持国家机关正常运转所进行的民事行为。对于第一类属于履行公职权的行为,依据国家赔偿法的规定,有的需要国家机关承担国家赔偿责任。对于第二类国家机关在民事活动中侵害他人合法权益的,国家机关需要承担民事侵权责任。比如,国家机关的司机外出办理公务,发生了交通事故,应当由国家机关承担侵权责任。本法调整国家机关及其工作人员在民事活动中发生的侵权行为,对于属于国家赔偿法调整范围的,适用国家赔偿法的规定。

(二)劳务派遣单位和劳务用工单位的责任

劳务派遣是指劳动派遣机构与员工签订劳务派遣合同后,将工作人员派遣到用工单位工作。劳务派遣的主要特点就是员工的雇用和使用分离。劳动派遣机构不是职业介绍机构,是与劳动者签订劳动合同的一方当事人。派遣的员工到用工单位工作,但不与用工单位签订劳动合同,产生劳动关系。劳务派遣从制度上切断了员工与用工单位的依附关系,减少了用工单位的人力资源管理成本,为用工单位搭建了“集天下优才为我用”的平台,有利于用工单位提高劳动生产率。这种新的用人方式在一定程度上也有利于解决就业问题。

劳务派遣的用人形式不同于一般的用人单位,劳务派遣单位虽然与被派遣的员工签订了劳动合同,但不对被派遣员工进行使用和具体的管理。在劳务派遣期间,被派遣的工作人员是为接受劳务派遣的用工单位工作,接受用工单位的指示和管理,同时由用工单位为被派遣的工作人员提供相应的劳动条件和劳动保护,所以,被派遣的工作人员因工作造成他人损害的,其责任应当由用工单位承担。劳务派遣单位在派遣工作人员方面存在过错,应当承担相应的责任。例如,某商场要求派来的员工具有电工操作证和高级电工资质,以负责检测和维修商场的照明设备,但劳务派遣单位派来的员工不仅没有合格的资质,也没有任何的实践经验,结果该员工在工作时发生了火灾,造成店内租户的商品受损。在这种情况下,虽然用工单位作为直接使用员工的单位,需要赔偿租户的损失,但是劳务派遣单位在选派员工方面有一定的过错,也应当承担相应的责任。

侵权责任法第 34 条第 2 款规定,劳务派遣单位承担的是“相应的补充责任”,即首先由用工单位承担赔偿责任,用工单位不能全部赔偿的,才由劳务派遣单位赔偿。民法典侵权责任编编纂过程中,有的提出,劳务派遣单位的责任类型大致有两种:一是用工单位是第一顺位的责任人,劳务派遣单位是第二顺位的责任人,在用工单位承担了全部赔偿责任的情况下,劳务派遣单位对被侵权人就不再承担赔偿责任;在用工单位财力不足、无法全部赔偿的情况下,剩余的部分由劳务派遣单位来承担。二是劳务派遣单位存在过错,劳务派遣单位应当按照过错程度直接承担侵权责任。侵权责任法第 34 条第 2 款“相应的补充责任”的表述涵盖不了第三种情形,建议修改为“承担相应的责任”。经研究,我们采纳了这一建议。

第一千一百九十二条　个人之间形成劳务关系,提供劳务一方因劳务造成他人损害的,由接受劳务一方承担侵权责任。接受劳务一方承担侵权责任后,可以向有故意或者重大过失的提供劳务一方追偿。提供劳务一方因劳务受到损害的,根据双方各自的过错承担相应的责任。

提供劳务期间,因第三人的行为造成提供劳务一方损害的,提供劳务一方有权请求第三人承担侵权责任,也有权请求接受劳务一方给予补偿。接受劳务一方补偿后,可以向第三人追偿。

【释义】 本条是关于个人之间因提供劳务造成他人损害和自己损害的责任的规定。

(一)有关术语解释

个人之间形成劳务关系的情况越来越多,家庭雇用保姆、小时工、家庭教师等情况已非常普遍,对于在劳务期间发生的纠纷如何解决,需要法律给予明确的规定。侵权责任法对个人之间因劳务产生的侵权责任作出了规定。

劳务关系,是指提供劳务一方为接受劳务一方提供劳务服务,由接受劳务一方按照约定支付报酬而建立的一种民事权利义务关系。劳务关系的建立可以采取书面形式,也可以采取口头或者其他形式。劳务关系不同于劳动关系,主要表现在:(1)劳务关系由民法进行规范和调整。企业和个体经济组织与形成劳动关系的劳动者之间的劳动关系,由劳动法规范和调整。(2)劳务关系的主体可以是两个自然人或者自然人与单位之间,但本条仅调整个人之间形成的劳务关系。劳动关系中的一方应是符合法定条件的用人单位,另一方必须是符合劳动年龄条件,且具有与履行劳动合同义务相适应的能力的自然人。(3)劳务关系中,提供劳务一方不是接受劳务一方的职工,双方不存在隶属关系。劳动关系中的用人单位与员工之间存在隶属关系。(4)劳务关系中,接受劳务一方可以不承担提供劳务一方的社会保险。比如,国家没有规定要求居民必须为其雇用的保姆缴纳社会保险。劳动关系中的用人单位必须按照相关规定为职工购买社会保险。(5)劳务关系中,接受劳务的一方有权中断劳务关系,但没有用人单位对职工处分等权利。用人单位对职员违反用人单位劳动纪律和规章制度等行为,有权依法进行处理。(6)劳务关系中,报酬完全由双方当事人协商确定。劳动关系中,用人单位对职工有工资、奖金等方面的分配权利。用人单位向员工支付的工资应遵循按劳分配、同工同酬的原则,并遵守当地有关最低工资标准的规定。当然,如何界定个人之间形成的劳务关系,还需要根据具体情况来判断。如果是公司安排的上门服务,例如,某人购买了空调或者家具后,厂家派工人上门安装,那么在安装期间工人不慎将工具掉到楼下砸到一行人,那么系工人因工作造成他人伤害的情形,应当由工人所在的工厂依照本法的规定赔偿被侵权人的损失。

本条中"接受劳务一方"仅指自然人,个体工商户、合伙的雇员因工作发生的纠纷,按照本法用人单位的规定处理。

接受劳务一方对提供劳务一方造成他人损害承担赔偿责任的,前提是提供劳务一方的行为是因劳务产生;如果提供劳务一方的行为纯属个人的行为,与劳务无关,那么接受劳务一方无需承担责任。例如,某人家里雇的保姆周末休息外出游玩时,骑车不慎将一路人撞伤,其行为与劳务无关,保姆应当自己承担赔偿责任。

(二)对本条第1款的理解和适用

侵权责任法对接受劳务一方承担责任后,能否向提供劳务一方追偿的问题没有作出规定。民法典侵权责任编编纂过程中,有的建议增加规定此种情形下的追偿权。我们研究认为,个人之间形成的劳务关系,双方经济能力都较为有限,接受劳务一方对外承担责任后,原则上是可以向有过错的提供劳务一方追偿的,比如,王某请小时工来家里擦玻璃,告知小时工干活前要将花盆从窗台挪开,但小时工未听王某的指示,未挪开花盆,结果干活时不小心将花盆摔到楼下,将停放在楼下的一汽车挡风玻璃砸裂,那么,王某应当赔偿车主的损失,不过承担赔偿责任后可以向小时工追偿。因此,本条第1款在侵权责任法的基础上,增加了接受劳务一方承担侵权责任后的追偿权,但仅限于可以向有故意或者重大过失的提供劳务的一方追偿。

本条除了明确提供劳务过程中,造成他人损害的责任外,还规定了提供劳务一方因劳务受到损害时双方责任的承担。根据本条规定,提供劳务一方因劳务受到损害的,根据双方各自的过错承担相应的责任。这一规定和工作人员在用人单位受到损害的规定有所不同。2003年国务院颁布、2010年修订的《工伤保险条例》规定,中华人民共和国境内的企业、事业单位、社会团体、民办非企业单位、基金会、律师事务所、会计师事务所等组织和有雇工的个体工商户应当依照该条例规定参加工伤保险,为本单位全部职工或者雇工缴纳工伤保险费。从现有的规定来看,工作人员在工作过程中受到工伤损害的,用人单位原则上承担无过错责任。只要工作人员是因工作遭受事故伤害或者患职业病的,职工就可以依照相关规定获得医疗救治和经济补偿。由于本条中"个人之间形成劳务关系的",不属于依法应当参加工伤保险统筹的情形,提供劳务一方受到损害后,不能适用《工伤保险条例》。个人之间的劳务关系的损害,跟雇主情形下损害不一样,个人之间的劳务,提供劳动一方有较大的自主权,不像雇主对雇员的控制力那么强。造成损害的,接受劳务一方承担无过错责任太重。所以提供劳务一方因劳务受到损害的,不宜采取无过错责任的原则,要求接受劳务一方无条件地承担赔偿责任。实践中因劳务受到损害的情况比较复杂,应当区分情况,根据双方的过错来处理比较合理。例如,张某家雇的保姆不听张某的劝阻,执意要站在椅子上打扫卫生，结果不小心将腿扭伤，那么，雇用保姆的张某可以从人道主义的角度，带保姆看病，适当承担一定的责任，但是如果让张某承担无过错责任，则责任过重，有失公允。所以，本法规定双方根据各自的过错承担责任，比较公平，也符合现实的做法。

（三）对本条第2款的理解和适用

侵权责任法没有规定在个人之间形成的劳务关系中，因第三人的行为造成提供劳务一方损害的责任承担。民法典侵权责任编编纂过程中，有的意见建议补充规定这一情形。我们研究认为，根据本法第1175条的规定，损害是因第三人造成的，第三人应当承担侵权责任。在个人之间形成的劳务关系中，因第三人的行为造成提供劳务一方损害的，第三人应当承担侵权责任，这一点没有疑问，关键是提供劳务一方是在为接受劳务一方工作过程中受伤的，能否请求接受劳务一方承担责任。有的意见提出，提供劳务一方受损害时，应有权请求接受劳务一方承担侵权责任，但是，只能在第三人或者接受劳务一方中择一行使请求权，第三人与接受劳务的人承担不真正连带责任。民法典各分编草案一审稿采纳了这一建议，增加一款，规定因第三人的行为造成提供劳务一方损害的，提供劳务一方有权请求第三人承担侵权责任，也有权请求接受劳务一方承担侵权责任。接受劳务一方承担侵权责任后，可以向第三人追偿。2020年5月民法典草案提请十三届全国人大第三次会议审议过程中，有的意见提出，个人之间形成劳务关系一般不购买相应的工伤保险，这与本法第1191条规定的用人单位责任有较大不同。因此，要求接受劳务一方承担不真正连带责任，责任分配过重。经研究，我们采纳了这一意见，将上述方案修改为"提供劳务一方有权请求第三人承担侵权责任，也有权请求接受劳务一方补偿。接受劳务一方补偿后，可以向第三人追偿"。

第一千一百九十三条　承揽人在完成工作过程中造成第三人损害或者自己损害的，定作人不承担侵权责任。但是，定作人对定作、指示或者选任有过错的，应当承担相应的责任。

【释义】　本条是关于承揽关系中的侵权责任的规定。

本法规定的承揽合同是承揽人按照定作人的要求完成工作，交付工作成果，定作人给付报酬的合同。承揽包括加工、定作、修理、复制、测试、检验等工作。在履行承揽合同的过程中，承揽人对第三人造成损害或者自身遭受损害的侵权责任如何承担,我国法律没有规定。《最高人民法院关于审理人身损害赔偿案件适用法律若干问题的解释》第 10 条规定,承揽人在完成工作过程中对第三人造成损害或者造成自身损害的,定作人不承担赔偿责任。但定作人对定作、指示或者选任有过失的,应当承担相应的赔偿责任。这一解释明确了承揽人对第三人造成损害或者自身遭受损害的侵权责任的承担规则。

考虑到在大多数情况下,承揽人主要依靠自己的技术和专业技能独立完成承揽工作,不受定作人的支配,承揽人对第三人造成损害或者造成自身损害时,不应要求定作人承担侵权责任。但是,定作人对定作、指示或者选任存在过错的,需要承担相应的过错责任,这是定作人的指示过失责任。

定作人的指示过失责任,源自英美法的"独立契约人"责任理论,指不属于合同相对方的被用工人,在执行合同中规定的工作时,用工人对其不具有很强的控制力,基本上是依靠自己的技术和判断来完成工作的人,属于该概念范围的主要有承揽人、建筑工程的承包人、运输承运人、委托、行纪、居间合同中的受托人等。大陆法系国家和地区中,日本民法从英美法中借鉴这一理论,《日本民法典》第 719 条规定,定作人对承揽人就其工作加于他人的损害,不负赔偿责任。但是,定作人对定作或者指示有过失时,不在此限。我国台湾地区借鉴《日本民法典》的规定,在其"民法"第 189 条规定,承揽人因执行承揽事项,不法侵害他人之权利者,定作人不负损害赔偿责任。但定作人于定作或指示有过失者,不在此限。之所以作这样的规定,是认为选任承揽人时,定作人对承揽人是否具备相应的资质和具备安全生产条件有义务进行审查,如果选任不当,对承揽人的工作人员在执行工作任务中所受到的损害,应该承担过错责任。在吸收司法解释和境外立法例的基础上,本条对承揽关系中的侵权责任作了规定。

需要指出的是,本法第 1192 条个人之间形成劳务关系,个人之间因提供劳务造成他人损害和自己损害的责任的规定,不适用本条因承揽关系产生的纠纷。根据合同编的规定,承揽合同是承揽人按照定作人的要求完成工作,交付工作成果,定作人给付报酬的合同。承揽包括加工、定作、修理、测试、检验等工作。承揽合同与劳务合同的区别在于:承揽合同的劳动者所交付的标的是劳动成果,而劳务合同的劳动者交付的标的是劳动,定作人与承揽人之间不存在劳务关系。

第一千一百九十四条　网络用户、网络服务提供者利用网络侵害他人民事权益的,应当承担侵权责任。法律另有规定的,依照其规定。

【释义】 本条是关于网络侵权的一般规定。

2009 年通过的侵权责任法第一次在我国民法中规定网络侵权制度,施行十余年来,对解决网络民事侵权问题提供了有效支持,发挥了重要作用。但随着互联网的快速发展,网络侵权行为越来越复杂,起草民法典侵权责任编过程中,不少意见建议进一步完善、充实网络侵权责任制度,细化相关规定。为了更好地保护权利人的利益,同时平衡网络用户和网络服务提供者之间的利益,侵权责任编在侵权责任法规定的基础上,细化了网络侵权责任的具体规则:一是修改完善了网络侵权的通知和反通知以及声明发送规则,规定"通知应当包括构成侵权的初步证据及权利人的真实身份信息",以减少或者避免恶意通知损害网络用户正当利益的情况。增加反通知程序,规定"网络用户接到转送的通知后,可以向网络服务提供者提交不存在侵权行为的声明"。对权利人行使权利作出时间要求,规定"网络服务提供者在转送声明到达权利人后的合理期限内,未收到权利人已经投诉或者提起诉讼通知的,应当及时终止所采取的措施",以平衡权利人、网络用户、网络服务提供者之间的权利义务关系。二是现实中滥用"通知—删除"程序进行不正当竞争的情形时有发生,不仅给网络用户造成损害,也造成网络服务提供者的流量损失和广告收入损失。对网络服务提供者的合法权益也应当加以保护,增加规定"权利人因错误通知造成网络用户或者网络服务提供者损害的,应当承担侵权责任。法律另有规定的,依照其规定"。三是将侵权责任法第 36 条中的"知道"修改为"知道或者应当知道",以指导人民法院更好地适用法律,力求法院公正裁判和保护当事人合法权益。

本条是关于网络侵权的一般规定,在侵权责任编起草过程中,有的意见提出,本条不是裁判规范,只具有宣示性作用,建议删去。这一意见在起草侵权责任法第 36 条第 1 款时就存在。经研究,没有删除这一规定,将其单独作为一条,并增加规定"法律另有规定的,依照其规定",主要是考虑到相比侵权责任法通过时,互联网技术的发展和应用已经深入社会生活各个方面,一部手机具有交友、购物、支付等多种功能,网络侵权行为有增无减,日益成为社会突出问题,有必要继续维持一般性规定,突出显示网络并非法外之地;增加“法律另有规定的,依照其规定”,是为了与著作权法、专利法、商标法、电子商务法等法律的衔接,根据侵害客体的不同,适用不同的法律规定和归责原则。

(一)网络用户利用网络侵害他人民事权益

网络用户利用网络侵害他人民事权益,大体可以分为以下几种类型:

一是侵害人格权。主要表现为:(1)盗用或者假冒他人姓名,侵害姓名权;(2)未经许可使用他人肖像,侵害肖像权;(3)发表攻击、诽谤他人的文章,侵害名誉权;(4)非法侵入他人电脑、非法截取他人传输的信息、擅自披露他人个人信息、大量发送垃圾邮件,侵害隐私权和个人信息受保护的权利。

二是侵害财产利益。基于网络活动的便捷性,通过网络侵害财产利益的情形较为常见,如窃取他人网络银行账户中的资金,最典型的是侵害网络虚拟财产,如窃取他人网络游戏装备、虚拟货币等。

三是侵害知识产权。主要表现为侵犯他人著作权、商标权和专利权等知识产权:(1)侵犯著作权,如擅自将他人作品进行数字化传输,规避技术措施,侵犯数据库等。(2)侵犯商标权,如恶意抢注与他人商标相同或相类似的域名,在电商平台上销售假冒他人商标或者使用足以使消费者混淆的商标的商品等。(3)侵犯专利权,如未经专利人授权,在网站上销售专利产品。

(二)网络服务提供者利用网络侵害他人民事权益

网络服务提供者是一个概括性表述,既包括提供接入、缓存、信息存储空间、搜索以及链接等服务类型的技术服务提供者,也包括主动向网络用户提供内容的内容服务提供者,还包括在电子商务中为交易双方或者多方提供网络经营场所、交易撮合、信息发布等服务,供交易双方或者多方独立开展交易活动的电子商务平台经营者。

不同类型的网络服务提供者通过网络实施侵权行为的表现也不一样。根据“技术中立”原则,技术服务提供者一般无需对他人通过网络侵犯他人民事权益的行为承担责任,如中国移动、中国电信、中国联通等电信服务运营商无需对经由其网络传输的信息承担责任,百度等搜索引擎提供者无需对搜索结果负责,但若其行为高度介入传输行为、编排搜索结果等,则需对其行为承担责任,电子商务平台经营者一般无需对其平台出现的侵权行为承担责任。此外,破坏他人技术保护措施、利用技术手段攻击他人网络、窃取他人个人信息的,也要承担侵权责任。内容服务提供者应当对所上传内容的真实性与合法性负责,如果提供了侵权信息,如捏造虚假事实诽谤他人、发布侵犯著作权的影视作品等,应当承担侵权责任。

第一千一百九十五条　网络用户利用网络服务实施侵权行为的,权利人有权通知网络服务提供者采取删除、屏蔽、断开链接等必要措施。通知应当包括构成侵权的初步证据及权利人的真实身份信息。

网络服务提供者接到通知后,应当及时将该通知转送相关网络用户,并根据构成侵权的初步证据和服务类型采取必要措施;未及时采取必要措施的,对损害的扩大部分与该网络用户承担连带责任。

权利人因错误通知造成网络用户或者网络服务提供者损害的,应当承担侵权责任。法律另有规定的,依照其规定。

【释义】　本条是关于“通知与取下”制度的规定。

(一)“通知与取下”制度概述

“通知与取下”制度首先规定在美国《千禧年数字版权法》(以下简称 DMCA)中,被侵权人在获知侵权事实后,可以向提供信息存储空间和信息定位服务的网络服务提供者发出符合 DMCA 规定的侵权通知,网络服务提供者在接到侵权通知后,应当迅速移除或屏蔽对侵权信息的访问。在互联网发展早期,美国法院曾将网络服务提供者视为与报社、出版社相同的出版者,要求其对网络用户上传的所有侵权信息承担直接侵权责任。但对网络服务提供者课以过重的责任,将会妨碍信息的传播,增加网络服务提供者的负担,妨碍网络技术的创新和发展。1998 年美国国会通过了 DMCA,第二部分“网络版权侵权责任限制”增订了《美国著作权法》第 512 条,明文规定了四种类型网络服务提供者承担著作权侵权责任的限制事由,只要符合规定的免责条件,不承担金钱赔偿责任,法院对其发出禁令也有限制。日本 2001 年公布的《特定电气通信提供者损害赔偿责任之限制及发信者信息揭示法》也规定了这一制度,但与 DMCA 的做法不同,被害者可以向服务提供者发出包括侵权信息、受侵害的权利以及权利受侵害的理由等信息的侵权通知,要求采取防止散布的措施,服务提供者在接获侵权通知后,应首先询问发信者(网络用户)是否同意采取防止散布措施,发信者在接到通知后 7 天内未表示反对的,服务提供者方可采取相应措施。

2000 年我国《最高人民法院关于审理涉及计算机网络著作权纠纷案件适用法律若干问题的解释》(已失效)首次引入“通知与取下”程序。国务院 2006 年出台的《信息网络传播权保护条例》对在著作权领域适用这一程序作出了详细规定。2009 年侵权责任法第一次在民法中确立这一制度。2018 年电子商务法规定在电子商务平台经营者侵权责任领域中适用这一制度。

2009 年起草侵权责任法时有意见提出,将“通知与取下”程序适用于侵犯人格权领域,赋予被侵权人不经法院审理,直接发出侵权通知,要求网络服务提供者采取删除、屏蔽、断开链接等措施的权利,可能会危及言论自由,妨碍正常的网络监督。在起草民法典侵权责任编时也有类似意见。DMCA 主要适用于著作权领域,但美国法院通过判例将这一制度运用到了电子商务领域;欧盟 2000 年《电子商务指令》(2000/31/EC)适用于诽谤、散布色情信息、网络毒品交易等领域,虽没有规定“通知与取下”程序,但各国网络服务提供者也都建立了“通知与取下”程序;日本《特定电气通信提供者损害赔偿责任之限制及发信者信息揭示法》适用于诽谤,侵害隐私权、著作权等。可以看出,“通知与取下”制度的适用范围正变得越来越广泛,实践也证明,这一制度用于解决各类网络平台服务提供者对平台中存在的侵权行为应当承担何种责任,具有很好的示范作用,网络从其诞生之日起就具有即时性的特征,如今社交媒体更为发达,电子商务已遍及全球,侵权信息一旦被上传至互联网上,可能在几分钟之内就传播到了世界各个角落,一旦在网络上发生侵犯他人名誉权、隐私权等人格权的行为,如果不赋予被侵权人及时救济的权利,等待耗时很长的司法程序,会使损害后果无限扩大,被侵权人最终将无法得到充分救济。如果发布信息的人认为其发布的信息没有侵犯他人合法权益,可以援引“反通知”程序,要求网络服务提供者恢复,如果事后证明不存在侵权行为,没有侵犯发出通知的人的人格权、著作权等合法权益,发出通知的人应当对由此造成的损失承担责任。法律保护正当的网络监督与言论自由,对于在网络上公布他人个人信息是否构成侵权行为,应当区别不同主体予以不同对待,公众人物的工作地点、办公电话、违法行为等可能就不属于隐私,公众有知情权,即便公开了这些信息,也不能构成侵权行为,该公众人物无权要求网络服务提供者删除、屏蔽或者断开链接。"通知与取下"比较好地平衡了各主体之间的利益关系,除此,迄今尚未有更好的解决方案。

（二）通知的要件

根据本条规定,通知应当包括构成侵权的初步证据及权利人的真实身份信息。

最早规定"通知与取下"程序的DMCA第512条c款第3项中对合格"侵权通知"进行了列举式规定,共计6项:侵权通知发出人的签名,被侵害权利的基本信息,侵权信息的内容及定位,侵权通知发出人的联系方式,通知发出人认为侵权成立的理由,侵权通知发出人的善意承诺。我国多部法律和司法解释也对权利人通知内容作了规定,电子商务法第42条规定,知识产权权利人向电子商务平台经营者发送的通知应当包括构成侵权的初步证据。《信息网络传播权保护条例》第14条中规定,通知书应当包含下列内容:(1)权利人的姓名(名称)、联系方式和地址;(2)要求删除或者断开链接的侵权作品、表演、录音录像制品的名称和网络地址;(3)构成侵权的初步证明材料。权利人应当对通知书的真实性负责。《最高人民法院关于审理利用信息网络侵害人身权益民事纠纷案件适用法律若干问题的规定》第5条中规定,被侵权人向网络服务提供者发出的通知,包含下列内容的,人民法院应当认定有效:(1)通知人的姓名(名称)和联系方式;(2)要求采取必要措施的网络地址或者足以准确定位侵权内容的相关信息;(3)通知人要求删除相关信息的理由。被侵权人发送的通知未满足上述条件,网络服务提供者主张免除责任的,人民法院应予支持。

网络上的各类网站纷繁复杂,良莠不齐,网络服务提供者作为一类互联网主体,有义务为权利人提供顺畅的维权机制,当然,权利人也应当依法维权,积极、善意利用网络服务提供者建立的投诉和处理机制,只有通过双方有效配合,才能实现网络空间良好治理的目标。"通知与取下"程序的核心在于通知,因网络传输的特性,当前主要国家法律都没有赋予网络服务提供者对网络内容承担普遍审查义务,但这并不意味着网络服务提供者对所有侵权行为都可以视而不见,网络服务提供者在权利人通知其有侵权行为时,应当采取必要的措施。但在数字化时代,通过网络传输的信息浩如烟海，只有借助权利人的通知，才能准确定位相关信息。所以，权利人的通知是否合格，至关重要。

实践中，大多数网络服务提供者都非常重视通知书的形式和内容，很多网站提供了格式化的通知模板、专门的投诉途径，极大地简化了通知流程，提高了处理效率。一般而言，一份合格的权利通知应当包括两方面内容：首先是权利人的真实身份信息，包括但不限于权利人的姓名、名称、住址、联系方式、电话、电子邮箱等，没有真实身份信息和有效联系方式，网络服务提供者无法与其取得联系，也无法发送网络用户声明不存在侵权行为的通知。其次是构成侵权的初步证据，通知是权利人主张权利的重要依据，应当附有证明其权利的证据或者相关信息涉嫌侵权的初步证据，如著作权登记证书，专利证书，商标权证书，明显超出正常言论自由范围的诽谤、攻击等言词。另外，通知中一般还应当附有涉嫌侵权信息的网址链接或其他可以定位侵权商品或信息的有效方法等，曾有权利人向网络服务提供者发送书面通知，将包含上千个字符的统一资源定位系统打印出来，给网站造成不必要的负担，这显然不是正常的维权方式。

(三)网络服务提供者的义务

权利人一旦发出合格通知，就触发了网络服务提供者的义务。根据本条规定，网络服务提供者接到通知后，应当及时将该通知转送相关网络用户，并根据构成侵权的初步证据和服务类型采取必要措施。

1. 及时将该通知转送相关网络用户

“通知与取下”程序不是孤立的，而是与其他制度配合而生的，权利人有权发出通知主张权利，要求网络服务提供者采取相应措施，这只是权利人的一面之词，是“自称”，无法确定相关信息是否侵犯了权利人的权利，上传相关信息的网络用户有权提出申辩。所以，网络服务提供者应当及时将该权利人发出的通知转送相关网络用户，使其知晓，要求其作出回应。

2. 根据构成侵权的初步证据和服务类型采取必要措施

根据所提供网络服务的类型不同，不同类型的网络服务提供者在接到侵权通知后所应承担的义务也应当有所区别，对此，本条没有采取“一刀切”的方法，而是由网络服务提供者根据其掌握的证据以及提供服务的类型采取必要措施，所取得的效果应当是在技术能够做到的范围内避免相关信息进一步传播。对于提供信息存储空间、搜索、链接服务的网络服务提供者,其在接到侵权通知后,应当对侵权信息采取删除、屏蔽、断开链接等必要措施。对于电子商务平台经营者,其在接到侵权通知后,应当根据电子商务法的要求,对相关商品或者服务采取删除、屏蔽、断开链接、终止交易和服务等必要措施。对于提供接入、缓存服务的网络服务提供者,其在接到侵权通知后,应当在技术可能做到的范围内采取必要措施,如果采取这些措施会使其违反普遍服务义务,在技术和经济上增加不合理的负担,该网络服务提供者可以将侵权通知转送相应网站。由于所有网络信息都须经由接入服务进行传输,很多权利人都会要求接入服务提供者删除侵权信息,如果不对此类服务提供者采取必要措施的义务进行必要的限制,可能会妨碍网络产业的正常发展。目前互联网技术的发展日新月异,新技术不断得到应用,网络服务提供者提供的服务类型也在不断拓宽,"通知与取下"程序是否能够一体适用需要进一步探索和研究,应当正确看待技术与法律的关系,运用法律解释方法,智慧解决各种新型问题,需要通过修改法律解决的,可以及时提出修改意见和建议。

(四)网络服务提供者的责任

根据本条规定,未及时采取必要措施的,对损害的扩大部分与该网络用户承担连带责任。

理解这一规定,需要注意以下两个方面:

一是网络服务提供者承担本条项下责任的归责原则。本条这一规定在侵权责任法第 36 条实施以来,存在一些争论,有人认为这是无过错归责原则,只要网络服务提供者没有及时采取必要措施,就要承担相应责任。有人认为,DMCA 创设避风港规则的本意是为了豁免网络服务提供者的责任,为其提供"避风港",而这一规定却创设了网络服务提供者承担责任的新类型。其实,这些都是对这一条文的误读,首先,依据本条要求网络服务提供者承担责任的前提是网络服务提供者收到了合格通知,只有通知合格,网络服务提供者才承担采取必要措施的义务。其次,通知合格,并不代表权利人的权利主张是合适的,网络服务提供者应当进行必要的审查,在多数情形下如著作权、人格权、商标权等,网络服务提供者应当对权利人提供的初步证据予以审查,以一个正常理性人的标准,以一般专业知识来看,是否可以支持其权利要求,如果完全无法支持,则没有必要采取删除、断开链接等措施,如果认为可以支持,应当及时采取必要措施。所以,从这个意义上来说,网络服务提供者审查权利通知后依法采取了必要措施,既豁免了对网络用户的违约责任,也豁免了对权利人可能承担的帮助侵权责任;网络服务提供者依然承担过错责任,或者因应当采取必要措施而没有采取,或者因采取的必要措施不当,按照共同侵权制度,其因网络用户的侵权行为而对权利人承担帮助侵权责任。

二是如何认定"及时"。实践中,以淘宝、京东、百度、新浪等为代表的网络服务提供者每天收到大量的侵权通知,需要耗费大量人力物力对这些通知进行整理、甄别和审查,这就涉及对"及时"的理解,《最高人民法院关于审理侵害信息网络传播权民事纠纷案件适用法律若干问题的规定》要求,根据权利人提交通知的形式,通知的准确程度,采取措施的难易程度,网络服务的性质,所涉作品、表演、录音录像制品的类型、知名度、数量等因素综合判断。《最高人民法院关于审理利用信息网络侵害人身权益民事纠纷案件适用法律若干问题的规定》要求,根据网络服务的性质、有效通知的形式和准确程度,网络信息侵害权益的类型和程度等因素综合判断。以著作权为例,实践中,有的法院认为应当考虑作品的知名度和传播范围。例如,热门的电视剧或者电影,很短的侵权时间就可能给权利人造成巨大损失,对于热门作品,其合理删除期限应当较短,对于非热门作品,期限可以适当放宽。

(五)权利人错误通知的法律后果

"通知与取下"制度在我国实施以来,对于维护权利人合法权益,打击网络侵权违法行为,净化网络空间,起到重要作用,但是权利人错误通知甚至恶意通知的事件也时常出现,甚至有人将这一制度作为打击竞争对手的重要手段,有人借用特殊销售节点,以投诉方式达到下架竞争对手的商品的目的,使其短期内丧失经营资格。2016 年仅阿里巴巴知识产权投诉平台上就发现疑似恶意投诉方账号 5862 个,因其恶意投诉行为造成的卖家资损约 1.07 亿元。

为此,本条在侵权责任法第 36 条基础上,特别增加这一规定,警示权利人不得滥用"通知与取下"程序,促使权利人维权更为理性,因错误通知造成网络用户、网络服务提供者损失的,权利人应当承担侵权责任。增加"法律另有规定的,依照其规定"这一衔接性表述,主要是考虑到本条为一般规定,根据被侵害的权利类型的不同,其他法律可能作出细化或者特别规定,如 2018 年电子商务法第 42 条第 3 款规定:"因通知错误造成平台内经营者损害的,依法承担民事责任。恶意发出错误通知,造成平台内经营者损失的,加倍承担赔偿责任。"

第一千一百九十六条　网络用户接到转送的通知后,可以向网络服务提供者提交不存在侵权行为的声明。声明应当包括不存在侵权行为的初步证据及网络用户的真实身份信息。

网络服务提供者接到声明后,应当将该声明转送发出通知的权利人,并告知其可以向有关部门投诉或者向人民法院提起诉讼。网络服务提供者在转送声明到达权利人后的合理期限内,未收到权利人已经投诉或者提起诉讼通知的,应当及时终止所采取的措施。

【释义】　本条是关于"反通知"制度的规定。

本条是此次编纂民法典新增加的条文。

(一)"反通知"程序

侵权责任法第 36 条没有规定反通知制度,在起草侵权责任编过程中,有些意见提出,反通知制度对于平衡权利人与网络用户之间的利益至关重要,权利人有权发出侵权通知,相对应地,网络用户应当有权进行申辩。反通知程序是"通知与取下"制度的重要组成部分,美国以出台 DMCA 为契机,将判例法中的"通知与取下"程序发展为通知与反通知规则,并得到了很多国家和地区的借鉴。简言之,设置反通知制度,就是赋予网络用户以抗辩的权利。未经正当程序,仅凭自称权利人的一纸通知,就将涉嫌侵权的信息从网络上予以取下,是对网络用户合法权益的重大限制,若不对权利人的权利加以适当限制,将会对信息自由流动构成极大威胁。因此,为了平衡和保障网络用户的合法权益,本条增加规定了反通知制度。

根据本条规定,网络用户提交的声明应当包括不存在侵权行为的初步证据及网络用户的真实身份信息。

(1)不存在侵权行为的初步证据。有的意见对这一要件提出不同看法,认为根据民事诉讼一般举证规则,积极的构成要件由原告提出证据,被告没有义务提出消极的构成要件,有时也难以拿出证据。这一意见有一定道理,但在大部分权利类型下,初步证据是可以提出的,比如著作权、专利权、商标权等,涉嫌侵权的网络用户可以提供文章底稿、著作权登记证书、专利证书、商标权证书、原产地证明、授权法律文书等,证明其具有相应的权利;诚然,有些情形下确实难以提出,比如权利人主张某篇文章侵犯了其隐私权,这既是一个事实问题,更是一个法律问题,即使在法庭上,也不是三言两语能够判断清楚的。

(2)网络用户的真实身份信息。不少网络用户对外表现为昵称、笔名,而非其真实身份,实践中,这使得很多权利人在起诉时,无法准确确定被告,维权十分困难。网络不是法外之地,每个人都需要对自己的行为负责,在网络上也是一样。在权利人表明自己真实身份,指称其涉嫌侵权时,网络用户也有义务表明其真实身份,这也是当然之意。

(二)网络服务提供者的义务

1. 转送义务

根据本条规定,网络服务提供者接到声明后,应当将该声明转送发出通知的权利人,并告知其可以向有关部门投诉或者向人民法院提起诉讼。

纠纷主要发生在权利人与网络用户之间,网络服务提供者接到反通知后,立即产生转送义务,应当及时将反通知转送发出通知的权利人,让权利人及时知道网络用户提出了抗辩;同时履行告知义务,让权利人知晓应当及时向有关部门投诉或者向法院起诉,以解决纠纷。

2. 及时终止所采取的措施

根据本条规定,网络服务提供者在转送声明到达权利人后的合理期限内,未收到权利人已经投诉或者提起诉讼通知的,应当及时终止所采取的措施。

网络用户的声明到达权利人后,权利人应当作出适当反应,可以表示认可,也可以表示反对;可以明示,也可以默示。如果在合理期限内,权利人通知网络服务提供者,其已经向有关部门投诉或者向法院起诉,表明权利人以明示方式对反通知的内容表示反对,网络服务提供者应当继续维持此前采取的必要措施,直至有关部门或者法院有进一步指令;如果权利人在合理期限内没有投诉或者起诉,表明权利人默示认可反通知,网络服务提供者应当及时终止所采取的措施,恢复相关信息。这样规定,既是为了促使权利人尽快行使权利,避免相关权利纠纷长期处于不确定状态,也是为了尽量减少因错误通知给网络用户和网络服务提供者增加的负担。

需要说明的是,通知与反通知程序只是为快速应对纠纷而采取的一种程序性救济手段,网络服务提供者并非司法机关,其没有能力具体判断当事人之间的争议。即便权利人在合理期限内没有采取相应的法律行动,也不影响其实体权利,权利人仍然可以在合理期限届满后向有关部门投诉或者向法院起诉。

第一千一百九十七条　网络服务提供者知道或者应当知道网络用户利用其网络服务侵害他人民事权益,未采取必要措施的,与该网络用户承担连带责任。

【释义】　本条是关于网络服务提供者与网络用户承担连带责任的规定。

此次编纂民法典,将侵权责任法规定的"知道"修改为"知道或者应当知道"。

(一)本条的归责原则

根据本条规定,网络服务提供者与网络用户承担连带责任的主观构成要件为"知道或者应当知道",采用的是过错责任。

20世纪80年代以来,随着互联网技术的发展以及社会对互联网技术的认识不断深化,网络服务提供者承担责任的归责原则也经历了一个变化过程。起初,人们将网络服务提供者与出版社、报社等量齐观,要求其承担无限审查义务,只要网站上出现侵权信息,不管该侵权信息是网站自身发布的还是网络用户上传发布的,都要承担帮助侵权责任,这一政策使得不少网站不堪重负,甚至破产歇业。随着互联网技术不断深入衣食住行等社会生活的各个方面,早已存在的技术中立原则更加深入人心,重新审视对网络服务提供者的归责原则,其中最为典型的就是1999年美国制定的DMCA,将判例总结的经验成果上升为成文法。

虽然互联网技术不是起源于我国,但我国在互联网技术发展和运用上成功实现弯道超车,从20世纪90年代末起,大量涉互联网技术和网站的案件进入法院,经过二十多年的司法实践,我国法院已经建立起适应我国国情的审判政策,在过错责任归责原则上也早已取得共识。

侵权责任法第36条中使用的是"知道",从解释上,包括"明知"和"应知"两种主观状态,多年来,法院在审判实践中也是这样操作的。在编纂民法典过程中,有的意见建议将“知道”修改为“知道或者应当知道”,表述更清楚。经研究采纳了这个建议,这样修改内涵没有变化,但更清楚明了,也保持了不同法律之间用语的统一。

(二)“知道”的含义

在新的语境下,“知道”即为“明知”。明知是一种主观状态,表明行为人的内心对侵权行为这一事实的发生具有明确而充分的认识,甚至放任或者积极追求损害后果的发生。如何证明行为人的主观状态为“明知”?一般有两种途径:一是行为人自认。行为人明确表示其主观状态为“明知”,当然可以认定,只是这种情形实践中较少出现。二是通过“通知与取下”程序来证明。这也是多数国家和地区司法机关判断网络服务提供者主观状态的核心标准,权利人发送的合格通知到达网络服务提供者时,即视为网络服务提供者知晓了存在通知中所指出的侵权事实,网络服务提供者有义务采取必要措施,未采取必要措施的,即属本条知道而未采取必要措施的情形,需要对损害扩大部分承担连带责任。《最高人民法院关于审理侵害信息网络传播权民事纠纷案件适用法律若干问题的规定》第 13 条也有类似规定:“网络服务提供者接到权利人以书信、传真、电子邮件等方式提交的通知,未及时采取删除、屏蔽、断开链接等必要措施的,人民法院应当认定其明知相关侵害信息网络传播权行为。”

(三)“应当知道”的含义

如前所述,目前各国都不要求网络服务提供者承担普遍审查义务,但这并不意味着网络服务提供者可以完全躲进“避风港”。美国国会众议院在 DMCA 立法报告中提出“红旗规则”,是对网络服务提供者适用避风港的限制,这一规则也为我国学者广泛接受。所谓“红旗规则”是指当侵权事实在网络空间中像红旗一样明显时,我们便可以根据侵权事实发生的具体环境推定网络服务提供者对侵权事实应当知晓并要求其承担采取必要措施制止侵权行为的义务。这也是本条中“应当知道”的含义。

但是,“红旗规则”如何适用,“应当知道”如何判断?这是一个极具实务操作的难题,法官在具体案件中应当综合各种因素,以一个合理标准去判断,需要在促进网络行业健康发展与保护权利人合法权益之间寻找合适的平衡点,既不能失之过严,也不能操之过宽,法律难以规定一个普遍适用的标准。总的来讲,网络空间治理是一个系统工程,既需要权利人积极行使权利,同时也需要网络服务提供者在技术和能力允许的范围内积极作为,共同打击侵权信息。在掌握判断标准时大体应当遵循以下三大原则:

第一,根据提供技术服务的网络服务提供者的类型不同,判断标准应当有所不同。相比提供其他类型技术服务的网络服务提供者,认定提供接入、缓存服务的网络服务提供者"应当知道"的标准应当更加严格。接入服务连接着网站和网络用户,所有网络信息包括侵权信息都需要通过接入服务才能得以传输,但这种传输是即时的,信息量十分庞大,该类型网络服务提供者无法一一核实,如果认定标准过于宽泛,可能会使接入服务提供者承担过重的责任,影响普遍接入服务。随着互联网技术的创新和运用不断发展,网络服务提供者提供的服务类型也在不断拓展,"应当知道"的适用标准也应当随之发展。

第二,根据保护对象的不同,判断标准也应当有所不同。对于著作权而言,只要网络服务提供者没有对网络用户上传的信息进行人工编排等,一般不应认定构成侵权行为;同时还要考虑涉案作品的知名度、影响力等因素,专业视频网站应当具备甄别当前热播影视作品的能力。对于专利权而言,专利权侵权判断技术性较强,非专业人士难以作出准确判断,当前利用"通知与取下"程序打击竞争对手的现象仍然存在,具体如何适用,还有不同意见,有待进一步探讨与完善。对于商标权而言,商标权侵权判断不似专利权那样复杂,但也并非一目了然,不应令网络服务提供者承担过高的审查义务。涉嫌诋毁他人名誉、不当使用他人肖像、违法公布他人个人信息等行为,不经法院审理,有时难以准确判断是否为侵权行为,网络服务提供者不是司法机关,不应当要求其具有专业的法律素养,更不能要求其对用户发布的信息一一核实,按照通常人标准认为不应属于侵权信息即可免除责任。

第三,提供技术服务的网络服务提供者没有普遍审查义务。在审判实践中,应当谨慎认定此类网络服务提供者"应当知道"网络用户利用其网络服务实施侵权行为。如果判断标准过宽,可能会使网络服务提供者实际上承担了普遍审查的义务。事实上,由于网络具有开放性的特质,网络信息十分庞杂,要求此类网络服务提供者逐一审查,可能大量增加网络服务提供者的运营成本,阻碍网络产业的发展,美国DMCA以及《欧盟电子商务指令》也都规定,网络服务提供者不具有监视其传输或储存信息的义务,也不应赋予其寻找不法活动的事实或情况的义务。但同时也要寻找促使网络服务提供者适当履行监管义务的平衡点,比如是否通过成熟的技术手段对网站传输的特定信息进行监控,是否建立了较为完善的投诉响应机制,是否对多次侵权人建立“黑名单”制度等。

第一千一百九十八条　宾馆、商场、银行、车站、机场、体育场馆、娱乐场所等经营场所、公共场所的经营者、管理者或者群众性活动的组织者,未尽到安全保障义务,造成他人损害的,应当承担侵权责任。

因第三人的行为造成他人损害的,由第三人承担侵权责任;经营者、管理者或者组织者未尽到安全保障义务的,承担相应的补充责任。经营者、管理者或者组织者承担补充责任后,可以向第三人追偿。

【释义】　本条是关于经营场所、公共场所的经营者、管理者或者群众性活动的组织者未尽到安全保障义务的侵权责任的规定。

(一)安全保障义务概述

在2009年侵权责任法的制定过程中,对于什么是安全保障义务,哪些人负有安全保障义务,哪些人是安全保障义务的保护对象,未尽到安全保障义务应当承担什么样的侵权责任等问题,各方面有不同意见,国外的做法也有一定的差异。

从了解的情况来看,典型的大陆法系国家法律中对安全保障义务都没有作出一般性规定,而是通过判例来确立,其适用领域较为广泛。但各国判例确立的规则存在较大差异,这主要是因为各国侵权法和合同法调整范围的不同、侵权法的立法模式和侵权损害赔偿请求权与违约损害赔偿请求权的时效不同以及赔偿范围的差异造成的。

在德国,存在“交往安全义务”的概念,指开启或者持续特定危险的人所应承担的,根据具体情况采取必要、适当的防范措施,以保护第三人免受损害的义务。这个概念并未明文出现在德国法律中,而是由法院通过对民法典有关条款的解释和类推适用确立的。最初,德国法院通过判例确立了“交通安全义务”的概念,用于解决供公众往来的道路交通设备,如土地、道路、公园、桥梁等出现事故时的责任归属问题。随后,法院逐渐将其扩展到许多其他领域,形成了“交往安全义务”的概念。这一义务主要基于以下原因产生:一是维持某种交通或者交往;二是保有作为危险源的物;三是实施了导致一定危险结果的行为;四是从事一定营业或者职业。

法国相类似的概念是“保安义务”，也是由法院通过判例所创设的，指不侵害他人人身、财产的安全义务。保安义务既涉及侵权法也涉及合同法。最初，保安义务仅适用于合同法领域，属于合同一方当事人在履行合同所规定的主要义务时，对另一方当事人所承担的确保其安全的附属性义务。该义务要求合同当事人既要保护另一方当事人的生命和身体的完整性，也要保护其财产的安全。之后，法院将保安义务逐渐扩展到侵权法领域，受害人可以不依据合同而直接向负有保安义务的责任人提出侵权损害赔偿的要求。

日本使用“安全关照义务”的概念，这是由日本最高裁判所 1975 年通过判例创设的，指“基于某种法律关系”而具有特殊法律关系的当事人之间、作为法律关系的附随义务而存在的，当事人各自对于相对人基于诚实信用原则所负的一般义务。该义务要求其保障他方当事人的生命、身体、健康免受由这种法律关系所产生的损害危险，主要适用于雇佣、劳动、承揽、委托、承包和转包合同关系中。对于是否适应于学校与学生、医院与患者、商场与消费者、监狱与犯人、建筑物出租人与承租人等法律关系中，学者们还存在较大争议。

在英美侵权法中，与安全保障义务相类似的一个概念是“注意义务”。当原告与被告之间存在某种特殊关系，或者被告是某种危险源的开启者时，则被告就对原告负有注意义务。注意义务是被告承担过失侵权责任的前提。在英美侵权法中，注意义务主要来源于当事人之间的契约关系（包括契约明确规定和暗含或者默示的注意义务）、制定法的规定（如有关交通安全、产品安全、未成年人保护等法律中规定的注意义务）和非制定法的规定（主要是基于可预见性、特殊关系以及被告的责任自愿承担而产生的注意义务）。是否违反注意义务，应以合理人的行为标准，并结合生理缺陷、精神缺陷、醉酒、未成年、紧急情况等其他因素予以判断。

侵权责任法之前，安全保障义务的概念在我国的法律中从未出现过。2003 年颁布的《最高人民法院关于审理人身损害赔偿案件适用法律若干问题的解释》第 6 条中首次对安全保障义务的有关问题作出规定：“从事住宿、餐饮、娱乐等经营活动或者其他社会活动的自然人、法人、其他组织，未尽合理限度范围内的安全保障义务致使他人遭受人身损害，赔偿权利人请求其承担相应赔偿责任的,人民法院应予支持。因第三人侵权导致损害结果发生的,由实施侵权行为的第三人承担赔偿责任。安全保障义务人有过错的,应当在其能够防止或者制止损害的范围内承担相应的补充赔偿责任。安全保障义务人承担责任后,可以向第三人追偿。赔偿权利人起诉安全保障义务人的,应当将第三人作为共同被告,但第三人不能确定的除外。"侵权责任法在总结司法实践经验的基础上,借鉴国外相关规定,在第37条对未尽到安全保障义务的侵权责任作出了明确规定。

民法典侵权责任编编纂过程中,有的提出,侵权责任法第37条的规定,与此后修改的消费者权益保护法等法律的表述略有不同,建议统一。我们研究认为,这一差异主要是侵权责任法第37条表述为"宾馆、商场、银行、车站、娱乐场所等公共场所的管理人或者群众性活动的组织者",而消费者权益保护法第18条第2款表述为"宾馆、商场、餐馆、银行、机场、车站、港口、影剧院等经营场所的经营者"。按照后法优于先法、特别法优于一般法的规则,在表述上我们向消费者权益保护法靠拢。

(二)对本条的理解和适用

根据本条规定,安全保障义务,是指宾馆、商场、银行、车站、机场、体育场馆、娱乐场所等经营场所、公共场所的经营者、管理者或者群众性活动的组织者,所负有的在合理限度范围内保护他人人身和财产安全的义务。理解安全保障义务,须注意以下问题:

1. 安全保障义务人的范围

合理确定安全保障义务人的范围,既要以人为本,对社会生活中可能发生危险的场所或者活动,要求行为人履行必要的防范损害发生的义务,充分保护广大人民群众的人身和财产安全;又要考虑我国国情,从促进社会和谐稳定的目的出发,不能盲目地扩大安全保障义务人的范围,避免引发过多社会纠纷;同时还要处理好未尽到安全保障义务的侵权行为与其他侵权行为之间的关系,避免或者减少相关法律规定间的冲突或者竞合。本法明确安全保障义务人为下列两类人:

第一,宾馆、商场、银行、车站、机场、体育场馆、娱乐场所等经营场所、公共场所的经营者、管理者。公共场所包括以公众为对象进行商业性经营的场所,也包括对公众提供服务的场所。例如,本条列举的宾馆、商场、银行、车站、机场、体育场馆、娱乐场所等,除了本条列举的这些场所外,码头、公园、餐厅等也都属于公共场所。

第二,群众性活动的组织者。群众性活动,是指法人或者其他组织面向社会公众举办的参加人数较多的活动,如体育比赛活动,演唱会、音乐会等文艺演出活动,展览、展销等活动,游园、灯会、庙会、花会、焰火晚会等活动,人才招聘会、现场开奖的彩票销售等活动。

2. 保护对象的范围

安全保障义务所保护的对象与安全保障义务人之间应存在某种关系,但是否要在法律中作出明确规定有不同意见。有的建议规定为"顾客或参与活动者"或者"进入公共场所或者参与活动的人",有的建议规定为"合法进入公共场所或者参加活动的人",有的建议不作明确规定。考虑到司法实践中的情况较为复杂,仅仅进入商场上洗手间、问路或者躲雨的人能不能界定为顾客,上错了公交车又准备下车的人是否属于保护对象,特别是对于非法进入者如到宾馆里打算偷窃的人是否给予保护等,争议很大。在法律中明确哪些人属于保护对象较为困难,因此,本法对安全保障义务的保护对象规定为"他人",没有明确具体的范围,实践中哪些人属于保护对象应根据具体情况判断。

3. 安全保障义务的内容和判断标准

安全保障义务的目的在于保护他人的人身和财产安全,其主要内容是作为,即要求义务人必须采取一定的行为来维护他人的人身或者财产免受侵害。这种义务的具体内容既可能基于法律的明确规定,也可能基于合同义务,还可能基于诚实信用原则而产生。由于安全保障义务人的范围很广,涉及多个行业、多类主体,不同义务人对不同保护对象所负有的安全保障义务是不同的,在法律中无法明确其具体内容。对于实践中需要确定义务人应当负有的具体安全保障义务的内容,进而判断安全保障义务人是否已经尽到安全保障义务的,可以参考该安全保障义务人所在行业的普遍情况、所在地区的具体条件、所组织活动的规模等各种因素,从侵权行为的性质和力度、义务人的保安能力以及发生侵权行为前后所采取的防范、制止侵权行为的状况等方面,根据实际情况综合判断。

(三)未尽到安全保障义务的侵权责任

根据安全保障义务的内容不同,可以将安全保障义务分为以下两类:一是防止他人遭受义务人侵害的安全保障义务。这是指安全保障义务人负有不因自己的行为而直接使他人的人身或者财产受到侵害的义务。例如,宾馆负有不因自己提供的服务或者设施存在危险而使前来住宿的客人受伤的安全保障义务。二是防止他人遭受第三人侵害的安全保障义务。这是指安全保障义务人负有的不因自己的不作为而使他人的人身或者财产遭受自己之外的第三人侵害的义务。例如,宾馆对在本宾馆住宿的旅客负有使其人身或者财产安全免受第三人侵害的义务。他们之间的区别主要是造成损害后果的直接侵害人不同,未尽到前一类义务造成他人损害的,其直接加害人就是安全保障义务人,没有第三人的介入;未尽到后一类义务的并不必然导致他人的损害,只有当这种未尽到义务的行为与第三人的侵权行为相互结合时才会导致他人的损害。本条根据所未尽到的义务种类的不同,规定了安全保障义务人不同的侵权责任。

1. 安全保障义务人未尽到防止他人遭受义务人侵害的安全保障义务的,应当承担侵权责任

这是本条第 1 款规定的情形。如果损害结果的发生没有第三人的介入,安全保障义务人就应当自己承担全部侵权责任。例如,顾客到餐厅吃饭,由于餐厅的地板有油渍导致顾客摔倒受伤的,餐厅就应当承担侵权责任。

2. 安全保障义务人未尽到防止他人遭受第三人侵害的安全保障义务的,应当承担相应的补充责任

这是本条第 2 款规定的情形。在实践中,存在不少第三人的侵权行为和安全保障义务人未尽到安全保障义务两个因素结合在一起而造成他人损害的情形。例如,储户到银行取钱或者存款,遭到第三人抢劫,银行的保安人员未尽到安全保障义务,没有及时注意或者制止,导致储户钱款被抢或者人身受到伤害;又如,宾馆没有完善的保安措施或者没有认真履行保安职责,导致住宿旅客被外来人员殴打等。在这种情形下,根据本条第 2 款的规定,第三人的行为是造成损害的直接原因,应当首先由第三人承担侵权责任。在上述例子中,应当先由抢劫者和打人者承担侵权责任,安全保障义务人未尽到安全保障义务也是造成损害的因素,应当承担相应的补充责任。理解这一规定,应当注意以下两点:

第一,第三人的侵权责任和安全保障义务人的补充责任有先后顺序。先由第三人承担侵权责任,在无法找到第三人或者第三人没有能力全部承担赔偿责任时,才由安全保障义务人承担补充责任。如果第三人

已经全部承担侵权责任,则安全保障义务人不再承担责任。

第二,侵权责任法并未规定经营者、管理者或者组织者承担补充责任后,是否可以向第三人追偿的问题,主要是考虑本条中负有安全保障义务的主体承担补充责任是因为其本身有过错,有过错一方承担补偿责任不应有追偿权。民法典侵权责任编编纂过程中,不少建议增加追偿权的规定。我们研究认为,增加追偿权的规定,一是符合不真正连带责任的法理。借鉴德国通说见解,不真正连带责任的认定以"阶层区分说"为标准。第三人因为距离损害更近,属于终局责任人,安全保障义务人可以向其追偿。二是有利于避免司法中的争议,为实践中出现的具体案例提供法律依据。

第一千一百九十九条　无民事行为能力人在幼儿园、学校或者其他教育机构学习、生活期间受到人身损害的,幼儿园、学校或者其他教育机构应当承担侵权责任;但是,能够证明尽到教育、管理职责的,不承担侵权责任。

【释义】　本条是关于无民事行为能力人受到人身损害时,幼儿园、学校或者其他教育机构的侵权责任的规定。

(一)幼儿园、学校和其他教育机构的侵权责任概述

幼儿园、学校和其他教育机构的侵权责任,是指在幼儿园、学校和其他教育机构的教育、教学活动中或者在其负有管理责任的校舍、场地、其他教育教学设施、生活设施中,由于幼儿园、学校或者其他教育机构未尽教育、管理职责,致使学习或者生活的无民事行为能力人和限制民事行为能力人遭受损害或者致他人损害的,学校、幼儿园或者其他教育机构应当承担的与其过错相应的侵权责任。

幼儿园,通常是指对3周岁以上学龄前幼儿实施保育和教育的机构等。学校,是指国家或者社会力量举办的全日制的中小学(含特殊教育学校)、各类中等职业学校、高等学校等。其他教育机构,是指少年宫以及电化教育机构等。

随着经济的快速增长,社会的明显进步,近年来我国的教育事业蓬勃发展,据统计,我国在各类教育机构学习的人员总数已经达到甚至超过我国总人数的1/5,其中,绝大多数是无民事行为能力人和限制民事行为能力人。再考虑到其父母、近亲属,可以说在教育机构就读的无民事

行为能力人和限制民事行为能力人的人身安全牵动着全社会每一个人的心。但一个严峻的事实是,近年来学校学生人身伤害事故频频发生,一些重大恶性事故也有发生。导致在校无民事行为能力人和限制民事行为能力人人身损害发生的原因很多,主要有以下情况:(1)因幼儿园、学校和其他教育机构的教学和生活设施、设备不符合安全标准或者管理、维护不当引起的人身损害;(2)因幼儿园、学校和其他教育机构提供的食品、药品、饮用水、教学用具或者其他物品不合格引起的人身损害;(3)因幼儿园、学校和其他教育机构教师或者其他工作人员体罚、变相体罚学生或者其他侮辱学生人格尊严的行为引起的人身损害;(4)幼儿园、学校和其他教育机构组织学生进行实验教学或者劳动时发生的人身损害;(5)学生之间互相嬉戏、玩耍造成的人身损害;(6)幼儿园、学校和其他教育机构组织学生外出活动时出现的人身损害;(7)校外人员在校内造成的人身损害;(8)因学生自身原因造成的人身损害;(9)其他因幼儿园、学校和其他教育机构未尽到教育、管理职责而发生的人身损害。在校无民事行为能力人和限制民事行为能力人遭受的人身损害,幼儿园、学校和其他教育机构存在过错的,应当承担与其过错相应的侵权责任;幼儿园、学校和其他教育机构没有过错的,应当由第三人或者无民事行为能力人、限制民事行为能力人及其监护人承担责任。

(二)境外有关立法例

幼儿园、学校和其他教育机构侵权责任的归责原则,境外主要有两种立法例。一种是过错推定原则,如德国、意大利、日本、俄罗斯、越南等采用该种立法例。另一种是过错责任原则,如法国、美国、加拿大等采用该种立法例。

《德国民法典》第832条规定:(1)依法对因未成年或因其精神或身体状况而需要监督的人负有监督义务的人,对此人给第三人不法造成的损害,负有赔偿的义务。其尽监督义务的,或损害即便在进行适当监督时仍会发生的,不发生赔偿的义务。(2)因合同而承担实施监督的人,负有相同的责任。

《法国民法典》第1384条第6~8款规定,小学教师与家庭教师及手艺人,对学生与学徒在受其监视的时间内造成的损害,负赔偿的责任。如父、母与手艺人能证明其不能阻止引起责任的行为,前述责任得免除之。涉及小学教师与家庭教师时,其受到指控的造成损害事实的过错、轻率不慎或疏忽大意,应由原告按照普通法于诉讼中证明之。

《意大利民法典》第2048条第2、3款规定,家庭教师和传授技能或手艺的人,对其学生和徒弟在其监管期间发生的不法行为导致的损害,应当承担责任。上述两款所涉的人能够证明其不能阻止该不法行为的,不承担责任。

《日本民法典》第714条规定:(1)在规定无责任能力人不负责任的情况下,对于无责任能力人给第三人造成的损害,由对无责任能力人负有法定监督义务的人负赔偿责任。但监督义务人并没有怠于履行其义务,或者即便不怠于履行其义务仍不免要发生时,则不在此限。(2)代监督义务人监督无责任能力人的人,负前项责任。

《俄罗斯联邦民法典》第1073条第2、3款规定,如需予以监护的幼年人处于教育、医疗、居民社会保护以及依法作为幼年人监护人的其他类似机构,而该机构又不能证明损害非因幼年人的过错所致,则应对幼年人所致损害负赔偿责任。如果幼年人处于学校、教育、医疗或其他应对其实施监督的机构,或者在依合同实施监督的人监督管理之下致人损害,而各该机构或者个人又不能证明损害非因其在实施监督时过错所致,则应对损害负赔偿责任。

美国的判例法依据过错责任原则来确定学校的侵权责任。法院在判断学校是否承担侵权责任时,根据学校是否负有法定的“注意义务”、该义务是否实际上得到履行、未履行义务的行为与损害结果之间是否具有因果关系和学校是否具有抗辩事由来作出结论。决定注意义务的程度和范围时需考虑下列因素:活动的性质和场所,学生的数量和年龄,提供不同水平监督的可行性和代价等。法院并不要求学校履行无限的注意义务,若学生从事的活动不具有危险性,则要求教师尽一般注意义务即可;而当活动具有潜在危险性或者学生对其所从事的活动不熟悉时,就要求教师尽到个别的注意义务。

(三)我国法律规定的沿革

侵权责任法之前,无民事行为能力人或者限制民事行为能力人在幼儿园、学校或者其他教育机构学习、生活期间受到人身损害的,幼儿园、学校或者其他教育机构在什么条件下需要承担侵权责任,我国法律、行政法规均未作出具体规定。《最高人民法院关于审理人身损害赔偿案件适用法律若干问题的解释》作出了相应的规定,并采用了过错推定的归责原则。法律中采用什么归责原则,一直以来就有争议,有的主张采用过错推定原则;有的主张采用过错责任原则。主张采用过错推定原则的理由主要是:第一,由于未成年学生心理和生理上的特点,难以对事故发生的情形准确地加以描述,如果按照“谁主张,谁举证”的一般举证原则来处理,显然对未成年学生一方有失公正。第二,未成年人离开其监护人之后,监护人就失去了对未成年人的控制,整个教育活动都在学校的控制之下,要让监护人来证明学校的过错,几乎是不可能的,这对保护学生及其监护人的利益非常不利。因此从公平原则来考虑,应该对学校适用过错推定原则。第三,由学校来证明已经尽到了相当的注意并且实施了合理的行为,以达到免责的目的,有助于学校尽到更多的注意义务,更有利于保护未成年人。而且学校也能举证反驳,也有机会免责。第四,随着社会经济状况的较大变化,学校等教育机构更有可能通过保险等方式来向社会转移风险,民办教育机构可以通过适当提高学费来抵消增加的成本,公立教育机构也可由国家拨付资金来设立这种保险。

主张采用过错责任原则的理由主要是:第一,学校对学生的管理、教育和保护职责,是一种特定的义务,这种义务不履行,应当采用证明的方式进行,必须证明学校方未尽谨慎义务。第二,适用过错推定的主要目的是加强对受害人的救济,特别是在当事人双方力量对比极不平衡的情况下适用,如垄断性行业与消费者之间等,从而体现法律的实质正义。在学校与受害人之间不存在经济力量、诉讼地位明显不平衡的情况下,无需对受害人给予特别的保护。第三,适用过错推定原则易于不适当地扩大学校的责任,学校为免责必然会采取消极对策,如不再组织春游、参观等校外活动,严格限制学生在校时间,甚至不允许学生在课间互相追逐打闹等,不利于素质教育的推行。第四,完全由受害人承担举证责任,判断学校在主观上是否有过错确实存在一定的困难,可以通过采用客观化的过错判断标准如学校的各种教学设施是否符合安全要求,对存在的各种安全隐患是否及时排除、是否已采取必要的防范措施,学校是否制定了合理、明确的安全规章制度等来缓和举证责任,减轻受害人的举证负担,以利于对未成年学生的救济。第五,国外不少国家实行过错推定原则,主要是由于他们广泛实行责任保险制度,应由学校承担的责任,最终都由保险公司赔付,而在我国目前全面实行这一制度尚不现实。

如何确定归责原则,要考虑各方面的因素和社会经济发展状况。对学校、幼儿园和其他教育机构的侵权责任作出适当的界定,以做到既维护未成年人和其他受害人的合法权益,又维护幼儿园、学校和其他教育机构的正常教学秩序和管理秩序。侵权责任法最终在借鉴境外立法例和最高人民法院司法解释的基础上,根据未成年人的年龄和民事行为能力的不同,规定了幼儿园、学校和其他教育机构侵权责任的不同的归责原则。侵权责任法第 38 条规定的"无民事行为能力人在幼儿园、学校或者其他教育机构学习、生活期间受到人身损害的,幼儿园、学校或者其他教育机构应当承担责任,但能够证明尽到教育、管理职责的,不承担责任",是采用过错推定原则。第 39 条规定的"限制民事行为能力人在学校或者其他教育机构学习、生活期间受到人身损害,学校或者其他教育机构未尽到教育、管理职责的,应当承担责任",是采用过错责任原则。

民法典侵权责任编延续了侵权责任法的规定,仅对个别字词表述作了调整。

(四)对本条的理解和适用

(1)本条采用过错推定原则,主要考虑的是:无民事行为能力人智力发育还很不成熟,对事物的认知和判断存在较大不足,不能辨认或者不能充分理解自己行为的后果,必须加以特别保护,这就要求学校更多地履行保护孩子身心健康的义务。无民事行为能力人在幼儿园、学校或者其他教育机构学习、生活期间,超越了监护人的控制范围,如果受到人身损害,基本无法对事故发生的情形准确地加以描述,此时要让无民事行为能力人或者其监护人来证明学校的过错,几乎是不可能的。采用过错推定原则,学校也能举证反驳,可以通过证明已经尽到了相当的注意并且实施了合理的行为,以达到免责的目的。同时,学校等教育机构更有可能通过保险等方式来向社会转移风险。

(2)由幼儿园、学校和其他教育机构承担侵权责任的侵权行为的范围,应当限于发生在幼儿园、学校和其他教育机构的教育、教学活动中或者其负有管理责任的校舍、场地、其他教育教学设施、生活设施中的侵权行为。但具体范围究竟有多宽,存有不同意见,如学生自行到校或者放学后滞留学校发生的损害,幼儿园、学校和其他教育机构是否应当承担侵权责任等。由于这一问题较为复杂,与幼儿园、学校和其他教育机构所应负有的教育、管理职责密切相关,实践中个案的情况也千差万别,作出统一、具体的规定较为困难,由人民法院在具体案件审判过程中作出判断更为合适。

(3)如何确定教育、管理职责的范围,进而判断幼儿园、学校和其他教育机构是否已尽教育、管理职责,也存在一定争议。我们认为,教育法、未成年人保护法以及其他法规和规章中,对于幼儿园、学校和其他教育机构的教育、管理职责已经作了广泛、具体的规定,出现纠纷时,应当参考这些规定结合具体情况由人民法院作出最终判断,民法典中对此没有也很难作出具体规定。

(4)关于免责事由。在制定侵权责任法和编纂民法典的过程中,有的建议明确幼儿园、学校和其他教育机构不承担赔偿责任的具体情形,如在自行上学、放学、返校、离校途中发生损害的,学生参加体育锻炼正常对抗中造成的损害,等等。我们研究认为,这些情形有的根据本法规定明显不属于幼儿园、学校和其他教育机构的责任,有的在侵权责任编"一般规定"一章中已经有所规定,没有必要再作重复规定。

第一千二百条　限制民事行为能力人在学校或者其他教育机构学习、生活期间受到人身损害,学校或者其他教育机构未尽到教育、管理职责的,应当承担侵权责任。

【释义】 本条是关于限制民事行为能力人受到人身损害时,学校或者其他教育机构的侵权责任的规定。

本法第1199条规定了在受侵害人是无民事行为能力人的情况下,幼儿园、学校或者其他教育机构应当承担的侵权责任。本条则规定了在受侵害人是限制民事行为能力人的情况下,学校或者其他教育机构应当承担的侵权责任。

根据本条规定,限制民事行为能力人在学校或者其他教育机构学习、生活期间受到人身损害的,如果该限制民事行为能力人或者其监护人能够证明学校或者其他教育机构没有尽到教育、管理职责,对该限制民事行为能力人所发生的人身损害有过错,学校或者其他教育机构就要承担责任。与第1199条采用过错推定原则不同,对限制民事行为能力人的情况,本条采用了过错责任原则,主要是考虑:与无民事行为能力人相比,限制民事行为能力人的心智已渐趋成熟,对事物已有一定的认知和判断能力,能够在一定程度上理解自己行为的后果,对一些容易遭受人身损害的行为也有了充分认识,应当在构建和谐的成长环境的同时,鼓励其广泛地参加各类学校活动和社会关系，以利于其更好、更有效地学习、成长。如果适用过错推定原则，课以学校较重的举证负担，为避免发生意外事故，有的学校会采取消极预防的手段，如减少学生体育活动、劳动实践，不再组织春游、参观等校外活动，严格限制学生在校时间，甚至不允许学生在课间互相追逐打闹等，一些措施甚至与素质教育目标背道而驰，成为推行素质教育的一大障碍，最终不利于学生的成长、成熟。同时，在判断学校尽到教育、管理职责时也可以通过采用客观化的判断标准，如学校的各种教学设施是否符合安全要求，对存在的各种安全隐患是否及时排除、是否已采取必要的防范措施，学校是否制定了合理、明确的安全规章制度等来缓和举证责任，减轻被侵权人的举证负担，以利于对学生的救济。

教育法、未成年人保护法以及其他法规和部门规章中，对于学校和其他教育机构的教育、管理职责已经作了广泛、具体的规定，只要能够证明学校或者其他教育机构违反了这些职责，使限制民事行为能力人在学习、生活期间受到人身损害的，学校或者其他教育机构就要承担责任。比如，教育部2002年颁发的《学生伤害事故处理办法》第9条明确规定："因下列情形之一造成的学生伤害事故，学校应当依法承担相应的责任：（一）学校的校舍、场地、其他公共设施，以及学校提供给学生使用的学具、教育教学和生活设施、设备不符合国家规定的标准，或者有明显不安全因素的；（二）学校的安全保卫、消防、设施设备管理等安全管理制度有明显疏漏，或者管理混乱，存在重大安全隐患，而未及时采取措施的；（三）学校向学生提供的药品、食品、饮用水等不符合国家或者行业的有关标准、要求的；（四）学校组织学生参加教育教学活动或者校外活动，未对学生进行相应的安全教育，并未在可预见的范围内采取必要的安全措施的；（五）学校知道教师或者其他工作人员患有不适宜担任教育教学工作的疾病，但未采取必要措施的；（六）学校违反有关规定，组织或者安排未成年学生从事不宜未成年人参加的劳动、体育运动或者其他活动的；（七）学生有特异体质或者特定疾病，不宜参加某种教育教学活动，学校知道或者应当知道，但未予以必要的注意的；（八）学生在校期间突发疾病或者受到伤害，学校发现，但未根据实际情况及时采取相应措施，导致不良后果加重的；（九）学校教师或者其他工作人员体罚或者变相体罚学生，或者在履行职责过程中违反工作要求、操作规程、职业道德或者其他有关规定的；（十）学校教师或者其他工作人员在负有组织、管理未成年学生的职责期间，发现学生行为具有危险性，但未进行必要的管理、告诫或者制止的；（十一）对未成年学生擅自离校等与学生人身安全直接相关的信息，学校发现或者知道，但未及时告知未成年学生的监护人，导致未成年学生因脱离监护人的保护而发生伤害的；（十二）学校有未依法履行职责的其他情形的。”在司法实践中，只要有上述12项情形之一，就基本可以认定学校没有尽到教育、管理职责，就要依法对限制民事行为能力人受到的人身损害承担责任。

第一千二百零一条　无民事行为能力人或者限制民事行为能力人在幼儿园、学校或者其他教育机构学习、生活期间，受到幼儿园、学校或者其他教育机构以外的第三人人身损害的，由第三人承担侵权责任；幼儿园、学校或者其他教育机构未尽到管理职责的，承担相应的补充责任。幼儿园、学校或者其他教育机构承担补充责任后，可以向第三人追偿。

【释义】　本条是关于无民事行为能力人或者限制民事行为能力人受到校外人员人身损害时的责任分担的规定。

本法第1199条和第1200条对未成年人在幼儿园、学校或者其他教育机构学习、生活期间遭受人身损害时幼儿园、学校或者其他教育机构的侵权责任，区分无民事行为能力人和限制民事行为能力人分别规定了不同的归责原则。本条则区分造成损害的主体为幼儿园、学校或者其他教育机构以外的人员的情况，规定幼儿园、学校或者其他教育机构应当承担的侵权责任。本条规定分为三部分：

（一）幼儿园、学校或者其他教育机构以外的人员承担的侵权责任

幼儿园、学校或者其他教育机构以外的人员是指幼儿园、学校或者其他教育机构的教师、学生和其他工作人员以外的人员。

如果未成年人在幼儿园、学校或者其他教育机构学习、生活期间遭受人身损害，是由于幼儿园、学校或者其他教育机构本身的人员的行为造成的，幼儿园、学校或者其他教育机构未尽到教育、管理职责时，就要承担责任，如因学校的教学和生活设施、设备不符合安全标准或者管理、维护不当引起的学生人身损害，因学校提供的食品、药品、饮用水、教学用具或者其他物品不合格引起的学生人身损害，因学校教师或者其他工作人员体罚、变相体罚学生或者其他侮辱学生人格尊严的行为引起的学

生人身损害,学生之间互相嬉戏、玩耍,教师管理不当造成学生人身损害等。但在某些情况下,幼儿园、学校或者其他教育机构以外的人员可能进入校园内或者在幼儿园、学校、其他教育机构组织学生外出活动期间直接造成学生人身伤害,如社会人员进入学校殴打学生,校外车辆在校园内撞伤学生等。在这种情况下,该幼儿园、学校或者其他教育机构以外的人员的侵权行为直接造成人身损害后果的发生,其作为侵权人就应当依法承担侵权责任。

(二)幼儿园、学校或者其他教育机构承担的相应补充责任

无民事行为能力人或者限制民事行为能力人在幼儿园、学校或者其他教育机构学习、生活期间,受到幼儿园、学校或者其他教育机构以外的人员人身损害的,该人员作为侵权人应当承担侵权责任。但由于此时受到人身损害的无民事行为能力人或者限制民事行为能力人仍在幼儿园、学校或者其他教育机构监管之下,幼儿园、学校或者其他教育机构仍负有管理职责,如果幼儿园、学校或者其他教育机构未尽到管理职责的,对损害的发生也具有过错,其未尽到管理职责的行为是造成损害发生的间接原因,应当承担补充责任。幼儿园、学校或者其他教育机构是否尽到管理职责,要根据人身损害发生时的具体情况判断,如幼儿园、学校或者其他教育机构的安全管理制度是否有明显疏漏,或者是否管理混乱,存在重大安全隐患。如果幼儿园、学校或者其他教育机构的安全保卫工作存在过失,如学校门卫管理制度欠缺或者门卫管理不善,导致校外人员随意进入学校殴打学生,或者学校为改善经济条件将学校校舍、场地租给他人使用,甚至将学校操场辟为停车场,致使校内常有车辆来往,出现车辆撞伤、撞死学生等情况的,学校就应承担补充责任。理解这一规定应当注意第三人的侵权责任和安全保障义务人的补充责任有先后顺序。先由第三人承担侵权责任,在无法找到第三人或者第三人没有能力全部承担侵权责任时,才由幼儿园、学校或者其他教育机构承担侵权责任。如果第三人已经全部承担侵权责任,则幼儿园、学校或者其他教育机构不再承担侵权责任。

(三)侵权责任法没有规定幼儿园、学校或者其他教育机构承担补充责任后,是否可以向第三人追偿

主要是考虑本条中负有安全保障义务的主体承担相应的补充责任是因为其本身有过错,有过错一方承担补偿责任不应有追偿权。民法典

侵权责任编编纂过程中,不少建议增加追偿权的规定。我们研究认为,增加追偿权的规定,一是符合不真正连带责任的法理。借鉴德国通说见解,不真正连带责任的认定以“阶层区分说”为标准。第三人因为距离损害更近,属于终局责任人,安全保障义务人可以向其追偿。二是有利于避免司法中的争议,为实践中出现的具体案例提供法律依据,更好地保障无民事行为能力人或者限制民事行为能力人的成长,也为平安校园建设提供支撑。

第四章　产品责任

本章共6条,主要规定了生产者、销售者、运输者、仓储者及第三人等承担产品责任的归责原则及侵权责任,被侵权人的索赔途径,先行赔偿人的追偿权,被侵权人有权要求生产者、销售者承担的侵权责任,对已投入流通后发现缺陷产品的警示、召回等补救措施及侵权责任,故意生产、销售缺陷产品的惩罚性赔偿等。

本章“产品责任”是指产品存在缺陷发生侵权,造成他人损害,生产者、销售者等所应当承担的侵权责任,而不是指合同中的产品质量不合格的民事责任。“缺陷”并非指产品有瑕疵,而是指产品质量已经达到危害人民生命和财产安全的程度。例如,汽车制动有缺陷,致使刹车不灵,造成交通事故,导致人身、财产损害,对此生产者、销售者等应当承担侵权责任。汽车空调不制冷,为产品有瑕疵,对此生产者、销售者等应当承担合同责任。

第一千二百零二条　因产品存在缺陷造成他人损害的,生产者应当承担侵权责任。

【释义】　本条是关于产品生产者侵权责任的规定。

(一)境外关于产品责任归责原则的立法例

对产品责任的归责原则,各国和地区多经历从合同责任到过失责任再发展到现在的无过错责任的过程。

《美国侵权法第三次重述·产品责任》第1条规定,凡从事产品销售或分销经营活动,销售或者分销缺陷产品,应对该缺陷所造成的人身或者财产损害承担责任。

《英国消费者保护法》第 2 条规定,生产者对因产品缺陷造成的部分或全部损害承担责任。第 7 条规定,任何合同条款或其他方面都不能限制或排除这种责任。这一规定只适用于人身伤害和财产损害赔偿,当事人承担责任时不考虑其是否有合同关系。

大陆法系国家和地区也对生产者的产品责任作了规定,例如,《法国民法典》第 1386-1 条规定,产品的生产者应对因其产品缺陷造成的损害承担责任,不论其与受害人是否有合同联系。

日本 1994 年制定的《制造物责任法》规定,制造业者在其物品交付后侵害他人的人身或财产的应负赔偿责任。

我国台湾地区"民法"第 191 条之一规定,商品制造人因其商品之通常使用或者消费所致他人之损害,负赔偿责任。

(二)我国立法沿革

侵权责任法制定之前,我国法律对生产者产品责任的规定主要有:民法通则第 122 条规定,因产品质量不合格造成他人财产、人身损害的,产品制造者、销售者应当依法承担侵权责任。运输者、仓储者对此负有责任的,产品制造者、销售者有权要求赔偿损失。产品质量法第 41 条第 1 款规定,因产品存在缺陷造成人身、缺陷产品以外的其他财产损害的,生产者应当承担侵权责任。第 42 条第 1 款规定,由于销售者的过错使产品存在缺陷,造成人身、他人财产损害的,销售者应当承担赔偿责任。

侵权责任法制定过程中,产品责任应采用何种归责原则,有较大争议,无过错责任原则、过错责任原则、过错推定原则,以及既适用无过错责任也适用过错责任,以无过错责任原则为主的观点都有。在广泛借鉴国际通行做法并充分调查研究国内实际情况下,侵权责任法第 41 条采用了无过错责任的归责原则。民法典侵权责任编本条规定延续了侵权责任法的归责原则及规定。

(三)产品责任的构成要件

依据本条的规定,构成产品责任须具备三个要件:第一,产品具有缺陷;第二,须有缺陷产品造成受害人损害的事实;第三,缺陷产品与损害事实之间存在因果关系。

1. 关于产品缺陷

产品缺陷是构成产品责任的首要条件。从境外立法例及相关公约看,关于产品缺陷的定义虽然表述不同,但其意思都与产品的“不安全性”或“危险性”相关,基本都将产品缺陷的定义建立在产品欠缺安全性的基础上。我国台湾地区“民法”第191条之一第3款规定,商品之生产、制造或加工、设计,与其说明书或广告内容不符者,视为有欠缺。

我国产品质量法第46条规定,该法所称缺陷,是指产品存在危及人身、他人财产安全的不合理的危险;产品有保障人体健康和人身、财产安全的国家标准、行业标准的,是指不符合该标准。侵权责任法起草及民法典编纂过程中,对是否将产品质量法关于缺陷产品的含义在民法中作出规定,存在不同意见。有的认为,民法典是基本法,不应在援引其他法律的规定。有的认为,民法不宜对某些概念作过细、过于具体的规定,否则会限制产品的更新与发展,随着科学技术的发展,对产品的缺陷会有不同的认识。此外,还会造成法律之间规定的重复。

侵权责任法没有对产品缺陷作出定义性的规定。实践中可以产品质量法第46条关于缺陷的规定为标准判断产品是否为缺陷产品。产品质量法的规定从法律上确立了判断产品是否存在缺陷的基本标准。具体如何运用这项标准判断产品是否存在缺陷,要根据每一案件、每种产品的情况具体分析,作出结论。一般来说,产品存在缺陷,即产品存在“不合理危险”。按照标准化法的规定,对在全国范围内需要统一技术要求的产品,由国务院标准化行政主管部门制定国家标准。对没有国家标准而又需要在全国某个行业范围内统一技术要求的产品,由国务院有关行政主管部门制定行业标准,并报国务院标准化行政主管部门备案。如果产品有上述保障人体健康,人身、财产安全的国家标准、行业标准的,产品缺陷是指“不符合该标准”的规定,这是从方便对缺陷产品认定的角度出发作出的规定。需要指出的是,如果产品的各项性能指标都符合该产品的强制性标准,是否可据此判定该产品不存在缺陷呢?某一产品的强制性标准,可能并未覆盖该产品的全部安全性能指标(特别对某些新产品更是如此),在这种情况下,如果因该产品中的某项属于国家强制性标准、行业标准中未作规定的性能指标不符合保障人身、财产安全的要求,可能造成他人损害的,仍可判定该产品存在缺陷。例如,某厂生产的农用地膜的有关性能指标都符合国家、行业关于农用地膜的强制性标准,但该地膜中含有一种国家和行业标准中都未作规定的对农作物生产不利的有害物质,结果导致使用该厂生产的地膜的农田减产,造成农民的财产损失,对该种地膜仍应认为是存在缺陷的产品。

民法典侵权责任编延续了侵权责任法的规定,也没有规定缺陷的含义。

2. 关于缺陷产品造成受害人损害的事实

缺陷产品造成受害人损害的事实,是指缺陷产品的使用人或者第三人因缺陷产品造成损害的客观存在。损害事实包括人身损害、财产损害。财产损害是否包括缺陷产品本身的损失,在立法中存在争论。有的认为,多数国家产品责任中的财产损害仅指缺陷产品以外的其他财产的损失,不包括缺陷产品本身。缺陷产品本身的损害,属于合同责任问题,应当通过合同解决,缺陷产品以外的其他财产损害,才是本章所称的财产损害。有的认为,财产损害应当包括缺陷产品本身的损害。有的提出,立法应当从我国国情出发,从保护用户、消费者的角度出发,财产损害不应区分缺陷产品本身的损害与缺陷产品以外的其他财产的损害。我们认为本条的财产损害,既包括缺陷产品以外的其他财产的损害,也包括缺陷产品本身的损害,这样,有利于及时、便捷地保护用户、消费者的合法权益。

3. 关于缺陷产品与损害事实之间的因果关系

产品责任中的因果关系,是指产品的缺陷与受害人损害事实之间存在引起与被引起的关系。在一般侵权案件中,原则上是"谁主张,谁举证"。产品责任是一种特殊的侵权,考虑到用户、消费者与生产者之间存在信息上的不对称,特别是对于高科技产品致害原因不易证明等特点,通常要求生产者就缺陷不存在,或缺陷与损害之间不存在因果关系举证。如果生产者不能举证证明,则认定产品存在缺陷及缺陷与损害之间存在因果关系。

第一千二百零三条　因产品存在缺陷造成他人损害的,被侵权人可以向产品的生产者请求赔偿,也可以向产品的销售者请求赔偿。

产品缺陷由生产者造成的,销售者赔偿后,有权向生产者追偿。因销售者的过错使产品存在缺陷的,生产者赔偿后,有权向销售者追偿。

【释义】　本条是关于被侵权人请求损害赔偿的途径和先行赔偿人追偿权的规定。

被侵权人因产品存在缺陷造成损害后,往往不清楚这一缺陷究竟是谁造成的,因此也就不知道应当向谁请求赔偿。为解决实践中这一问题,使得被侵权人尽快得到赔偿,本条规定,因产品存在缺陷造成损害的,被侵权人可以向产品的生产者请求赔偿,也可以向产品的销售者请求赔偿。产品缺陷由生产者造成的,销售者赔偿后,有权向生产者追偿。因销售者的过错使产品存在缺陷的,生产者赔偿后,有权向销售者追偿。

(一)本条的理解和适用

第一,本条所称被侵权人,是指因产品存在缺陷造成人身、财产损害之后,有权要求获得赔偿的人。包括直接购买并使用缺陷产品的人,也包括非直接购买使用缺陷产品但受到缺陷产品损害的其他人。

第二,本条从方便被侵权人维护自己合法权益的角度出发,规定了被侵权人请求赔偿的两个途径:一个是可以向产品的生产者请求赔偿;另一个是可以向产品的销售者请求赔偿。也就是说,只要是缺陷产品引起的损害,被侵权人可以向生产者和销售者中的任何一方提出赔偿请求。

第三,根据本条规定,生产者、销售者中先行赔偿的一方有权向应当承担责任的一方追偿自己已经向被侵权人垫付的赔偿费用。预先垫付了赔偿费用的一方有权要求有责任的一方支付自己已经垫付的费用。需要明确的是,生产者和销售者承担产品责任的原则是不同的,生产者承担无过错责任,销售者承担过错责任,对此本条明确规定"产品缺陷由生产者造成的,销售者赔偿后,有权向生产者追偿。因销售者的过错使产品存在缺陷的,生产者赔偿后,有权向销售者追偿"。先行垫付赔偿费用的一方只有在另一方符合承担产品侵权责任条件的情形下,才可以向对方行使追偿权。

(二)编纂过程中的一点考虑

侵权责任法第 42 条规定,因销售者的过错使产品存在缺陷,造成他人损害的,销售者应当承担侵权责任。销售者不能指明缺陷产品的生产者也不能指明缺陷产品的供货者的,销售者应当承担侵权责任。在民法典侵权责任编编纂过程中,有的提出,本条对销售者责任的归责原则表述模糊,"因销售者的过错"的表述易产生歧义,并且侵权责任法第 42 条的实际意义是解决销售者与生产者的内部最终责任承担问题。我们研究认为,侵权责任法对产品责任中生产者、销售者责任的归责原则是不同的,销售者承担产品责任采用过错责任原则。但是,该条第 1 款"因销售者的过错使产品存在缺陷,造成他人损害的,销售者应当承担侵权责任"的表述确实与第43条第3款"因销售者的过错使产品存在缺陷的,生产者赔偿后,有权向销售者追偿"的表述重复;第42条第2款"销售者不能指明缺陷产品的生产者也不能指明缺陷产品的供货者的,销售者应当承担侵权责任"也主要解决责任内部分配的问题,并且第43条第2款、第3款能够涵盖第42条的内容。由此看出,删除第42条并不影响侵权责任编关于产品责任的严密规定。为了使得表述更加清晰简洁、上下文逻辑更加通顺,民法典侵权责任编编纂过程中,删除了侵权责任法第42条的规定。

第一千二百零四条　因运输者、仓储者等第三人的过错使产品存在缺陷,造成他人损害的,产品的生产者、销售者赔偿后,有权向第三人追偿。

【释义】　本条是关于第三人过错致使产品存在缺陷造成他人损害的侵权责任及生产者、销售者先行赔偿后追偿权的规定。

产品在运输流通过程中,运输者、仓储者等应当按照有关规定和产品包装上标明的储藏、运输等标准进行储存、运输。如果运输者、仓储者等不按上述规定运输或者仓储,有可能造成产品缺陷。对此有过错的,行为人应当对因自己的过错产生的损害负赔偿责任,因此,因运输者、仓储者等第三人导致产品缺陷造成他人损害的,应当按照过错责任原则承担赔偿责任。

现实生活中,产品从生产到使用人手中,要经过生产、储存、运输、销售等许多环节,被侵权人往往不知道运输者、仓储者是谁,也不清楚产品缺陷究竟是谁造成的,损害发生后,找生产者或者销售者请求赔偿最简单、方便。因为产品使用人通常清楚从何处购买的产品,即使非直接购买者,也容易找到产品生产者。为了充分保护被侵权人的利益,方便被侵权人请求赔偿,根据本条的规定,即使是因运输者、仓储者等第三人的过错使产品存在缺陷造成损害,被侵权人仍然可以先找产品的生产者或者销售者请求赔偿。生产者、销售者承担赔偿责任后,可以依据本条的规定,向造成产品缺陷的有过错的运输者、仓储者等第三人行使追偿权,要求其支付赔偿费用。

本条延续了侵权责任法第44条的规定,未作修改。

第一千二百零五条　因产品缺陷危及他人人身、财产安全的，被侵权人有权请求生产者、销售者承担停止侵害、排除妨碍、消除危险等侵权责任。

【释义】 本条是关于因产品缺陷危及他人人身、财产安全的侵权责任的规定。

产品存在缺陷对他人可能产生两种影响：一是造成他人损害，这种损害是已经发生的，是现实存在的，被侵权人有权请求生产者、销售者承担停止侵害、排除妨碍等侵权责任。二是对他人人身、财产安全产生一种危险，存在不安全因素。从某种角度说，这是一种尚未发生，非现实存在的损害，如果不采取相应措施，这种潜在的损害随时都有可能发生，造成受害人的实际损害。为了避免这种潜在损害实际发生，给受害人造成真正的损害，杜绝、减少或者减轻受害人的损失，也为了便利被侵权人请求损害赔偿，因产品缺陷危及他人人身、财产安全的，被侵权人有权要求生产者、销售者承担排除妨碍、消除危险等侵权责任。

排除妨碍、消除危险是承担产品侵权责任的两种方式。妨碍是指侵权人实施的妨碍他人合法权益的行为或者造成的妨碍他人合法权益正常行使的某种有害状况。排除妨碍是指依据被侵权人的请求，侵权人以一定的积极行为除去妨碍，以使被侵权人正常行使合法权益的民事责任方式。被侵权人在请求排除妨碍时，应当注意以下几个问题：第一，妨碍必须是不法的。至于妨碍人主观是否预见妨碍后果，均不影响被侵权人提出请求。但如果妨碍是合法的，即正当行使权利的行为，则妨碍人可以拒绝当事人的请求。第二，妨碍既可以是已经发生的，也可以是可能出现的。被侵权人不仅可以对已经发生的妨碍要求排除，对尚未发生但又确有可能发生的也有请求排除的权利。第三，妨碍是权利人行使权利的障碍，只要不法行为妨碍他人行使物权、人身权等，被侵权人均可请求排除妨碍。

侵权人的侵权行为或者其他行为构成对他人人身、财产的现实威胁，为侵权责任法规定的危险。这里的危险是指现实威胁，即随时可能发生的、发生概率极大的危险而不是遥不可及的危险。消除危险，是指人身或者财产受到现实威胁的当事人请求造成危险或对危险负有责任的人消除危险状况，保障请求权人人身、财产安全的民事责任方式。适用这种责任方式,能有效地防止损害的发生,充分保护民事主体的民事权利。

需要明确的是,产品责任中,被侵权人承担排除妨碍、消除危险侵权责任有两个条件:一是产品存在缺陷;二是危及他人人身、财产安全。在这两个条件同时具备的情况下,被侵权人可以要求产品生产者或者销售者承担包括但不限于停止侵害、排除妨碍、消除危险的侵权责任。此外,还可以依据本法总则编的规定,要求生产者或者销售者以其他方式承担侵权责任,如恢复原状等。

第一千二百零六条　产品投入流通后发现存在缺陷的,生产者、销售者应当及时采取停止销售、警示、召回等补救措施;未及时采取补救措施或者补救措施不力造成损害扩大的,对扩大的损害也应当承担侵权责任。

依据前款规定采取召回措施的,生产者、销售者应当负担被侵权人因此支出的必要费用。

【释义】　本条是关于生产者、销售者应当采取补救措施及费用承担的规定。

产品投入流通时,生产者、销售者可能因某种原因或者技术水平等未能发现产品有缺陷,在产品售出已经进入流通后才发现产品存在缺陷。在这种情形下,生产者、销售者应当及时以合理、有效的方式向使用人发出警示,或者采取召回缺陷产品等补救措施,以防止损害的发生或者进一步扩大。对此本条规定,产品投入流通后发现存在缺陷的,生产者、销售者应当及时采取停止销售、警示、召回等补救措施。

停止销售是对正在销售的产品采取下架、封存等不再出售的措施。停止销售可以避免侵权行为的扩大化,最大程度减少损失。

警示是对产品有关的危险或产品的正确使用给予说明、提醒,提请使用者在使用该产品时注意已经存在的危险或者潜在可能发生的危险,防止或者减少对使用者的损害。警示的作用有两个:一是告知使用者产品有危险,明示产品的缺陷;二是让使用者知道在使用该产品时如何避免危险的发生,以保证人身、财产的安全。

召回是产品的生产者、销售者依法定程序,对其生产或者销售的缺陷产品以换货、退货、更换零配件等方式,及时消除或减少缺陷产品危害的行为。召回的意义在于防患于未然,就此而言,有些类似于消除危险的侵权责任方式,是生产者、销售者将缺陷产品从流通环节中撤回,阻断可能发生的危害,一般而言是停止销售的下一步措施。

侵权责任法第46条规定,对未及时采取补救措施或者补救措施不力造成损害的,应当承担侵权责任。民法典侵权责任编编纂过程中,有的提出,因产品存在缺陷造成他人损害的,生产者应当承担侵权责任;因销售者的过错使产品存在缺陷,造成他人损害的,销售者应当承担侵权责任,这些内容已经在本章其他条款中明确规定了。本条应当旨在解决生产者、销售者对产品跟踪服务的义务,要求生产者、销售者对投入流通后的产品不能撒手不管。因此,建议将侵权责任法第46条"未及时采取补救措施或者补救措施不力造成损害的,应当承担侵权责任"修改为"未及时采取补救措施或者补救措施不力造成损害扩大的,对扩大的损害也应当承担侵权责任"。经研究,我们采纳了这一建议,在2018年12月提请审议的侵权责任编草案二审稿时作了相应的修改。

此外,还有的提出,为更好地保护被侵权人的权益,建议借鉴消费者权益保护法的相关规定,明确被侵权人因相关产品被召回支出的必要费用由生产者、销售者负担。我们研究认为,消费者权益保护法第19条规定,经营者发现其提供的商品或者服务存在缺陷,有危及人身、财产安全危险的,应当立即向有关行政部门报告和告知消费者,并采取停止销售、警示、召回、无害化处理、销毁、停止生产或者服务等措施。采取召回措施的,经营者应当承担消费者因商品被召回支出的必要费用。消费者权益保护法规定了召回费用承担的内容,对维护产品生产经营秩序、救济被侵权人具有积极意义,可以吸收到基本法里。因此,采纳了这一意见,在本条中增加了召回费用承担的规定。

第一千二百零七条　明知产品存在缺陷仍然生产、销售,或者没有依据前条规定采取有效补救措施,造成他人死亡或者健康严重损害的,被侵权人有权请求相应的惩罚性赔偿。

【释义】 本条是关于产品责任中惩罚性赔偿的规定。

根据本条的规定,产品责任中适用惩罚性赔偿的条件是:

第一,侵权人具有主观故意。明知是缺陷产品仍然生产或者销售,这一点在侵权责任法第46条中已经明确规定。民法典侵权责任编编纂过程中,有的提出,侵权责任法第 46 条要求生产者、销售者采取补救措施。实践中,有些企业、销售者置他人的生命财产安全于不顾,置法律规定于不顾,主观恶性极大,这种行为应当予以严惩,建议规定惩罚性赔偿。我们采纳了这一建议,在本条增加规定,没有依照前条规定采取有效补救措施,造成他人死亡或者健康严重损害的,被侵权人有权请求相应的惩罚性赔偿。

第二,要有损害事实。这种损害事实不是一般的损害事实,而应当是造成严重损害的事实,即造成他人死亡或者健康受到严重损害。

第三,要有因果关系,即被侵权人的死亡或者健康严重受损害是因为侵权人生产或者销售的缺陷产品造成的,或者生产者、销售者没有依照前条规定采取有效补救措施。本条还规定了惩罚性赔偿的适用范围,即在被侵权人死亡或者健康受到严重损害的范围内适用,除此之外的其他损害不适用惩罚性赔偿,如被侵权人的财产损害。为防止滥用惩罚性赔偿,避免被侵权人要求的赔偿数额畸高,本条规定,被侵权人有权请求相应的惩罚性赔偿。这里的"相应",主要指被侵权人要求的惩罚赔偿金的数额应当与侵权人的恶意相当,应当与侵权人造成的损害后果相当,与对侵权人威慑相当,具体赔偿数额由人民法院根据个案具体判定。

需要指出的是,惩罚性赔偿的主要目的不在于弥补被侵权人的损害,而在于惩罚有主观故意的侵权行为,并遏制这种侵权行为的发生。从赔偿功能上讲,其主要作用在于威慑,其次才是补偿。虽然从个案上看,被侵权人得到了高于实际损害的赔偿数额,但从侵权人角度来看,这种赔偿能够提高其注意义务,从而避免类似情况再次发生。

第五章　机动车交通事故责任

本章共 10 条,主要规定了机动车发生交通事故造成损害承担赔偿责任的原则;因租赁、借用等情形机动车所有人、管理人与使用人不是同一人时,发生交通事故后如何承担赔偿责任;以买卖等方式转让并交付机动车但未办理登记,发生交通事故后如何承担赔偿责任;以挂靠形式从事道路运输经营活动的机动车发生交通事故造成损害如何承担赔偿责任;未经允许驾驶他人机动车发生交通事故造成损害如何承担赔偿责任;机动车发生交通事故造成损害的赔偿顺序;以买卖或者其他方式转让拼装或者已达到报废标准的机动车,发生交通事故造成损害如何承担责任;盗窃、抢劫或者抢夺的机动车发生交通事故造成损害的如何承担赔偿责任;强制保险责任限额范围内垫付抢救费用的追偿权;机动车驾驶人发生交通事故后逃逸的责任承担;好意同乘情形下的责任承担。

本章所称交通事故,是指车辆在道路上因过错或者意外造成的人身伤亡或者财产损失的事件。机动车,是指以动力装置驱动或者牵引,上道路行驶的供人员乘用或者用于运送物品以及进行工程专项作业的轮式车辆。民法典侵权责任编编纂过程中,有的建议本章明确规定电动车的侵权责任类型。根据我国道路交通安全法的规定,"非机动车"是指以人力或者畜力驱动,上道路行驶的交通工具,以及虽有动力装置驱动但设计最高时速、空车质量、外形尺寸符合有关国家标准的残疾人机动轮椅车、电动自行车等交通工具。结合《电动自行车安全技术规范》对于电动自行车以及摩托车的规定,时速 20km/h 以下且车重不大于 40kg 的判定为非机动车,而最高设计时速在 20km/h ~ 50km/h 之间且车重大于 40kg 的判定为轻便摩托车,最高设计时速大于 50km/h 的判定为摩托车。因此,判定电动车的责任,以及电动车是否属于机动车主要取决于驱动方式、最高时速以及车重。

第一千二百零八条　机动车发生交通事故造成损害的,依照道路交通安全法律和本法的有关规定承担赔偿责任。

【释义】 本条是关于机动车发生交通事故造成损害承担赔偿责任的原则规定。

(一)依照道路交通安全法律有关规定承担赔偿责任

道路交通安全法第 76 条第 1 款规定:"机动车发生交通事故造成人身伤亡、财产损失的,由保险公司在机动车第三者责任强制保险责任限额范围内予以赔偿;不足的部分,按照下列规定承担赔偿责任:(一)机动车之间发生交通事故的,由有过错的一方承担赔偿责任;双方都有过错的,按照各自过错的比例分担责任。(二)机动车与非机动车驾驶人、行人之间发生交通事故,非机动车驾驶人、行人没有过错的,由机动车一方承担赔偿责任;有证据证明非机动车驾驶人、行人有过错的,根据过错程度适当减轻机动车一方的赔偿责任;机动车一方没有过错的,承担不超过百分之十的赔偿责任。”第2款规定：“交通事故的损失是由非机动车驾驶人、行人故意碰撞机动车造成的，机动车一方不承担赔偿责任。”

本条主要有以下几层含义：

1. 首先由保险公司在机动车第三者责任强制保险责任限额范围内予以赔偿

道路交通安全法第17条规定，国家实行机动车第三者责任强制保险制度。机动车第三者责任强制保险是解决道路交通事故赔偿问题的重要制度。机动车发生交通事故，包括机动车与机动车之间，机动车与非机动车驾驶人、行人之间，都是先由保险公司在机动车第三者责任强制保险责任限额内予以赔偿，不足的部分才由机动车一方承担赔偿责任。这对及时充分地使受害人获得赔偿，分散机动车驾驶人的风险，有重要意义。

机动车第三者责任强制保险，也称机动车交通事故责任强制保险，是指由保险公司对被保险机动车发生道路交通事故造成本车人员、被保险人以外的受害人的人身伤亡、财产损失，在责任限额内予以赔偿的强制性责任保险。根据《机动车交通事故责任强制保险条例》第2条的规定，在中华人民共和国境内道路上行驶的机动车的所有人或者管理人，应当依照道路交通安全法的规定投保机动车交通事故责任强制保险。第21条规定，被保险机动车发生道路交通事故造成本车人员、被保险人以外的受害人人身伤亡、财产损失的，由保险公司依法在机动车交通事故责任强制保险责任限额范围内予以赔偿。第23条规定，机动车交通事故责任强制保险在全国范围内实行统一的责任限额。责任限额分为死亡伤残赔偿限额、医疗费用赔偿限额、财产损失赔偿限额以及被保险人在道路交通事故中无责任的赔偿限额。

2008年2月1日起施行的机动车交通事故责任强制保险责任限额为，(1)机动车在道路交通事故中有责任的赔偿限额：死亡伤残赔偿限额11万元人民币；医疗费用赔偿限额1万元人民币；财产损失赔偿限额2000元人民币。(2)机动车在道路交通事故中无责任的赔偿限额：死亡伤残赔偿限额11万元人民币；医疗费用赔偿限额1000元人民币；财产损失赔偿限额100元人民币。

2. 在强制保险责任限额范围内赔偿后不足部分的责任承担

(1)机动车之间发生交通事故的赔偿责任，由有过错的一方承担赔偿责任;双方都有过错的,按照各自过错的比例分担责任。这一规定表明,机动车之间发生交通事故的,适用过错责任原则。由于机动车之间没有强弱之分,发生交通事故的,应当适用侵权责任的一般归责原则,由有过错的一方承担赔偿责任;如果双方都有过错的,应当按照各自过错的比例分担责任。

(2)机动车与非机动车驾驶人、行人之间发生交通事故的赔偿责任。在归责原则上,机动车与非机动车驾驶人、行人之间发生交通事故,主要适用过错推定原则,同时,机动车一方还要承担一部分无过错责任。过错推定源于过错责任原则,但在适用上与一般的过错责任原则有所不同。发生损害后,首先推定行为人有过错,同时给予其举证证明自己没有过错以及对方有过错的机会,如果能够证明自己没有过错的,可以免除责任;不能证明自己没有过错的,就要承担损害赔偿责任。过错推定与一般过错责任的最大不同就是采用了举证责任倒置的方法。

根据道路交通安全法第 76 条第 1 款的规定,机动车一方没有过错的,承担不超过 10% 的赔偿责任。这是机动车在没有过错的情况下,也要承担一小部分的赔偿责任的规定。就此部分而言,机动车承担的是无过错责任。

3. 机动车一方不承担责任的情形

道路交通安全法第 76 条第 2 款规定,交通事故的损失是由非机动车驾驶人、行人故意碰撞机动车造成的,机动车一方不承担赔偿责任。这是关于机动车一方免责事由的规定。机动车与非机动车驾驶人、行人之间发生交通事故,如果交通事故的损失是因非机动车驾驶人、行人自杀、自伤、有意冲撞(碰瓷)等行为故意造成的,机动车一方不承担赔偿责任。

(二)依照本法的有关规定承担赔偿责任

本法总则编“民事责任”规定了不可抗力、正当防卫、紧急避险等不承担责任的情形;侵权责任编“一般规定”规定了与有过错、受害人故意、第三人侵权等减轻或者免除责任的情形。这些责任承担的特殊情况,需要在确定机动车交通事故责任时,结合具体案件考虑和适用。因此,民法典侵权责任编增加了依照“本法”的有关规定承担赔偿责任的规定。

(三)一点说明

本条系在沿袭侵权责任法第 48 条规定的基础上进行了完善。本条规定的“依照道路交通安全法律”与侵权责任法规定的“依照道路交通安全法"系同一含义,只是民法典编纂时根据立法技术规范进行了规范性表述。

第一千二百零九条　因租赁、借用等情形机动车所有人、管理人与使用人不是同一人时,发生交通事故造成损害,属于该机动车一方责任的,由机动车使用人承担赔偿责任;机动车所有人、管理人对损害的发生有过错的,承担相应的赔偿责任。

【释义】 本条是关于因租赁、借用等情形机动车所有人、管理人与使用人不是同一人时,发生交通事故后如何承担赔偿责任的规定。

(一)有关术语介绍

机动车租赁,是指机动车所有人将机动车在一定时间内交付承租人使用、收益,机动车所有人收取租赁费用,不提供驾驶劳务的行为。机动车管理,是指将机动车存放在某一场所,或者将机动车交付维修,机动车暂时脱离所有人占有时,保管、占有机动车的行为。机动车借用,是指机动车所有人将机动车在约定时间内交由借用人使用的行为。现实生活中,机动车租赁主要是出租人仅将机动车交付承租人使用,出租人收取租金,但不提供驾驶人员。例如,汽车租赁公司在一定期间内按约定的租金将机动车出租给其他单位或个人使用。

机动车发生交通事故,属于该机动车一方责任的,当机动车所有人、管理人与使用人是同一人时,损害赔偿责任由所有人承担,这是一种常态。在现实生活中,因出租、管理、出借等情形使机动车与其所有人、管理人分离,机动车承租人或者借用人为使用人、实际控制人的形态也是常见的。这就面临机动车发生交通事故后,是由机动车所有人、管理人还是使用人承担赔偿责任的问题。

(二)对本条的理解和适用

根据本条规定,因租赁、借用等情形机动车所有人、管理人与使用人不是同一人时,发生交通事故后属于该机动车一方责任的,如何承担责任,需要把握以下几点:

第一,本法删除了侵权责任法第49条"由保险公司在机动车强制保险责任限额范围内予以赔偿"的规定。侵权责任法第6章"机动车交通事故责任"在第49条、第50条都规定了机动车强制保险责任限额范围内先行赔偿的内容。为了使条文表述简练、避免重复,同时系统规定机动车发生交通事故造成损害的赔偿顺序，本法将机动车强制保险责任限额范围内先行赔偿的内容单独写了一条。因此，本条不再规定相关内容，但在适用上不受影响，根据本法第1213条的规定，机动车发生交通事故造成损害，属于该机动车一方责任的，仍然先由承保机动车强制保险的保险人在强制保险责任限额范围内予以赔偿；不足部分，如果机动车一方购买了商业保险的，由承保机动车商业保险的保险人按照保险合同的约定予以赔偿；仍然不足或者没有投保机动车商业保险的，由机动车使用人赔偿。这是因为，租赁、借用后，机动车所有人、管理人丧失对机动车的控制，机动车使用人直接使用、支配、管理、占有机动车，成为承担责任的主体。

本条中的“使用人”不仅包括承租人、管理人、借用人，还包括机动车出质期间的质权人、维修期间的维修人、由他人保管期间的保管人等。在机动车出质、维修和由他人保管期间，机动车由质权人、维修人和保管人占有，他们对机动车享有运行支配力，而所有人、管理人则丧失了运行支配力。质权人、维修人、保管人擅自驾驶机动车发生交通事故的，应由质权人、维修人、保管人承担赔偿责任。

第二，机动车所有人、管理人对损害的发生有过错的，承担相应的赔偿责任。机动车所有人在将机动车出租、出借时应当对承租人、借用人进行必要的审查，比如承租人、借用人是否有驾驶资格。同时，还应当保障机动车性能符合安全的要求，比如车辆制动是否灵敏等。机动车管理人在保管、占有机动车过程中，负有妥善保管、管理的义务，不得擅自使用或者许可他人使用机动车。机动车所有人、管理人没有尽到上述应有的注意义务，便有过错，该过错可能成为该机动车造成他人损害的一个因素，机动车所有人、管理人应当对因自己的过错造成的损害负相应的赔偿责任。

第一千二百一十条　当事人之间已经以买卖或者其他方式转让并交付机动车但是未办理登记，发生交通事故造成损害，属于该机动车一方责任的，由受让人承担赔偿责任。

【释义】　本条是关于已经转让并交付但未办理登记的机动车发生交通事故，承担责任主体的规定。

根据道路交通安全法第12条的规定，机动车所有权发生转移的，应当办理登记。在现实生活中,存在机动车已经通过买卖、赠与等方式转让,并且向买受人交付了机动车,但是没有办理登记手续,甚至还存在连环转让机动车但都没有办理登记的情形。本条正是针对这种情况,明确规定了承担赔偿责任的主体。

关于本条的理解和适用需要把握以下几点:

第一,侵权责任法第50条规定了机动车强制保险责任限额范围内先行赔偿的内容。为了使条文表述简练、避免重复,同时系统规定机动车发生交通事故造成损害的赔偿顺序,本法将机动车强制保险责任限额范围内先行赔偿的内容单独写了一条。因此,本条不再规定相关内容,但在适用上不受影响。根据本法第1213条的规定,机动车发生交通事故造成损害,属于该机动车一方责任的,仍然先由承保机动车强制保险的保险人在强制保险责任限额范围内予以赔偿;不足部分,如果机动车一方购买了商业保险的,由承保机动车商业保险的保险人按照保险合同的约定予以赔偿;仍然不足或者没有投保机动车商业保险的,由侵权人赔偿。

第二,侵权责任法第50条规定的是"未办理所有权转移登记"。在编纂民法典的过程中,有的意见提出,根据本法物权编的有关规定,动产物权的设立和转让,自交付时发生效力,但是法律另有规定的除外。船舶、航空器和机动车等的物权的设立、变更、转让和消灭,未经登记,不得对抗善意第三人。这些规定表明,机动车所有权的转移在交付时发生效力,未经登记,只是缺少公示而不产生社会公信力,在交易过程中不能对抗善意第三人。本条立法目的规范的情形,不是物权是否发生变动,事实上机动车所有权已经发生转移。即使在附所有权保留特别约定的分期付款买卖机动车的情形下,如果机动车已交付购买人,虽然出卖人仍保留机动车所有权,但并不影响购买人取得机动车的实际支配力和使用收益;该所有权仅在购买人不依约定支付价金时才发生效力,即要求购买人返还出卖人享有所有权的机动车。因此,在发生道路交通事故后,应当由购买人承担赔偿责任,保留机动车所有权的出卖人不承担赔偿责任。本条的情形应当只是行政管理上的登记没有变更,这种管理性登记不影响侵权责任的承担。因此,建议将侵权责任法第50条"所有权转移"删除。经研究,我们采纳了这一建议。当事人之间已经以买卖、赠与等方式转让并交付机动车但未办理登记的,原机动车所有人已经不是真正的所有人,更不是机动车的占有人,他不具有机动车的实质所有权,丧失了对机动车运行支配的能力,不具有防范事故发生的控制力。在机动车发生事故后,仍然要求其承担赔偿责任,是不合理、不公平的。赔偿义务应当由买受人、受赠人等对机动车运行有实质影响力和支配力的机动车的实际所有人、占有人来承担。

第三,本条中的"交付"与物权编中的"交付"不应完全等同。物权理论中的拟制交付有简易交付、指示交付和占有改定等的区分。简易交付可以适用本条的规则;指示交付中,第三人不将机动车交给受让人,受让人无法实际控制机动车;占有改定中,出让人仍然继续占有该机动车,受让人无法实际控制机动车。但是,我国法律中并未出现实际交付、简易交付、指示交付和占有改定这些学理术语。因此,本条的"交付"主要是指"实际交付"。

第一千二百一十一条　以挂靠形式从事道路运输经营活动的机动车,发生交通事故造成损害,属于该机动车一方责任的,由挂靠人和被挂靠人承担连带责任。

【释义】 本条是关于挂靠车辆引发交通事故时的责任主体的规定。

机动车挂靠从事运输经营活动,是指为了交通营运过程中的方便,将车辆登记为某个具有运输经营权资质的经营主体名下,以该主体的名义进行运营,并由挂靠者向被挂靠主体支付一定的费用的形式。挂靠形式从事道路运输经营活动一般有三个特点:一是四证统一,即车辆行驶证、道路运输证、驾驶证、营业性道路运输驾驶员从业资格证上的车主、业户、单位、服务单位都统一为被挂靠主体的名称。二是挂靠机动车向被挂靠主体交纳费用。三是具有隐蔽性,虽然挂靠双方签订有关运输经营的合同或内部协议,但发生交通事故造成损害时,被侵权人无法从外观上区别挂靠机动车是否属于被挂靠主体。

实践中以挂靠方式从事道路运输经营活动屡见不鲜。正因为这种方式涉及多个主体且具有隐蔽性,发生交通事故后极易引发纠纷,目前在法律层面没有相应规定,最高人民法院司法解释有规定,但立法发生过变化。《最高人民法院关于实际车主肇事后其挂靠单位应否承担责任的复函》称,被挂靠公司从明确挂靠车辆的运营中取得了利益,因此应当承担适当的民事责任。到 2012 年《最高人民法院关于审理道路交通事故损害赔偿案件适用法律若干问题的解释》第 3 条规定,以挂靠形式从事道路运输经营活动的机动车发生交通事故造成损害,属于该机动车一方责任,当事人请求由挂靠人和被挂靠人承担连带责任的,人民法院应予支持。这一规定从“承担适当的民事责任”变成了“承担连带责任”。对此有意见提出质疑,认为:一是车辆挂靠时,被挂靠人与机动车交通事故的发生并无因果关系。二是实践中,挂靠可能是被挂靠人收取费用的经营性挂靠,也可能是行政法规等规定的强制性挂靠。就后一情形的挂靠,规定被挂靠人与挂靠人承担连带责任,对被挂靠人显失公平。

我们就此进行研究后认为,一是被挂靠主体接受车辆挂靠,应当对该车辆有没有从事运输活动的能力进行核查和负责,从而控制风险;并且与挂靠机动车明确约定机动车发生交通事故造成损害时责任如何承担。二是在车辆挂靠时,有可能使乘客或者托运人因信赖被挂靠主体的管理能力及责任能力,而对挂靠机动车产生信赖,对这种信赖应当保护,被挂靠主体因为被信赖而有责任。三是区分经营性挂靠与行政强制性挂靠作出不同规定,可能导致受害人举证不能,而被挂靠人事先采取各种措施以便在诉讼中提出各项证据证明自己未收取任何费用进而达到免责的目的。综上三点,最高人民法院2012年相关司法解释中关于“由挂靠人和被挂靠人承担连带责任”的规定,从解决实际赔偿问题的角度出发,有利于保护受害人,让受害人能够得到及时有效的赔偿,具有合理性。机动车交通事故责任的核心,首先应当是明确责任主体的义务,然后确定如何承担责任。在吸收司法解释相关规定的基础上,本条作出规定,以挂靠形式从事道路运输经营活动的机动车,发生交通事故造成损害,属于该机动车一方责任的,由挂靠人和被挂靠人承担连带责任。

第一千二百一十二条　未经允许驾驶他人机动车,发生交通事故造成损害,属于该机动车一方责任的,由机动车使用人承担赔偿责任;机动车所有人、管理人对损害的发生有过错的,承担相应的赔偿责任,但是本章另有规定的除外。

【释义】　本条是关于未经允许驾驶他人机动车,发生交通事故造成损害时责任主体的确定。

侵权责任法仅规定了盗窃、抢劫或者抢夺机动车发生交通事故造成损害时的责任规则。这些行为中,非法占有人均以取得机动车所有权为目的。实践中,尚存在非以取得所有权为目的而未经允许驾驶他人机动车,发生交通事故导致损害的情形,例如亲朋好友有车辆的钥匙,在没有告知机动车所有人的情况下驾车外出;机动车所有人将车辆送维修厂修理,修好后还没有取回时,维修厂工人擅自驾驶车辆。这些行为均不是犯罪行为,主观恶性显然较小。发生交通事故造成损害时,属于该机动车一方责任的,在承担赔偿责任方面应与盗抢机动车发生道路交通事故时有较大区别。

2012 年《最高人民法院关于审理道路交通事故损害赔偿案件适用法律若干问题的解释》第 2 条规定,未经允许驾驶他人机动车发生交通事故造成损害,当事人依照侵权责任法第 49 条的规定请求由机动车驾驶人承担赔偿责任的,人民法院应予支持。机动车所有人或者管理人有过错的,承担相应的赔偿责任,但具有侵权责任法第 52 条规定情形的除外。侵权责任法第 49 条即因租赁、借用等情形机动车所有人、管理人与使用人不是同一人时责任主体的确认;第 52 条即盗窃、抢劫或者抢夺的机动车发生交通事故造成损害时责任主体的确认。由此可见,最高人民法院的司法解释已经区分了未经允许而驾驶他人机动车发生交通事故导致损害与盗窃、抢劫或者抢夺的机动车发生交通事故造成损害的责任承担,该规定具有合理性。在吸收借鉴司法解释的基础上,本条全面规定了未经允许驾驶他人机动车,发生交通事故造成损害,属于该机动车一方责任时的责任承担问题。

理解本条需要把握以下三点:

一是未经允许驾驶他人机动车,发生交通事故造成损害,属于该机动车一方责任的,由机动车使用人承担赔偿责任。未经允许驾驶他人车辆,车主对此不知情,因此一般不应承担侵权责任,由机动车使用人承担。

二是机动车所有人、管理人对损害的发生有过错的,承担相应的赔偿责任。此处的“对损害的发生有过错”可理解为机动车所有人、管理人没有履行一般人应有的谨慎注意义务。例如,机动车所有人将车停在路边,为图方便没有熄火即下车买东西,车上同行人在等待时闲极无聊,坐在驾驶位上操作,导致发生交通事故。这种情形下,机动车所有人是有过错的,应当在过错范围内承担相应的责任。

三是本条规定了但书,而且是仅限于“本章”另有规定的除外。该但书仅指一种情形,即本法第 1215 条第 1 款规定的,“盗窃人、抢劫人或者抢夺人与机动车使用人不是同一人，发生交通事故造成损害，属于该机动车一方责任的，由盗窃人、抢劫人或者抢夺人与机动车使用人承担连带责任”。

第一千二百一十三条　机动车发生交通事故造成损害，属于该机动车一方责任的，先由承保机动车强制保险的保险人在强制保险责任限额范围内予以赔偿；不足部分，由承保机动车商业保险的保险人按照保险合同的约定予以赔偿；仍然不足或者没有投保机动车商业保险的，由侵权人赔偿。

【释义】　本条是关于机动车发生交通事故造成损害赔偿顺序的规定。

实践中，不少机动车既投保了机动车强制保险又投保了商业保险，当发生交通事故造成损害时，如何确定机动车强制保险与商业保险的赔偿顺序是急需解决的一个问题。侵权责任法第49条、第50条都规定了发生交通事故后属于该机动车一方责任的，由保险公司在机动车强制保险责任限额范围内予以赔偿。不足部分，由受让人承担赔偿责任的内容。虽然分散规定了机动车强制保险赔偿，但并未规定机动车商业保险，也没有规定强制保险与商业保险的赔偿顺序，实践中发生纠纷较多，适用法律存在空白。对此，有的意见建议民法典进行规定。

《最高人民法院关于审理道路交通事故损害赔偿案件适用法律若干问题的解释》第16条规定，同时投保机动车第三者责任强制保险和第三者责任商业保险的机动车发生交通事故造成损害，当事人同时起诉侵权人和保险公司的，人民法院应当按照下列规则确定赔偿责任：(1)先由承保第三者责任强制保险的保险公司在责任限额范围内予以赔偿；(2)不足部分，由承保第三者责任商业保险的保险公司根据保险合同予以赔偿；(3)仍有不足的，依照道路交通安全法和侵权责任法的相关规定由侵权人予以赔偿。

《机动车交通事故责任强制保险条例》第21条规定，被保险机动车发生道路交通事故造成本车人员、被保险人以外的受害人人身伤亡、财产损失的，由保险公司依法在机动车交通事故责任强制保险责任限额范围内予以赔偿。道路交通事故的损失是由受害人故意造成的，保险公司不予赔偿。根据第23条规定，机动车交通事故责任强制保险在全国范围内实行统一的责任限额。责任限额分为死亡伤残赔偿限额、医疗费用赔偿限额、财产损失赔偿限额以及被保险人在道路交通事故中无责任的赔偿限额。机动车交通事故责任强制保险责任限额由国务院银行保险监督管理机构会同国务院公安部门、国务院卫生健康主管部门、国务院农业农村主管部门规定。

经研究,在吸收司法解释和行政法规规定的基础上,本条区分三个层次作了规定:

一是先由承保机动车强制保险的保险人在强制保险责任限额范围内予以赔偿。机动车强制保险是由保险人对被保险机动车发生道路交通事故造成受害人(不包括本车人员和被保险人)的人身伤亡、财产损失,在责任限额内予以赔偿的强制性责任保险,是我国首个由国家法律规定实行的强制保险制度。机动车强制保险具有一定的公共政策性质,赔偿的范围比较广、赔付较为及时,其主要目的是及时、有效地救助机动车交通事故中的受害人。

二是机动车强制保险赔偿不足部分,由承保机动车商业保险的保险人根据保险合同的约定予以赔偿。目前,机动车交通事故责任强制保险责任限额分为两大类。一类是机动车在道路交通事故中有责任时,死亡伤残赔偿限额 11 万元人民币,医疗费用赔偿限额 1 万元人民币,财产损失赔偿限额 2000 元人民币。另一类是机动车在道路交通事故中无责任时,死亡伤残赔偿限额 11 万元人民币,医疗费用赔偿限额 1000 元人民币,财产损失赔偿限额 100 元人民币。机动车强制保险赔偿额度要与国民经济发展水平和消费者支付能力相适应,而且其公益性决定了赔偿额度不会太高,在一些较为严重的交通事故侵权案件中,机动车强制保险赔偿无法涵盖全部赔偿额。此时,如果机动车购买了商业保险的,根据保险合同的约定予以赔偿。目前,我国机动车商业保险种类繁多,赔付标准、范围、额度有很大不同。商业险合同往往约定了很多免责条款,列明了保险人不承担赔偿的许多情形。在被保险人无责任或者无过错的情况下,保险人不承担赔偿责任。因此,只能根据机动车购买的保险合同的约定进行赔偿。商业保险的成立基础在于契约自由,其主要目的在于分散机动车驾驶人的事故责任风险,由投保人自愿购买。因此,在赔偿的时候,由强制保险先行赔付,不足的部分再由商业保险赔付,是符合法理的。

三是机动车商业保险赔偿仍然不足的，由侵权人赔偿。这种保险前置、侵权人托底的规定，充分体现了保险的作用和及时救济受害人、分散机动车使用人风险的目的，符合强制保险的赔偿替代性和商业保险的补充性的性质，也最大程度地平衡了强制保险、商业保险和侵权人的责任与义务。

第一千二百一十四条　以买卖或者其他方式转让拼装或者已经达到报废标准的机动车，发生交通事故造成损害的，由转让人和受让人承担连带责任。

【释义】 本条是关于以买卖或者其他方式转让拼装的或者已经达到报废标准的机动车，发生交通事故造成损害如何承担责任的规定。

根据道路交通安全法第14条的规定，国家实行机动车强制报废制度，达到报废标准的机动车不得上道路行驶。

研制、生产机动车，需要有很高的技术水平。而拼装车辆很难达到机动车应有的安全技术标准，这样的车上路行驶，会构成很大的事故隐患。国家对报废机动车的回收、拆解和机动车的修理实行严格的监督管理。《报废机动车回收管理办法》第15条第1款规定，禁止任何单位或者个人利用报废机动车"五大总成"和其他零部件拼装机动车，禁止拼装的机动车交易。根据道路交通安全法第103条的规定，生产、销售拼装的机动车的，没收非法生产、销售的拼装车，可以并处非法产品价值3倍以上5倍以下罚款；有营业执照的，由市场监督管理部门吊销营业执照，没有营业执照的，予以查封。构成犯罪的，依法追究刑事责任。

根据道路交通安全法第100条的规定，驾驶拼装的机动车或者已经达到报废标准的机动车上道路行驶的，公安机关交通管理部门应当予以收缴，强制报废。对驾驶人处200元以上2000元以下罚款，并吊销机动车驾驶证。

拼装和已经达到报废标准的机动车，由于其不能达到机动车上路行驶的安全标准，上路行驶后极易造成其他机动车、非机动车驾驶人和行人的损害。转让拼装的或者已经达到报废标准的机动车，本身即具有违法性，上路行驶又具有更大的危险性，因此，对以买卖、赠与等方式转让拼装的或者已经达到报废标准的机动车，由买卖、赠与等转让人和受让人、赠与人和受赠人承担连带责任。这样规定有利于预防并制裁转让、驾驶拼装的或者已经达到报废标准的机动车的行为，更好地保护人民群众的生命财产安全；在受害人有损害时，也可以根据本条获得较为充分的损害赔偿。

第一千二百一十五条　盗窃、抢劫或者抢夺的机动车发生交通事故造成损害的，由盗窃人、抢劫人或者抢夺人承担赔偿责任。盗窃人、抢劫人或者抢夺人与机动车使用人不是同一人，发生交通事故造成损害，属于该机动车一方责任的，由盗窃人、抢劫人或者抢夺人与机动车使用人承担连带责任。

保险人在机动车强制保险责任限额范围内垫付抢救费用的，有权向交通事故责任人追偿。

【释义】　本条是关于盗抢的机动车发生交通事故造成损害的赔偿责任主体，以及垫付抢救费用后追偿权的规定。

机动车被盗窃、抢劫或者抢夺，也是所有人与机动车相分离的形态之一。驾驶被盗窃、抢劫或者抢夺的机动车，又是擅自驾驶中最极端的情形。

1. 盗窃、抢劫或者抢夺的机动车发生交通事故造成损害的，由盗抢人承担赔偿责任

《最高人民法院关于被盗机动车辆肇事后由谁承担损害赔偿责任问题的批复》指出："使用盗窃的机动车辆肇事，造成被害人物质损失的，肇事人应当依法承担损害赔偿责任，被盗机动车辆的所有人不承担损害赔偿责任。"

在吸收司法解释规定的基础上，侵权责任法第52条规定，盗窃、抢劫或者抢夺的机动车发生交通事故造成损害的，由盗窃人、抢劫人或者抢夺人承担赔偿责任。此处没有规定机动车所有人的赔偿责任。这样规定主要考虑：一是机动车被盗窃、抢劫或抢夺后，机动车所有人丧失了对机动车的运行支配力，而这种支配力的丧失是盗抢者的违法行为造成的，是所有人不情愿的，有时还是所有人不知悉、未预想到的。二是在机动车被盗的情形下，即使所有人对机动车保管上的疏忽，导致机动车丢失，这也与机动车发生交通事故没有直接的因果关系。因此，应当由盗抢者承担发生交通事故后的损害赔偿责任，机动车所有人不承担赔偿责任。驾驶盗抢的机动车上道路行驶，通常会给他人的生命财产安全和公

共安全带来极大的危害。由于盗抢人不是车辆的拥有者,自认为轻易可以逃脱法律的制裁,因此,常发生不遵守交通法规,任意违章,甚至漠视他人生命财产安全的情况。法律在对机动车盗抢人课以刑罚的同时,规定其民事责任,有利于保护受害人的权益,制裁此类侵权行为。

民法典侵权责任编在这方面延续了侵权责任法的规定,并且本法第1212条规定了未经允许驾驶他人机动车侵权责任,其中对"机动车所有人、管理人对损害的发生有过错的,承担相应的赔偿责任"也明确作了排除规定"本章另有规定的除外",即是指本条规定的情形。也就是说,在未经允许驾驶他人机动车发生交通事故造成损害,属于该机动车一方责任的,如果机动车所有人、管理人对损害的发生有过错的,需要承担相应的赔偿责任。但是本条下的机动车所有人、管理人不承担责任。

2. 盗窃人、抢劫人或者抢夺人与机动车使用人不是同一人,发生交通事故造成损害,属于该机动车一方责任的,由盗窃人、抢劫人或者抢夺人与机动车使用人承担连带责任

这里规定的"机动车使用人",指的是盗窃人、抢劫人或者抢夺人将机动车出售、出租、借用、赠送,从而实际使用该机动车的人。一般而言,驾驶机动车发生交通事故属于该机动车一方责任的,应当由机动车使用人承担赔偿责任。但是,为了惩罚盗窃人、抢劫人或者抢夺人的行为,使他们不能逃脱法律的制裁,本条规定他们需要承担连带赔偿责任。

3. 机动车被盗抢后发生交通事故造成损害,保险人在机动车强制保险责任限额范围内垫付抢救费用的,有权向交通事故责任人追偿

《机动车交通事故责任强制保险条例》第22条第1款规定,有下列情形之一的,保险公司在机动车交通事故责任强制保险责任限额范围内垫付抢救费用,并有权向致害人追偿:(1)驾驶人未取得驾驶资格或者醉酒的;(2)被保险机动车被盗抢期间肇事的;(3)被保险人故意制造道路交通事故的。

一般而言,机动车发生交通事故后,应当依照本法第1213条规定的顺序,首先由保险人在强制保险限额范围内承担赔偿责任。但是,驾驶人无驾驶资格、醉酒、被盗期间肇事、故意制造交通事故等行为,严重漠视他人生命财产安全,属于明显且严重的过错,对道路交通安全构成了严重威胁。为了预防和惩罚这类行为的发生,加强对生命健康的保护,营造良好的社会氛围,及时救济受害人,驾驶人无驾驶资格、醉酒、被盗

期间肇事、故意制造交通事故等情形下，应当允许强制保险的保险人在承担赔偿责任后向驾驶人追偿。在借鉴相关行政法规的基础上，本条明确规定了有上述情形的，保险人可行使追偿权。

第一千二百一十六条　机动车驾驶人发生交通事故后逃逸，该机动车参加强制保险的，由保险人在机动车强制保险责任限额范围内予以赔偿；机动车不明、该机动车未参加强制保险或者抢救费用超过机动车强制保险责任限额，需要支付被侵权人人身伤亡的抢救、丧葬等费用的，由道路交通事故社会救助基金垫付。道路交通事故社会救助基金垫付后，其管理机构有权向交通事故责任人追偿。

【释义】　本条是关于机动车驾驶人发生交通事故后逃逸的，对受害人的救济、道路交通事故社会救助基金追偿权的规定。

（一）机动车驾驶人发生交通事故后逃逸情形下对受害人的救济

机动车肇事逃逸，是指发生道路交通事故后，道路交通事故当事人为逃避法律追究，驾驶车辆或者遗弃车辆逃离道路交通事故现场的行为。

行为人之所以在肇事后逃逸，通常是行为人对造成交通事故有过错，负有一定的责任。依照道路交通安全法第70条的规定，在道路上发生交通事故，车辆驾驶人应当立即停车，保护现场；造成人身伤亡的，车辆驾驶人应当立即抢救受伤人员，并迅速报告执勤的交通警察或者公安机关交通管理部门。因抢救受伤人员变动现场的，应当标明位置。该条规定要求机动车驾驶人在发生交通事故后，应当立即停车、保护现场、立即抢救受伤人员并及时报案。但在现实生活中，有的机动车驾驶人在肇事后，为了逃避法律追究，要么驾车逃逸，要么弃车逃逸，给受害人的生命、财产造成了不可弥补的损失，也对社会构成了严重的危害。我国刑法、道路交通安全法及其实施条例分别对发生交通事故后逃逸的行为规定了刑事处罚、行政处罚，并规定了逃逸的当事人应当承担事故的全部责任。

本条针对机动车驾驶人发生交通事故后逃逸的，在驾驶人应当承担赔偿责任的前提下，如何通过机动车强制保险和道路交通事故社会救助基金救济受害人等问题作了如下规定：

第一，机动车驾驶人发生交通事故后逃逸，该机动车参加强制保险的,由保险人在机动车强制保险责任限额范围内予以赔偿。这一规定表明,发生交通事故的机动车参加了机动车强制保险,并且发生交通事故后能够确定机动车的,由保险公司在机动车强制保险责任限额范围内予以赔偿。

第二,机动车不明、该机动车未参加强制保险或者抢救费用超过机动车强制保险责任限额,需要支付被侵权人人身伤亡的抢救、丧葬等费用的,由道路交通事故社会救助基金垫付。

根据道路交通安全法第17条的规定,国家设立道路交通事故社会救助基金。道路交通事故社会救助基金,是指依法筹集用于垫付机动车道路交通事故中受害人人身伤亡的丧葬费用、部分或者全部抢救费用的社会专项基金。救助基金的来源包括:(1)按照机动车交通事故责任强制保险的保险费的一定比例提取的资金;(2)地方政府按照保险公司经营交强险缴纳营业税数额给予的财政补助;(3)对未按照规定投保交强险的机动车的所有人、管理人的罚款;(4)救助基金孳息;(5)救助基金管理机构依法向机动车道路交通事故责任人追偿的资金;(6)社会捐款;(7)其他资金。

机动车不明,如机动车驾驶人驾车逃逸,一时难以查明是哪一辆机动车肇事。需要明确的是,法律规定的是机动车不明,而不是驾驶人不明。因为本条规定的前提是“机动车驾驶人发生交通事故后逃逸”,即驾驶人已经不明了,此时如果交通事故现场有机动车,可以通过机动车号牌、发动机编号的信息反查机动车驾驶人、所有人或者管理人,从而确定肇事者。但是,当机动车也不明的情况下,很难确定肇事者,这才需要道路交通事故社会救助基金垫付费用。

机动车未参加强制保险,因此无法通过强制保险赔偿被侵权的损失,只能由道路交通事故社会救助基金垫付费用。

抢救费用超过机动车强制责任保险责任限额。根据《机动车交通事故责任强制保险条例》第24条的规定,道路交通事故中,抢救费用超过机动车交通事故责任强制保险责任限额的、肇事机动车未参加机动车交通事故责任强制保险的、机动车肇事后逃逸的,受害人人身伤亡的丧葬费用、部分或者全部抢救费用,由救助基金先行垫付。这里的“抢救费用”,是指机动车发生道路交通事故导致人员受伤时,医疗机构按照《道路交通事故受伤人员临床诊疗指南》,对生命体征不平稳和虽然生命体征平稳但如果不采取处理措施会产生生命危险,或者导致残疾、器官功能障碍,或者导致病程明显延长的受伤人员,采取必要的处理措施所发生的医疗费用。这种情形下,根据道路交通安全法的规定,由道路交通事故社会救助基金先行垫付超过限额部分的费用。

(二)道路交通事故社会救助基金的追偿权

道路交通事故社会救助基金垫付后,其管理机构有权向交通事故责任人追偿。为体现公平原则,引导机动车参加强制保险,本条规定,道路交通事故社会救助基金垫付被侵权人人身伤亡的抢救、丧葬等费用后,其管理机构有权向逃逸的机动车驾驶人、应当购买而未购买强制责任保险的机动车所有人或者管理人等交通事故责任人追偿。道路交通安全法和《机动车交通事故责任强制保险条例》也作了同样的规定。

第一千二百一十七条　非营运机动车发生交通事故造成无偿搭乘人损害,属于该机动车一方责任的,应当减轻其赔偿责任,但是机动车使用人有故意或者重大过失的除外。

【释义】 本条是关于好意同乘情形下的责任承担的规定。

(一)关于好意同乘的学术观点

关于好意同乘的概念,学界主要存在三种观点:

第一种观点是"好意施惠行为"说,认为好意人是基于善意的愿望,同意同乘人免费乘车的请求。好意同乘关系中只有两方主体,一方是提供搭乘车辆的施惠人,另一方是接受施惠的搭乘人。并且好意同乘中的车辆必须是不具备营运资质的车辆,在经过施惠人的同意后,搭乘人才可免费搭乘,施惠人没有盈利目的,完全出于好意,让搭乘人纯粹的受益而不需付出相应的对价。

第二种观点是"同乘致损"说,认为好意同乘中的车辆可以是营运车辆也可以是非营运车辆,但是否构成好意同乘决定于搭乘行为本身是否具有无偿性。如果是有偿搭乘则不得认定好意同乘,而是属于一般的民事客运合同;如果是搭乘人仅仅基于答谢而馈赠礼物或者是负担油费,仍然属于好意同乘。

第三种观点是"纯无偿搭乘"说,认为好意同乘中不能有给付行为的发生,即使是搭乘人出于谢意或者其他目的给予相应的对价,都不应被认定为好意同乘。

（二）本法对好意同乘的规定

（1）是否适用于营运机动车。好意同乘主要是指非营运机动车的驾驶人基于亲情或者友情在上下班、出游途中无偿搭载自己的亲朋好友、邻居同事的情形，生活中老百姓称之为“搭便车”。好意同乘可以缓解交通压力、实现资源最大化利用、节约资源等。但是，实践中，就好意同乘引发的损害赔偿问题，司法裁判结果不一，引发了较大争议。对于好意同乘过程中造成损害的责任承担的规定，既要保护受害者的权益，也要尊重我国助人为乐的传统美德，保护民事主体之间的信赖关系，为解决民事纠纷设定切实可行的规则。营运性车辆搭载乘客，双方之间形成客运合同关系，机动车使用人应当有较高的注意义务，按照客运合同的目的，将乘客安全运送至目的地。如果发生交通事故造成损害，属于该机动车一方责任的，乘客既可以依照合同请求机动车驾驶人承担违约责任；也可以依照侵权行为请求机动车驾驶人承担赔偿责任，不存在一般性免责或者减轻责任的需要。因此，好意同乘不适用于营运机动车。但是，出租汽车等营运机动车在上班前或者下班后等非营运的时间，出于助人的好意，免费搭乘人员的，可以参照适用本条规定。

（2）减轻责任的理由。我们研究认为，一是好意同乘既然属于好意，如果不减轻被搭乘人的责任，有违民事活动应尊重公序良俗、社会公德的原则。二是出现交通事故后，往往驾驶人自己受伤、车辆受损，于此情况下还要求驾驶人对无偿乘客尽到严格的注意义务，完全赔偿无偿乘客损失，有些苛求。这样会导致机动车驾驶人拒绝无偿搭乘，亲戚、朋友、同事概不例外，造成社会的冷漠，世态炎凉。这不符合社会目的，也不符合公序良俗。为了维护社会公德，弘扬社会公平正义；为了环保，减少汽车数量；为了减少空气污染，好意同乘应当是我们社会赞许并值得提倡的互助行为。实践中被搭乘人多数是出于好心而做错了事，如果让做好事的人反而却得不到好的结果，这其实与“公序良俗”原则相违背。

（3）只能减轻而不能免除机动车一方的责任。好意同乘者无偿搭乘的行为并不意味着其自甘冒险，机动车使用人对好意同乘者的注意义务不因为无偿而完全不存在，只是不同于无偿客运合同或者无偿委托合同中注意义务。好意同乘中，机动车使用人的责任适用过错责任原则。同时，也应明确区分，好意同乘不同于网络顺风车，网络顺风车的合乘者分摊部分合乘出行成本，这属于共享出行方式，是有偿的、营运性的。因此,好意同乘中发生交通事故造成无偿搭乘人损害,属于该机动车一方责任的,应当减轻其赔偿责任,却不可以完全免除,在鼓励人际友善、利他行为与承担法律责任方面寻求平衡。

(4)对“无偿搭乘人”减轻赔偿责任。本章规定的侵权责任,除了本条以外均是对机动车车外人员或者财产的责任,只有本条规定,是对机动车车内责任分配的规定。根据本条,减轻的是对“无偿搭乘人”的赔偿责任。至于对机动车车外人员或者财产的赔偿责任的承担,适用本法和其他法律的一般规定。

(5)好意同乘中,如果机动车使用人有故意或者重大过失的,不减轻其对无偿搭乘人的赔偿责任。

第六章　医疗损害责任

本章共11条,主要规定了医疗损害责任归责原则,医务人员说明义务和患者知情同意权,紧急情况下实施医疗措施,医务人员过错造成损害由医疗机构赔偿,推定医疗机构有过错的情形,因药品、消毒产品、医疗器械的缺陷或者输入不合格的血液造成患者损害的损害赔偿请求权,医疗机构免责的情形,医疗机构对病历的义务及患者对病历的权利,患者隐私和个人信息保护,医疗机构及其医务人员不得违反诊疗规范实施不必要检查,维护医疗机构及其医务人员合法权益等内容。

本章采用了“医疗损害责任”的章名,这里的“损害”指的是依照本法规定,医疗机构应当承担侵权责任的患者损害,不包括实施正常的医疗行为无法避免的患者肌体损伤或者功能障碍。

侵权责任法第七章规定了“医疗损害责任”,所遵循的指导原则是“要妥善处理医疗纠纷,界定医疗损害责任,切实保护患者的合法权益,也要保护医务人员的合法权益,促进医学科学的进步和医药卫生事业的发展”。

这次民法典侵权责任编编纂,对侵权责任法关于“医疗损害责任”一章的规定在延续的基础上没有作大幅修改,主要考虑到:一是现有制度较为完备成熟,实践中没有太大问题;二是医疗损害责任涉及医患双方的权利义务关系,制度的修改需要极其谨慎。因此,在吸收部门、地方和社会公众意见的基础上,对其进行了微调。

第一千二百一十八条　患者在诊疗活动中受到损害,医疗机构或者其医务人员有过错的,由医疗机构承担赔偿责任。

【释义】 本条是关于医疗损害责任归责原则的规定。

(一)境外立法例对医疗损害责任归责原则的规定

关于医疗侵权的归责原则,境外立法例主要是按照过错责任原则处理,如德国、法国、日本、美国等。《德国民法典》第823条规定,适用一般的过错责任原则,即原则上由病人承担举证责任,病人需要证明医生没有遵守相应的标准、医生存在过错、医生的过错与其损害之间具有因果关系。一些国家和地区将医疗侵权归入专家责任范畴,如英美法国家的不当执业概念包含医生、律师、会计师的失职行为,《奥地利民法典》对专家责任作了规定,适用范围包括医疗侵权。无论是适用侵权法的一般条款,还是适用专家责任,过错原则都是解决医疗侵权的基本原则。我国台湾地区"医疗法"第82条规定,医疗机构及其医事人员因执行业务致病人损害,以故意或过失为限,负损害赔偿责任。该条也是采用的过错责任归责原则。

(二)我国立法沿革

2001年《最高人民法院关于民事诉讼证据的若干规定》(已被修改)第4条第8项规定:"因医疗行为引起的侵权诉讼,由医疗机构就医疗行为与损害结果之间不存在因果关系及不存在医疗过错承担举证责任。"由举证责任倒置可知,最高人民法院的司法解释采用的是过错推定的归责原则。2002年国务院颁布的《医疗事故处理条例》第2条规定:"本条例所称医疗事故,是指医疗机构及其医务人员在医疗活动中,违反医疗卫生管理法律、行政法规、部门规章和诊疗护理规范、常规,过失造成患者人身损害的事故。"同时,该条例第5章规定了医疗事故的赔偿。可见该条例采用的是过错责任归责原则。

在侵权责任法立法过程中,对医疗损害责任采用何种归责原则,大体有三种意见。有的意见认为,医疗侵权责任应当适用过错责任原则。医疗行为不同于一般的民事行为,其本身往往具有侵害性,即在治疗疾病的同时亦会给患者造成一定的损害后果。如果对医疗损害责任一般适用无过错责任或者过错推定责任,将会给医疗机构带来过重的负担,影响正常的医疗活动。有的意见认为，实行举证责任倒置更符合医疗侵权案件的特殊性。如果不规定举证责任倒置，对患者来说打医疗官司实在太难。因为医学文书基本掌握在医疗机构手中，只要医疗机构在证据上采取一些对患者不利的措施，患者将毫无办法。侵权责任法中应当吸收《最高人民法院关于民事诉讼证据的若干规定》中的举证责任倒置的规则。有的意见认为，医学是一门探索性、经验性的学科，并受到患者体质特异的局限，简单地采用过错推定，加重医务人员的责任，可能会阻碍医学的发展，最终是对患者不利。在举证责任分配方面，可采用“谁主张，谁举证”以及特定条件下的举证责任转移方式，即在一般情况下，应当由患者就医疗机构存在过错承担初步的举证责任。在实践中，该举证责任可以通过提交相关证据或者专业鉴定的方式完成。如果有医疗机构隐匿或者销毁患者病历资料等情形，则可以推定医疗机构有过错，举证责任转移至医疗机构。

合理规定医疗损害责任，必须充分考虑诊疗活动特点。诊疗活动的主要特点有：(1)未知性。医学是一门探索性、经验性的学科，直至今天，我们对许多疾病的发生原因还不了解，已知发病原因的，也有一半难以治愈，对许多药品副作用的认识非常有限。(2)特异性。人体的基因不同，体质不同，情绪不同，所处环境不同，因此患者疾病表现、治疗效果也不同。如大家熟知的青霉素，有人过敏，有人不过敏，即使青霉素皮试过关，也不排除有过敏反应的可能。(3)专业性。医务人员是救死扶伤的白衣天使，据了解，培养一名专科医师至少需要15年时间。原卫生部发布的《医疗机构诊疗科目名录》，一级科目有32类，二级科目有130类。

疾病的发生有患者原因，疾病的治疗需要患者配合，在诊疗纠纷中不能适用无过错责任；但一律实行过错推定，将助长保守医疗，不利于医学科学进步。因此，对诊疗活动引起的纠纷，宜适用一般过错责任。医疗机构及其医务人员有过错的，医疗机构才承担赔偿责任，原则上由原告承担过错的举证责任。只在特殊情况下如医务人员有违规治疗行为或者隐匿、拒绝提供与纠纷有关的医学资料，才适用过错推定责任原则，发生举证责任倒置。患者和医院之间信息不对称问题，应当通过信息交流和信息公开等办法解决。最终，侵权责任法对医疗损害责任采用了过错责任归责原则。民法典侵权责任编延续了这一规定。

(三)对本条的理解和适用

“诊疗活动”，包括诊断、治疗、护理等环节，对此可以参考国家卫生计生委 2017 年修改的《医疗机构管理条例实施细则》第 88 条的规定，“诊疗活动：是指通过各种检查，使用药物、器械及手术等方法，对疾病作出判断和消除疾病、缓解病情、减轻痛苦、改善功能、延长生命、帮助患者恢复健康的活动”。

侵权责任法第 54 条规定，患者在诊疗活动中受到损害，医疗机构“及其”医务人员有过错的，由医疗机构承担赔偿责任。在民法典侵权责任编编纂过程中，有的提出，医务人员是医疗机构的工作人员，依照本法第 1191 条第 1 款“用人单位的工作人员因执行工作任务造成他人损害的，由用人单位承担侵权责任”的规定，医疗机构有过错的，由医疗机构承担赔偿责任自不待言；医务人员有过错的，也应当由医疗机构承担赔偿责任。因此，建议将侵权责任法第 54 条中的“及其”修改为“或者”。经研究，我们采纳了这一意见。

还有一点需要说明，患者在诊疗活动中受到损害，除了医疗机构及其医务人员有过错的条件外，医疗机构或者其医务人员的过错还要与患者的损害具有因果关系，医疗机构才承担赔偿责任。

第一千二百一十九条　医务人员在诊疗活动中应当向患者说明病情和医疗措施。需要实施手术、特殊检查、特殊治疗的，医务人员应当及时向患者具体说明医疗风险、替代医疗方案等情况，并取得其明确同意；不能或者不宜向患者说明的，应当向患者的近亲属说明，并取得其明确同意。

医务人员未尽到前款义务，造成患者损害的，医疗机构应当承担赔偿责任。

【释义】　本条是关于医务人员的说明义务和患者知情同意权的规定。

（一）我国关于尊重和保障患者知情权的规定

现行法律、行政法规、规章中规定了有关医务人员告知说明义务和患者知情同意权的内容，这些规定普遍为医疗机构的诊疗活动所遵循，并取得了很好的实践效果。例如，执业医师法第 26 条规定，医师应当如实向患者或者其家属介绍病情，但应注意避免对患者产生不利后果。医师进行试验性临床医疗，应当经医院批准并征得患者本人或其家属同意。《医疗事故处理条例》第 11 条规定，在医疗活动中，医疗机构及其医务人员应当将患者的病情、医疗措施、医疗风险等如实告知患者,及时解答其咨询;但是,应当避免对患者产生不利后果。《医疗机构管理条例》第33条规定,医疗机构施行手术、特殊检查或者特殊治疗时,必须征得患者同意,并应当取得其家属或者关系人同意并签字;无法取得患者意见时,应当取得家属或者关系人同意并签字;无法取得患者意见又无家属或者关系人在场,或者遇到其他特殊情况时,经治医师应当提出医疗处置方案,在取得医疗机构负责人或者被授权负责人员的批准后实施。《医疗机构管理条例实施细则》第62条规定,医疗机构应当尊重患者对自己的病情、诊断、治疗的知情权利。在实施手术、特殊检查、特殊治疗时,应当向患者作必要的解释。因实施保护性医疗措施不宜向患者说明情况的,应当将有关情况通知患者家属。《医疗机构管理条例实施细则》第88条规定,特殊检查、特殊治疗是指具有下列情形之一的诊断、治疗活动:(1)有一定危险性,可能产生不良后果的检查和治疗;(2)由于患者体质特殊或者病情危笃,可能对患者产生不良后果和危险的检查和治疗;(3)临床试验性检查和治疗;(4)收费可能对患者造成较大经济负担的检查和治疗。本条规定借鉴、吸收了这些现有规定。

(二)境外有关立法例

医疗机构的说明义务和患者的知情同意权为各国和地区相关法律普遍规定。医疗机构的说明义务主要是指医方为取得患者对医疗行为的同意,而对该医疗行为的有关事项进行说明的义务。此种说明义务的对象主要是医疗过程中具有严重损伤后果的医疗行为,该行为可能影响身体机能甚至危及生命,因此需要患者在知晓自己病情并了解该医疗行为风险的基础上,作出是否同意该医疗措施的决定。一般医疗过程中惯常实施的不具有严重损伤后果的医疗行为,如常规注射、用药等,则不需向患者详尽说明。医疗机构的说明义务源自20世纪初,美国1914年就有相关判例,某患者因脊椎方面的疾病到医院接受手术治疗,术前医院向患者告知该手术可能导致死亡,但未告知可能导致残疾。术后患者残疾,以医院告知不足为由要求损害赔偿,法院判决支持患者的请求。其后,各国和地区对此都作出相应的规定,也出现了大量的相关判例。《美国统一医疗信息法》《病人权利典章》等法律确定了患者的如下权利:有权了解关于其疾病的诊断、治疗及愈后情况;有权了解对其病情的医疗决定及所有治疗建议的措施;有权了解医疗和护理上适宜的替代方法;

有权了解实质性的风险;有权了解为其服务的医务人员的身份和职业状态;有权了解结算的总账单的分项和详细解释;有权了解病历、化验等各种与其病情有关的资料。英国通过判例也确立了知情同意原则,《荷兰民法典》在医疗服务合同中对患者知情同意权作了规定,《芬兰病人权利法》中规定了患者有权了解的内容。据日本学者介绍,虽然日本学术界于20世纪60年代就提出了说明义务理论,但作为损害赔偿的诉因在诉讼中得到广泛承认是近些年的事情。

关于患者的知情同意权,《美国医院法》规定,病人有权利通过合理方式参与有关其医疗的决定。如果没有病人或者其合法代表基于充分理解和自愿的同意,不能对病人采取任何诊疗措施。在荷兰,医生要将治疗方案的特征和危险因素、可能存在的副作用、成功的可能性及其他可供选择方法等信息以简单易懂的语言提供给患者,只有在病人同意后才能开始治疗。同时,患者有权中止正在进行的治疗或者要求采用其他方案,医生必须遵从病人的决定。当然,并非一切医疗行为都要征得患者的同意,例如芬兰法律规定,如果医患双方的目的都很明确且不涉及比较复杂的治疗方法,如感冒病人到执业医生的诊所打针,就不涉及病人的同意权问题。日本札幌高等法院1981年5月27日及横滨地方法院1982年5月20日就有关于阑尾炎手术案件的判决认为,关于脊髓麻醉的危险性属于一般社会常识,医生不必取得患者专门同意。各国和地区还要求患者应当具有同意的能力。在美国,判断患者是否具有同意的能力要考虑患者的信息传达能力、理解能力以及对于选择的逻辑性思考能力和推理能力。患者没有同意能力时,通常由其近亲属或者监护人代为同意,这基本上是各国和地区的共同规则。德国实务认为,子女无同意能力时,医生不能无视其父母不同意的表示,即使其父母是因继承或者财产利益等不合理的理由拒绝同意,但是,可以请示法院给予变更,强令同意治疗。我国台湾地区"医疗法"第46条规定,医院实施手术时,应取得病人或其配偶、家属或关系人之同意,签具手术同意书;在签具之前医师应向其本人或配偶家属或关系人说明手术原因、手术成功率或可能发生之并发症及危险,在其同意之下,始得为之。但如情况紧急不在此限。

(三)本法的规定及理解

本条规定在侵权责任法第55条的基础上略作修改完善。侵权责任法第55条第1款规定,医务人员在诊疗活动中应当向患者说明病情和医疗措施。需要实施手术、特殊检查、特殊治疗的,医务人员应当及时向患者说明医疗风险、替代医疗方案等情况,并取得其书面同意;不宜向患者说明的,应当向患者的近亲属说明,并取得其书面同意。在民法典侵权责任编编纂过程中,有的意见提出,一是医务人员"说明病情和医疗措施"应当具体、清楚,以便患者能够作出决定。二是近年来发生一些医患纠纷,很重要的矛盾点是医院机械要求患者或者其近亲属签署"书面"同意,一旦无法取得,往往不敢或者不愿意开展紧急措施,从而延误了最佳治疗时机。侵权责任法等法律、法规要求的"书面"同意,主要目的应当是要求医患双方对病情和医疗措施严肃对待、谨慎决策,对各自的行为负责。如果追求"书面"形式而延误治疗,实乃逐本舍末。因此,建议将"书面"同意修改为"明确"同意。至于同意的形式,可结合诊疗规范、操作经验等综合认定。三是"不宜向患者说明"是否包括"不能向患者说明"的情形不清楚,在实践中常常引发争议,应当予以明确。在患者昏迷或者由于生理、精神状态无法作出有效判断时,属于"不能"向患者说明的情形。因此,建议将"不宜向患者说明"修改为"不能或者不宜向患者说明"。我们研究后认为,这些建议均有道理,遂采纳。

本条第1款规定,医务人员在诊疗活动中应当向患者具体说明病情和医疗措施。这是医务人员在诊疗活动中一般应尽的义务。除此以外,如果需要实施手术、特殊检查、特殊治疗的,还应当及时向患者说明医疗风险、替代医疗方案等情况,并取得其明确同意;如果向患者说明将造成患者悲观、恐惧、心理负担沉重,不利于治疗的,就不能或者不宜向患者说明,这种情况下医务人员应当向患者的近亲属说明,并取得其明确同意。侵权责任法第55条即规定了"不宜向患者说明的,应当向患者的近亲属说明"的义务。民法典编纂过程中,一直有意见提出,如果患者没有近亲属的怎么办,建议将"不宜向患者说明的,应当向患者的近亲属说明"修改为"不宜向患者说明的,应当向患者的近亲属或者监护人说明"。对此应当明确,本条欲解决的问题,不是在法律逻辑上穷尽或者对应患者近亲属或者监护人,而是在于当出现"需要实施手术、特殊检查、特殊治疗的"情况时,医务人员应当解释和说明这些情况,使得照顾患者有关的人员有相应的准备。一般而言,照顾患者的是其近亲属。对于没有近亲属的,例如居委会或者民政部门作监护人的情形,如何说明、如何征得其明确同意,往往与患者近亲属是不一样的。本条第 2 款规定,医务人员未尽到前款义务,造成患者损害的,医疗机构应当承担赔偿责任。这里需要说明一点,不是说医务人员尽到了本条第 1 款规定的义务,在后续的诊疗活动中造成患者损害的,医疗机构就可以不承担赔偿责任了。本法第 1221 条规定,医务人员在诊疗活动中未尽到与当时的医疗水平相应的诊疗义务,造成患者损害的,医疗机构应当承担赔偿责任。

第一千二百二十条　因抢救生命垂危的患者等紧急情况,不能取得患者或者其近亲属意见的,经医疗机构负责人或者授权的负责人批准,可以立即实施相应的医疗措施。

【释义】　本条是关于紧急情况下实施医疗措施的规定。

本法第 1219 条规定了医疗机构的说明义务和患者的知情同意权,本条是针对抢救危急患者等紧急情况所作的特殊规定。《医疗机构管理条例》第 33 条规定,医疗机构施行手术、特殊检查或者特殊治疗时,必须征得患者同意,并应当取得其家属或者关系人同意并签字;无法取得患者意见时,应当取得家属或者关系人同意并签字;无法取得患者意见又无家属或者关系人在场,或者遇到其他特殊情况时,经治医师应当提出医疗处置方案,在取得医疗机构负责人或者被授权负责人员的批准后实施。本法与《医疗机构管理条例》第 33 条的规定在本质上是一致的。

本条规定的"不能取得患者或者其近亲属意见",主要是指患者不能表达意志,也无近亲属陪伴,又联系不到近亲属的情况。因此,不包括患者或者其近亲属明确表示拒绝采取医疗措施的情况。对患者或者其近亲属明确表示拒绝采取医疗措施的,如何处理,能否开展紧急医疗救治,侵权责任法立法过程中就有过争论,分歧较大。

从境外的情况看,各国规定不尽相同。有的国家要求,疾病已危及生命时,为了保护患者的生命健康,即使代理人或者监护人不同意也应当进行治疗。有的国家规定,医生不能无视患者家属不同意治疗的表示,但可以请求法院裁定治疗。同时,这个问题还涉及法定代理权、监护权等基本民事法律制度,情况较为复杂,因此侵权责任法立法时提出,应当总结实践经验作进一步研究,待今后条件成熟时再作明确规定。

在民法典侵权责任编编纂过程中,有的意见提出,对实践中近亲属的意见明显不利于患者时,医疗机构是否有权采取相应医疗措施,法律没有规定。为了避免产生争议,建议在本条“不能取得患者或者其近亲属意见的”后增加规定“或者近亲属的意见明显不利于患者”的表述。我们经过反复慎重研究后认为,在抢救生命垂危的患者等紧急情况下,“不能取得患者或者其近亲属意见的”情况是多种多样、比较复杂的。有的情况是近亲属的决策对患者不利;有的情况是患者病重,家庭负担较重,患者或者其近亲属不愿意继续治疗;还有的情况是,在患者意识清醒时曾经立下遗嘱或者对近亲属明确表示,生命临终要有尊严,不想遭受各种治疗上的痛苦;此外,还有一些其他情形。因此,如果一概规定医疗机构可以实施强行治疗,不但违反了意思自治原则,同时对患者及其家庭也不一定有益。从国外立法例看,德国规定需要由法院作出判决,来判断什么情况下“近亲属的意见明显不利于患者”。我国法律中没有这一制度,并且法院是否能够作出这一判断、是否适宜作出这样的判断,也需要深入研究。故此,本法没有采纳这一建议。

第一千二百二十一条　医务人员在诊疗活动中未尽到与当时的医疗水平相应的诊疗义务,造成患者损害的,医疗机构应当承担赔偿责任。

【释义】 本条是关于医务人员过错诊疗的赔偿责任的规定。

本法第1218条规定,患者在诊疗活动中受到损害,医疗机构或者其医务人员有过错的,由医疗机构承担赔偿责任。民法上的过错包括故意和过失,故意容易理解,如何界定过失是本条的主要着眼点。“尽到与当时的医疗水平相应的诊疗义务”体现了侵权责任法上的重要概念,即注意义务。无论是大陆法系还是英美法系,注意义务是现代侵权责任的核心要素,是界定过失的基准。各国侵权责任法中注意义务的内涵大同小异,英美法对注意义务一般解释为是一种为了避免造成损害而合理注意的法定责任。在大陆法系侵权法中,如果行为人造成损害的行为违反了应对受害人承担的注意义务,则应当承担侵权责任。如果一个人能够合理地预见到其行为可能对其他人造成人身或者财产损害,那么一般情况下他应对可能受其影响的人负有注意义务。

依照本条规定,医务人员的注意义务就是应当尽到与当时的医疗水平相应的诊疗义务。尽到诊疗义务的一个重要方面,是诊疗行为符合法律、行政法规、规章以及诊疗规范的有关要求。需要说明的是,医务人员的注意义务并非与诊疗行为合法合规完全等同,这是两个概念。医务人员应当具有的诊疗水平,并非完全能够被法律、行政法规、规章以及诊疗规范的有关要求所涵盖。医务人员完全遵守了具体的操作规程,仍然有可能作出事后证明是错误的判断。医疗行为具有未知性、特异性和专业性等特点,不能仅凭事后证明错误这一点来认定医务人员存在诊疗过错,不能唯结果论;关键要看是不是其他的医务人员一般都不会犯这种错误。因此,本条规定的诊疗义务可以理解为一般情况下医务人员可以尽到的,通过谨慎的作为或者不作为避免患者受到损害的义务。

民法典侵权责任编编纂过程中,对本条的意见主要集中在,建议将“当时的医疗水平”修改为“当时、当地、不同资质的医疗水平”。类似的建议在侵权责任法立法时曾经讨论过。侵权责任法立法时,草案曾经规定,“判断医务人员注意义务时,应当适当考虑地区、医疗机构资质、医务人员资质等因素”。后来考虑到诊疗行为的实际情况很复杂,删去了这一规定。我们认为,社会公众对本条的立法目的可能存在一定的误读。诚然,我国幅员辽阔、各地区之间的医疗资源分布不平均,各地区之间的医疗水平存在差异,这一点应当承认。本条的立法目的,在于医务人员造成患者损害发生医患纠纷时,具体地认定侵权责任的问题。换言之,承担侵权责任需要满足四个要件:医务人员实施了未尽到诊疗义务的行为,医务人员有过错,患者有损害,行为与损害之间有因果关系,本条就是解决医务人员过错的。理解了这一点,就能理解本条的条旨:医务人员的诊疗行为有行政法规、规章和医疗行业的操作规程,这些应当普遍遵守,全国皆准。诊疗行为是否有过错,不因医疗机构处在何地、医疗机构资质如何而不同。同样的手术,不能在北京这样操作就没有过错,在西藏操作就有过错;不能在三级医院操作就没有过错,在二级医院操作就有过错。因此,在探究医务人员是否尽到诊疗义务时,不宜考虑地区、医疗机构资质的差异。同时,因为医疗纠纷解决的时间可能较长,特别是进入诉讼之后,历经一审、二审乃至再审,可能需要数年的时间。数年间诊疗水平肯定发生了变化,判断是否尽到诊疗义务,应当以诊疗行为发生时的诊疗水平为参照才公平合理。

医务人员有过错造成患者损害的,医疗机构应当承担赔偿责任,这与本法第1219条的规定是一致的。

第一千二百二十二条　患者在诊疗活动中受到损害，有下列情形之一的，推定医疗机构有过错：

（一）违反法律、行政法规、规章以及其他有关诊疗规范的规定；

（二）隐匿或者拒绝提供与纠纷有关的病历资料；

（三）遗失、伪造、篡改或者违法销毁病历资料。

【释义】　本条是关于推定医疗机构有过错的情形的规定。

（一）立法沿革

本法第1218条规定，患者在诊疗活动中受到损害，医疗机构或者其医务人员有过错的，由医疗机构承担赔偿责任。这表明医疗损害一般适用过错责任归责原则。本条即规定了例外情形：在本条规定情况下，推定医疗机构有过错。

本条与侵权责任法相比，有三处变化：

一是侵权责任法第58条中规定的是"患者有损害，因下列情形之一的，推定医疗机构有过错"。考虑到侵权责任法第54条和本法第1218条均规定"患者在诊疗活动中受到损害"，为了明确本条的适用情形，经研究将侵权责任法第58条的相关表述修改为"患者在诊疗活动中受到损害"，以使得条文之间避免矛盾、衔接紧密。

二是侵权责任法第58条规定的是"因"下列情形之一的……本法编纂过程中，有的意见提出，不是"因"本条列举的三种情形，推定医疗机构有过错；应当是医疗机构"有"这三种情形之一的，推定其有过错。经研究，我们采纳这一建议，将"因"修改为"有"。

三是侵权责任法第58条第3项规定了"伪造、篡改或者销毁"病历资料三种行为。考虑到国家卫生计生委、国家中医药管理局2013年颁布的《医疗机构病历管理规定》第29条规定：门（急）诊病历由医疗机构保管的，保存时间自患者最后一次就诊之日起不少于15年；住院病历保存时间自患者最后一次住院出院之日起不少于30年。也就是说，病例的保管有明确的时间要求。实践中医疗机构不按照规定保管病例，或者谎称病例已经遗失而拒不提供的，应当推定为医疗机构有过错。因此，本条第3款将"销毁病历资料"修改为"违法销毁病历资料"，并增加了"遗失"的情形。

（二）对本条的理解

本条规定，患者在诊疗活动中受到损害，有下列情形之一的，推定医疗机构有过错，并非当然认定医疗机构有过错。也就是说，医疗机构可以提出反证证明自己没有过错。本条第1项规定的违反法律、行政法规、规章以及其他有关诊疗规范的规定，是医疗机构存在过错的表面证据，并且是一种很强的表面证据，因此，本条规定这种情形下推定存在过错。但医务人员有过错与违反法律、行政法规、规章以及诊疗规范的规定毕竟不是等同的概念。例如，遇有抢救危急患者等特殊情况，医务人员可能采取不太合规范的行为，但如果证明在当时情况下该行为是合理的，也达到了抢救的目的，就可以认定医疗机构没有过错。

本条第2项和第3项规定的情形，一方面反映了医疗机构的恶意；另一方面使患者难以取得与医疗纠纷有关的证据资料，这时再让患者举证已不合理。因此，推定医疗机构有过错。

第一千二百二十三条　因药品、消毒产品、医疗器械的缺陷，或者输入不合格的血液造成患者损害的，患者可以向药品上市许可持有人、生产者、血液提供机构请求赔偿，也可以向医疗机构请求赔偿。患者向医疗机构请求赔偿的，医疗机构赔偿后，有权向负有责任的药品上市许可持有人、生产者、血液提供机构追偿。

【释义】　本条是关于因药品、消毒产品、医疗器械的缺陷，或者输入不合格的血液造成患者损害的损害赔偿请求权的规定。

对药品、消毒产品、医疗器械等概念，法律法规中均有定义。药品管理法第2条第2款规定，该法所称药品，是指用于预防、治疗、诊断人的疾病，有目的地调节人的生理机能并规定有适应症或者功能主治、用法和用量的物质，包括中药、化学药和生物制品等。原国家卫计委《消毒管理办法》第45条规定，消毒产品包括消毒剂、消毒器械（含生物指示物、化学指示物和灭菌物品包装物）、卫生用品和一次性使用医疗用品。国务院《医疗器械监督管理条例》第76条规定，医疗器械，是指直接或者间接用于人体的仪器、设备、器具、体外诊断试剂及校准物、材料以及其他类似或者相关的物品，包括所需要的计算机软件；其效用主要通过物理等方式获得，不是通过药理学、免疫学或者代谢的方式获得，或者虽然有这些方式参与但是只起辅助作用；其目的是：（1）疾病的诊断、预防、监护、治疗或者缓解;(2)损伤的诊断、监护、治疗、缓解或者功能补偿;(3)生理结构或者生理过程的检验、替代、调节或者支持;(4)生命的支持或者维持;(5)妊娠控制;(6)通过对来自人体的样本进行检查,为医疗或者诊断目的提供信息。

2015 年,第十二届全国人民代表大会常务委员会第十七次会议审议通过《关于授权国务院在部分地方开展药品上市许可持有人制度试点和有关问题的决定》,授权国务院开展药品上市许可持有人制度试点,允许药品研发机构和科研人员取得药品批准文号,对药品质量承担相应责任。2016 年,国务院办公厅印发《药品上市许可持有人制度试点方案的通知》。2019 年修订的药品管理法正式规定了这一制度。药品管理法第 6 条规定,国家对药品管理实行药品上市许可持有人制度。药品上市许可持有人依法对药品研制、生产、经营、使用全过程中药品的安全性、有效性和质量可控性负责。第 30 条规定,药品上市许可持有人是指取得药品注册证书的企业或者药品研制机构等。药品上市许可持有人应当依照该法规定,对药品的非临床研究、临床试验、生产经营、上市后研究、不良反应监测及报告与处理等承担责任。其他从事药品研制、生产、经营、储存、运输、使用等活动的单位和个人依法承担相应责任。药品上市许可持有人的法定代表人、主要负责人对药品质量全面负责。

对药品上市许可持有人的责任,药品管理法第 144 条第 1 款明确规定,药品上市许可持有人、药品生产企业、药品经营企业或者医疗机构违反该法规定,给用药者造成损害的,依法承担赔偿责任。第 2 款规定,因药品质量问题受到损害的,受害人可以向药品上市许可持有人、药品生产企业请求赔偿损失,也可以向药品经营企业、医疗机构请求赔偿损失。接到受害人赔偿请求的,应当实行首负责任制,先行赔付;先行赔付后,可以依法追偿。因此,本法为了与药品管理法的最新规定相衔接,在侵权责任法的基础上增加了药品上市许可持有人责任的规定。

药品、消毒产品、医疗器械、输入的血液都属于本法规定的产品。因产品存在缺陷造成损害的,可以依照“产品责任”一章的规定,向药品上市许可持有人,药品、消毒产品、医疗器械的生产者,血液提供机构请求赔偿。之所以规定医疗机构,系侵权责任法立法过程中了解到,许多患者因药品、消毒产品、医疗器械的缺陷,或者输入不合格的血液受到损害后,都有被相互推诿,求偿困难的经历。当时由于法律缺乏明确的规定,患者在这方面寻求司法保护的效果也不理想。侵权责任法考虑到当时的医疗管理体系情况，患者使用药品、消毒产品、医疗器械或者输入的血液绝大多数都是在医院进行的。对输入不合格的血液，医疗机构因过错致使患者受到输血损害的，应当承担侵权责任。无过错输血造成患者损害的，因医疗机构与其他销售者相比，更具专业性，对于血液和血液制品，医疗机构都应负有最终的把关责任，这种责任关系着患者的生死存亡，作为专业机构和专业人员，医院和医生有能力与责任对血液和血液制品进行鉴别；而患者比一般消费者而言，在专业性方面更处于劣势，医疗机构的责任不应当比一般销售者的责任更低。因此，也应当承担赔偿责任。所以，为了更好地维护患者的权益，便利患者受到损害后主张权利，侵权责任法第 59 条明确规定“患者可以向生产者或者血液提供机构请求赔偿，也可以向医疗机构请求赔偿”。同时规定，如果患者向医疗机构请求赔偿，医疗机构赔偿后，有权向负有责任的生产者或者血液提供机构追偿。也可以这么说，本条规定是产品责任在医疗损害责任领域的重申。本法延续了侵权责任法的规定，结合药品管理法对药品上市许可持有人的规定，作了必要的补充完善。

本法编纂过程中，有的意见提出，随着我国医药卫生体制改革，医疗机构仅是医疗用品的使用单位，而不应视为经营者。建议在“生产者”后增加“经营者”。有的建议将“患者可以向药品上市许可持有人、生产者、血液提供机构请求赔偿，也可以向医疗机构请求赔偿”修改为“患者可以向药品上市许可持有人、生产者、血液提供机构、医疗机构请求共同赔偿”，即列为共同被告。理由是实践中医疗机构承担的赔偿费用太高，追偿时有的生产者、经营者已经破产，只能自己承担相关费用。经反复研究后我们认为，一是本条是产品责任在医疗损害责任领域的细化与强调，是为在患者遭受损失时给予明确的、直接的法律指引。医疗机构使用了缺陷医疗产品或者不合格血液制品，患者面对的是医疗机构，产品上写明的是生产者，并不能知道谁是经营者。因此，本条并没有规定经营者。当然，对经营者并不是不能追责。依照本法第 1203 条的规定，缺陷医疗产品或者不合格血液制品也属于产品，当然可以依据这一条的规定追究经营者的责任。二是本条的法理基础是给予患者两种选择权，是给患者多一条救济的渠道；同时也赋予医疗机构的追偿权，向真正的责任人进行追偿。即使将药品上市许可持有人、生产者、血液提供机构和医疗机构作为共同被告进行审理,法院仍然可以判决由共同被告之一的医疗机构承担连带,并不能解决"有的医疗机构败诉后承担的赔偿金额过高"的问题。因此,对这两种建议,本法均没有采纳。

第一千二百二十四条　患者在诊疗活动中受到损害,有下列情形之一的,医疗机构不承担赔偿责任:

(一)患者或者其近亲属不配合医疗机构进行符合诊疗规范的诊疗;

(二)医务人员在抢救生命垂危的患者等紧急情况下已经尽到合理诊疗义务;

(三)限于当时的医疗水平难以诊疗。

前款第一项情形中,医疗机构或者其医务人员也有过错的,应当承担相应的赔偿责任。

【释义】　本条是关于医疗机构不承担赔偿责任的情形的规定。

(一)立法沿革

本条与侵权责任法相比,有三处变化:

一是侵权责任法第 60 条规定的帽子是"患者有损害,因下列情形之一的,医疗机构不承担赔偿责任"。考虑到侵权责任法第 54 条和本法第 1218 条、第 1222 条均规定"患者在诊疗活动中受到损害",为了明确本条的适用情形,经研究将侵权责任法第 60 条的帽子的相关表述修改为"患者在诊疗活动中受到损害",以使得条文之间避免矛盾、衔接紧密。

二是侵权责任法第 60 条规定的是"因"下列情形之一的,本法编纂过程中,有的提出,不是"因"本条列举的三种情形,医疗机构才不承担赔偿责任;应当是医疗机构"有"这三种情形之一的,不承担赔偿责任。经研究,我们采纳这一建议,将"因"修改为"有"。

三是与本法第 1218 条的表述保持一致,将"医疗机构及其医务人员"修改为"医疗机构或者其医务人员"。

(二)对本条的理解与适用

侵权责任编第 1 章规定了一般情况下免责和减责的情形。例如,第 1174 条规定,损害是因受害人故意造成的,行为人不承担责任。第 1175 条规定,损害是因第三人造成的,第三人应当承担侵权责任。这些规定对于医疗损害责任也是适用的。除了上述规定,鉴于医疗损害责任的特

殊性,本条规定了三种医疗机构不承担责任的情形。现就这三种情形分述如下:

1. 患者或者其近亲属不配合医疗机构进行符合诊疗规范的诊疗

正确理解本项规定,需要同本条第2款的规定结合起来。本条第2款规定:“前款第一项情形中,医疗机构或者其医务人员也有过错的,应当承担相应的赔偿责任。”立法过程中,有意见认为,如果规定患者或者其近亲属不配合医疗机构进行符合诊疗规范的诊疗,医疗机构就可完全免除责任,太过绝对。患者或者其近亲属不配合诊疗的情况比较复杂,有的仅仅是患者一方存在过错,如在医务人员尽到合理的说明告知义务和诊疗义务的前提下,患方仍拒不配合诊疗的情况;也有的可能是混合过错,如既有患者一方不配合诊疗的行为,也有医务人员未尽相应诊疗义务的情况。因此,笼统地规定只要是因为患者或者其近亲属不配合医疗机构进行符合诊疗规范的诊疗,医疗机构就一概不承担赔偿责任的规定是不妥当的。在该种情况下,如果医疗机构或者其医务人员也有过错的,医疗机构还应当承担相应的赔偿责任。

具体而言,实践中患者一方不配合诊疗的行为可以分为两类:第一类比较常见,是患者囿于其医疗知识水平的局限而对医疗机构采取的诊疗措施难以建立正确的理解,从而导致其不遵医嘱、错误用药等与诊疗措施不相配合的现象。对于因患者上述行为导致损害后果的发生,并不能一概认为患者一方“不配合”而具有主观过错,从而医疗机构可以免除责任。判断患者一方是否存在过错,要看医务人员是否向患者一方履行了合理的说明告知义务,使一般的、理性的患者一方对于医疗机构采取的诊疗措施及其风险和后果具有合理的认识、理解与判断;告知义务的履行是否合理适当,还要考虑医疗行业的特殊性、专业性,结合个案进行分析。第二类是患者一方主观上具有过错,该过错又可分为故意和过失。故意的情形一般比较少见,患者就医是为了治疗疾病、康复身体,而非追求身体损害的结果。但现实情况是复杂的,也不能完全排除患者主观追求损害结果的可能。如医务人员再三嘱咐某糖尿病患者不可饮酒,否则易引发低血糖昏迷,重则有生命危险;但该患者或者出于得到高额保险的目的或者基于其他原因,在明知该行为后果的情况下,拒不遵医嘱,数次饮酒,结果导致低血糖昏迷。过失的情况比较常见,例如近视眼激光手术后,医务人员再三明确叮嘱患者应按时滴用眼药水,否则会产生眼部炎症等不良反应;但患者疏忽大意不遵医嘱,在医务人员复查并告知其遵行医嘱后,仍未遵行,结果感染炎症。以上两种情况,医务人员已经合理尽到说明告知义务,且采取的诊疗措施并无不当,患者的行为即属于本条第1项规定的“不配合医疗机构进行符合诊疗规范的诊疗”,对此,医疗机构不承担赔偿责任。

综上可以看出,因患者一方不配合医疗机构进行符合诊疗规范的诊疗而导致患者损害的,是否可以完全免除医疗机构的赔偿责任,不能一概而论。医疗损害责任的归责原则是过错责任,医务人员是否合理地履行了说明义务及相应的诊疗义务,这是医疗机构最终是否承担责任的基础。因此,尽管有患者或者其近亲属不配合医疗机构进行符合诊疗规范的诊疗行为,如果医疗机构或者其医务人员也有过错的,医疗机构仍应对患者的损害承担相应的责任;反之,若医务人员已经尽到相应义务,患者的损害是因患者或者其近亲属不配合的行为所致,则医疗机构对此不应当承担赔偿责任。

2. 医务人员在抢救生命垂危的患者等紧急情况下已经尽到合理诊疗义务

本项内容规定了两个要件,在两个要件均符合的情况下,医疗机构对患者的损害不承担赔偿责任。这两个要件分别为:

一是抢救生命垂危的患者等紧急情况。对患者的紧急救治是医疗机构及其医务人员的职责之一。“紧急情况”的界定是,患者因疾病发作、突然外伤受害及异物侵入体内,身体处于危险状态或非常痛苦的状态,在临床上表现为急性外伤、脑挫伤、意识消失、大出血、心绞痛、急性严重中毒、呼吸困难、各种原因所致的休克等。一般来讲,上述情况中的紧急性可以概括为两类:其一是时间上的紧急性,它是指医师的诊疗时间非常短暂,在技术上不可能作出十分全面的考虑及安排;其二是事项上的紧急性,它是指采取何种治疗措施将直接关系到患者的生死存亡,需要医师作出紧急性的决断。需要说明的是,判断是否构成紧急情况,除了依据法律、法规和规章的规定外,还需要考虑以下两个方面:其一是患者的生命健康受到伤病急剧恶化的威胁,这种威胁应当限定为对患者生命的威胁,而不能是对患者一般健康状况的威胁;其二是患者生命受到的威胁是正在发生和实际存在的,患者伤病的急剧恶化对其生命安全的威胁不能是假想的,而应当是正在发生和实际存在的,不立即采取紧急救治措施必然导致患者死亡的后果。如果医师主观想象或虚幻地认为存在需要采取紧急救治的危险,而实际上这种危险并不存在,由于假想危险认识错误所采取的救治措施导致了不必要损害后果的,医疗机构还是应当承担责任。

二是已经尽到合理诊疗义务。在理解本条第 2 项的内容时,必须同《医疗事故处理条例》的规定区别开来。2002 年国务院颁布的《医疗事故处理条例》第 33 条第 1 项规定,在紧急情况下为抢救垂危患者生命而采取紧急医学措施造成不良后果的,不属于医疗事故,医疗机构不承担责任。立法过程中,有意见认为,只要是在紧急情况下为抢救危急患者而采取紧急医学措施导致的不良后果,医疗机构一概不负责任,太过绝对。医疗机构是否承担责任,还要看医务人员是否已经尽到了合理的诊疗义务。考虑在紧急情况下,患者生命危在旦夕,抢救时间紧迫,医务人员对患者的病情及病状无法作详细的检查、观察、诊断,难以要求医生具有与平时一样的思考时间、判断能力和预见能力。对于这种情况,法律对医生在注意程度上的要求相对低于一般医疗时的情形。但是,由于医疗行为直接关系患者的生命健康权,在紧急情况下实施的紧急救治措施,医务人员仍应尽到合理诊疗的注意义务。具体而言,根据现行的诊疗规范,紧急情况下合理的诊疗义务包括如下四个方面:其一是对患者伤病的准确诊断。对患者伤病的准确诊断是正确实施治疗措施的前提。如情况紧急,应当采取控制患者伤病恶化的紧急措施后,再作进一步诊断和治疗。其二是治疗措施的合理、适当,包括治疗措施和治疗用药的适当、合理。其三是谨慎履行说明告知义务。紧急情况下,如果事前告知不可行,那么采取紧急救治措施后仍应履行该项义务。其四是将紧急救治措施对患者造成的损害控制在合理限度之内。结合上述情况,如果医务人员已经尽到在紧急救治情况下医务人员通常应尽到的诊疗义务,即合理诊疗义务的,医疗机构不承担赔偿责任;否则,即便是为抢救生命垂危的患者,但医务人员未尽到紧急救治情况下医务人员应尽到的合理诊疗义务,医疗机构仍难以完全免除其赔偿责任。因此,《医疗事故处理条例》第 33 条第 1 项解决是否构成医疗事故的问题;本项解决是否承担赔偿责任的问题。

3. 限于当时的医疗水平难以诊疗

医疗行为具有高技术性、高风险性、复杂性以及不可控因素,还有很多未知领域需要探索;有时,医疗结果具有不确定性和不可预见性。现代医学技术水平的发展具有局限性,目前还不能达到100%的治愈率。据统计,即使在发达国家,临床医疗确诊率也仅有70%左右。医学作为发展中的科学,人们至今还在实践中不断探索并寻找解除疾病的办法。此外,由于病人个体的差异性,就是治疗常见病或者治疗同一种疾病,即便医生采取相同的诊疗措施,所达到的效果也不尽相同。因此,法律对医务人员采取的诊疗行为是否存在过错的判断,只能基于当时的医学科学本身的发展,即是否尽到与当时的医疗水平相应的诊疗义务。尽到该项义务的,就视为医疗机构及其医务人员没有过错,对于患者的损害不承担赔偿责任。本法对于医疗损害责任的认定,坚持的标准是统一的,如本法第1221条规定,医务人员在诊疗活动中未尽到与当时的医疗水平相应的诊疗义务,造成患者损害的,医疗机构应当承担赔偿责任。该条也是以"当时"的医疗水平为判断标准。

(三)需要特别说明的问题

一是医疗机构及其医务人员对患者进行诊疗,并不负有保证治愈的义务。对于某些复杂的疾病,如果医疗机构及其医务人员已经尽到与当时的医疗水平相应的诊疗义务,但限于当时的医疗水平,对患者采取的医疗措施不仅未取得治愈的效果,反而带来新的损害,对此,医疗机构不承担赔偿责任。这一免责事由的规定也是出于鼓励和促进医学科学发展的需要。医学科学的发展必须以医务人员积极探索、大胆创新为前提。同时,由于医疗行业高技术性、高风险性和未知性的特点,医务人员在诊疗措施上的探索和创新可能会成功,例如攻克顽疾为患者带来生的希望;但也可能失败,例如不仅未治愈疾病反而对患者肌体带来新的侵害后果。对此,并不能以是否治愈的结果来判断医疗机构及其医务人员在诊疗活动中是否具有过错,如果医务人员已经尽到与当时医疗水平相应的诊疗义务,而该疾病限于当时的医疗水平难以诊疗的,医疗机构对于患者的损害不承担赔偿责任。

二是本条规定的几项免责事由,并不是单纯向医方利益倾斜的表现,而是考虑到广大患者利益以及整个医疗行业健康发展的需要而在法律制度上所作的平衡。对医疗机构的责任,如果法律规定得过于严格,可能会导致医务人员在诊疗活动中大量采取保守性甚至防御性治疗措施,对于存在风险的治疗方案畏首畏尾,最终牺牲的还是广大患者的利益。法律在制度上为医务人员在医学科学技术的探索和创新上提供保障,也是最终为广大患者利益服务的需要。

第一千二百二十五条　医疗机构及其医务人员应当按照规定填写并妥善保管住院志、医嘱单、检验报告、手术及麻醉记录、病理资料、护理记录等病历资料。

患者要求查阅、复制前款规定的病历资料的,医疗机构应当及时提供。

【释义】 本条是关于医疗机构对病历的义务及患者对病历的权利的规定。

(一)立法沿革

医疗服务具有不公开的特点,无论是基于医学科学的考虑,还是从保护患者隐私的角度看,除医患双方外,与医疗行为无关者不得进入医疗现场。并且,即便对于患者本人,在采取手术等治疗措施时,通常被采取麻醉措施,对于整个手术过程也无从见证和记录。鉴于医疗行业的这一特点,由医务人员填写、制作的病历、住院志、检验报告、手术及麻醉记录、病理资料、护理资料等病历资料,在发生医患纠纷时,就成了医疗侵权诉讼中极为关键的证据。这类资料作为证据证明是否充分,往往直接导致医疗诉讼的成败。同时,考虑到这类资料的制作、保管均由医疗机构一方完成,从证据角度讲,医疗机构一方对于证据的掌握和控制是强势的,因此,必须在合理的限度内赋予患者查阅和复制这类资料的权利,以平衡双方在举证责任能力上的悬殊。因此,侵权责任法第 61 条从两方面作了规定:一是医疗机构及其医务人员应当按照规定填写并妥善保管住院志、医嘱单、检验报告、手术及麻醉记录、病理资料、护理记录、医疗费用等病历资料;二是在患者要求查阅、复制该条第 1 款规定的病历资料的情况下,医疗机构有义务向患者提供。

在民法典侵权责任编编纂过程中,有的意见提出,实践中有些医疗机构以种种借口拖延向患者提供病历资料的时间,一是激化了医患双方的矛盾,二是导致患者提供证据不能,因此建议对医院向患者提供病历资料作时限方面的要求。我们研究认为,强调医疗机构履行提供病历资料义务的时限是必要的,但是究竟规定多长时间合适,还要考虑病历资料数量、形成时间、病情等情况,以及相关诊疗规范、不同医疗机构习惯做法的差别。因此,民法典中较难作统一规定,可原则性提出要求和上位法依据,由有关行政法规规章、诊疗规范详细规定。因此,本条将侵权责任法第61条第2款“医疗机构应当提供”的规定修改为“医疗机构应当及时提供”。

（二）对本条的理解和适用

1.“病历资料”的含义和范围

《医疗机构病历管理规定(2013年版)》第19条规定,医疗机构可以为申请人复制门(急)诊病历和住院病历中的体温单、医嘱单、住院志(入院记录)、手术同意书、麻醉同意书、麻醉记录、手术记录、病重(病危)患者护理记录、出院记录、输血治疗知情同意书、特殊检查(特殊治疗)同意书、病理报告、检验报告等辅助检查报告单、医学影像检查资料等病历资料。这一版本的《医疗机构病历管理规定》将“医疗费用”从病历资料中删除,因此本条在侵权责任法的基础上相应删除了“医疗费用”。

2. 患者查阅、复制权利的保障和行使

(1)查阅、复制权利的保障。对诊疗活动进行记录的病历资料,是认定医疗机构或者其医务人员是否存在医疗过错的重要依据。实践中,很多医疗诉讼的成败往往取决于相关病历资料的证明效力。而医疗行业的高度专业性和闭锁性特点,决定了这类重要的证据资料从产生时起至争议发生时止,都处于医疗机构一方的控制之中,从证据学角度讲,患者的举证能力处于劣势;同时,本法所规定的医疗损害责任归责原则,其核心是过错责任。因此,对于在证据资料的掌握上地位相差悬殊的医患双方,如何公平合理地分配二者的举证责任,尤其是如何提升患者一方掌握相关证据资料的能力,这是法律必须要考虑的问题。

具体而言,对于诊疗活动中产生的病历资料,必须在公平、合理的限度内保障患者一方的查阅和复制权利。从境外立法例看,美国1974年就颁布了《联邦立法》,规定医疗机构必须向患者出示病历、化验结果等各种与病情有关的资料。1985年又颁布了《统一医疗信息法》,赋予了患者及其家属请求医疗机构出示与病情有关的各种资料的请求权。如今美国已有半数以上的州在立法上规定了患者有请求医疗机构出示与病情有关各种资料的权利。我国关于患者该项权利的保障,相关行政法规也有明确规定。《医疗纠纷预防和处理条例》第16条第2款规定,患者要求复制病历资料的,医疗机构应当提供复制服务,并在复制的病历资料上加盖证明印记。复制病历资料时,应当有患者或者其近亲属在场。医疗机构应患者的要求为其复制病历资料,可以收取工本费,收费标准应当公开。可以看出,患者对相关病历资料的查阅和复制权利,我国现行法规中已经有承接性的具体规定。

(2)查阅、复制权利的行使主体。患者本人当然是行使这一权利的主体,这一点不存在争议。除患者本人外,《医疗纠纷预防和处理条例》第 16 条第 3 款规定,患者死亡的,其近亲属可以依照该条例的规定,查阅、复制病历资料。《医疗机构病历管理规定(2013 年版)》第 17 条规定,医疗机构应当受理下列人员和机构复制或者查阅病历资料的申请,并依规定提供病历复制或者查阅服务:①患者本人或者其委托代理人;②死亡患者法定继承人或者其代理人。可以看出,除患者本人外,委托代理人、死亡患者法定继承人或者其代理人均可依法对有关病历资料进行查阅和复制。在患者本人未死亡的情况下,即使是患者的近亲属,如果未经患者本人的授权同意,也无权查阅、复制该患者的相关病历资料,在该类情况下,医疗机构可以拒绝提供,这涉及法律对患者隐私和个人信息的保护问题。

(3)医疗机构向患者提供查阅、复制病历资料的范围。《医疗机构病历管理规定(2013 年版)》第 10 条规定,门(急)诊病历原则上由患者负责保管。医疗机构建有门(急)诊病历档案室或者已建立门(急)诊电子病历的,经患者或者其法定代理人同意,其门(急)诊病历可以由医疗机构负责保管。住院病历由医疗机构负责保管。第 11 条规定,门(急)诊病历由患者保管的,医疗机构应当将检查检验结果及时交由患者保管。第 12 条规定,门(急)诊病历由医疗机构保管的,医疗机构应当在收到检查检验结果后 24 小时内,将检查检验结果归入或者录入门(急)诊病历,并在每次诊疗活动结束后首个工作日内将门(急)诊病历归档。第 13 条规定,患者住院期间,住院病历由所在病区统一保管。因医疗活动或者工作需要,须将住院病历带离病区时,应当由病区指定的专门人员负责携带和保管。医疗机构应当在收到住院患者检查检验结果和相关资料后 24 小时内归入或者录入住院病历。患者出院后,住院病历由病案管理部门或者专(兼)职人员统一保存、管理。由此可见,要求医疗机构提供查阅、复制的范围,主要是建有门(急)诊病历档案室或者已建立门(急)诊电子病历,以及由医疗机构保管的住院病历。

关于查阅、复制的病历资料的范围,《医疗机构病历管理规定(2013年版)》第19条作了明确和具体的规定。患者依照本条第2款的规定要求查阅、复制病历资料的,医疗机构应当在上述范围内及时提供。

(4)拒绝提供相关病历资料的法律后果。依照《医疗事故处理条例》第56条第2项的规定,没有正当理由,拒绝为患者提供复印或者复制病历资料服务的,由卫生行政部门责令改正;情节严重的,对负有责任的主管人员和其他直接责任人员依法给予行政处分或者纪律处分。这是对拒绝提供相关病历资料的行政责任的规定。在民事责任上,依照本法第1222条第2项的规定,患者在诊疗活动中受到损害,医疗机构隐匿或者拒绝提供与纠纷有关的病历资料的,推定医疗机构有过错。在推定过错的情况下,如果医疗机构没有相反证明,则"推定"的过错将被"认定"为过错,医疗机构将承担不利的法律后果。

第一千二百二十六条　医疗机构及其医务人员应当对患者的隐私和个人信息保密。泄露患者的隐私和个人信息,或者未经患者同意公开其病历资料的,应当承担侵权责任。

【释义】　本条是关于患者隐私和个人信息保护的规定。

本法总则编第5章"民事权利"规定了隐私权和个人信息,人格权编第6章详细规定了隐私权和个人信息保护的内容。基于医患关系的特殊性以及医患纠纷中的现实矛盾,本条对医疗领域的隐私和个人信息保护作了专门规定。正确理解本条的规定,需要从以下几个方面把握:

(一)医疗机构及其医务人员侵害患者隐私和个人信息的表现形式

患者到医院就医,医务人员首先要知晓患者的病情与既往病史,要根据患者的陈述制作门诊或住院病历。在必要的情况下,还需对患者的身体进行接触和观察,以便对疾病进行正确的治疗。正是基于诊疗活动本身的特点,医务人员在其执业活动中极易掌握患者的隐私和个人信息。因此,对于基于患者的信赖而在执业活动中知悉的患者的隐私和个人信息,医疗机构及其医务人员应负有保密的义务。实践中,医疗机构及其医务人员侵犯患者隐私权和个人信息的情况可大体分为如下两种:

一是泄露患者的隐私和个人信息。泄露患者隐私,既包括医疗机构及其医务人员将其在诊疗活动中掌握的患者的隐私和个人信息对外公布、披露的行为,如对外散布患者患有性病、艾滋病的事实,导致患者隐私暴露,精神遭受巨大痛苦;也包括未经患者同意而将患者的身体暴露给与诊疗活动无关人员的行为。在医患关系中,医疗机构及其医务人员不得向无关人员泄露患者隐私和个人信息。这里需要说明两点:第一,患者到医疗机构就医,相对于施治的医务人员来说,患者实际上放弃了自己的隐私权及部分个人信息。同时,根据生命健康权高于隐私权和个人信息这一基本的权利价值判断,在生命权健康权与隐私权和个人信息发生冲突时,后者应当让位于前者。因此,施治人员接触患者隐私无疑是合法的,但也应以其必要的治疗活动所应接触的范围为限。第二,医学院学生教学观摩问题。尽管医疗行政机关确定某些医院负有教学实习的义务,但有的专家认为,该义务仅及于教学医院一方,对患者来说,不具有法律约束力,即患者并不负有放弃自己的隐私和个人信息来满足教学医院进行教学的义务。教学医院与见习学生之间、教学医院与患者之间是两个不同的法律关系,受不同法律规范的约束。医疗机构即使是出于教学目的,侵犯患者隐私和个人信息,仍应承担相应的法律责任。

二是未经患者同意公开其医学文书及有关资料。患者在就诊过程中,一般均会配合医务人员的问询,披露自己的病情、病史、症状等一系列个人信息,以配合医务人员的诊疗。同时,医务人员会根据患者的陈述,将该部分信息形成患者的病历资料等医学文书。在很多情况下,为了医学发展,还需要将患者信息汇集、整理,提供给医药研究机构或者企业。这部分记载有患者隐私内容的医学文书及相关资料一旦被披露,不但引起患者内心的精神痛苦,还往往会导致患者社会评价的降低,比如患者的某种身体缺陷、曾患有伤风化的疾病等。实践中,医疗机构及其医务人员未经患者同意公开其医学文书及有关资料的情况,也分为两种:第一,出于医学会诊、医学教学或者传染性疾病防治、医药研发等目的,公开或者提供患者的医学文书及有关资料;第二,医疗机构本身对医学文书及有关资料的管理不善,向未取得患者授权的人公开,造成患者损害的行为。对于第一种情况,在考虑患者隐私保护的同时,还要兼顾医学本身的特点以及医疗行业公益性的需要。在该种情况下,判断侵权责任是否成立的一个关键,就是看是否造成患者的损害。一般来说,如果医疗机构及其医务人员在为医学会诊、医学教学而公开或者提供患者医学文书及有关资料的过程中,如果能做到匿名化处理,防止定向识别出具体的患者,一般情况下对患者不至于造成损害,也不导致侵权责任的产生。对于第二种情况,则应当加强医疗机构对患者医学文书及有关资料的管理。

(二)关于承担侵权责任的条件

根据侵权责任法第62条规定,无论是泄露患者隐私和个人信息,还是未经患者同意公开医学文书及有关资料,只有在造成患者损害的情况下,医疗机构才承担侵权责任。在民法典侵权责任编编纂过程中,有的意见提出,医疗机构及其医务人员泄露患者的隐私和个人信息,或者未经患者同意公开其病历资料是一种较为严重的侵权行为,有可能对患者的生活、工作和学习造成重大影响。为遏制这种行为,加强对诊疗活动中自然人隐私和个人信息的保护,法律应当明确规定,无论该行为对患者是否造成损害,医疗机构及其医务人员都应当承担侵权责任。经研究,我们采纳了该意见,删去侵权责任法第62条的"造成患者损害"才承担侵权责任的规定。

第一千二百二十七条　医疗机构及其医务人员不得违反诊疗规范实施不必要的检查。

【释义】 本条是关于医疗机构及其医务人员不得违反诊疗规范实施不必要检查的规定。

本条所针对的"不必要的检查"是社会上比较关注的"过度检查"问题。"过度检查"首次在规范性文件中出现,是卫生部和国家中医药管理局2006年联合制定的《关于建立健全防控医药购销领域商业贿赂长效机制的工作方案》。该方案提出,要实行院长问责制,"若发现医院存在乱收费、私设'小金库'、严重的过度检查、过度医疗行为等严重违纪违法问题,将首先追究医院院长责任"。2009年《中共中央、国务院关于深化医药卫生体制改革的意见》并未直接对"过度检查"作出规范,而是从正面角度提倡使用"基本药物"、"适宜技术"和"适宜检查"。

侵权责任法起草过程中,曾经使用了"过度检查"的表述。但是,有意见认为,"过度检查"非法律用语,并且何为"过度检查",含义不明确,难以判断,建议删除。但也有意见认为,"过度检查"的现象当前确实存在,不仅给患者造成不必要的经济负担,有的过度检查甚至对患者身体带来不良影响。因此,为了维护患者的合法权益,对该问题作出禁止性规范是必要的。还有意见认为,不仅应当对"过度检查"作出禁止性规范,还应当规定其法律后果,如医疗机构应当退回不必要诊疗的费用,造成患者损害的,还应当承担赔偿责任。也有不同意见认为,在何为“过度检查”不明确的情况下,退费问题难以操作,同时,建议以“不必要的检查”代替“过度检查”的表述,并进一步明确“不必要的检查”的判断标准。在对各方意见进行综合考量的基础上,侵权责任法第 63 条规定,医疗机构及其医务人员不得违反诊疗规范实施不必要的检查。民法典侵权责任编延续了侵权责任法的规定,判断“检查”是否为“不必要”,标准是是否符合诊疗规范即诊疗需求。要正确理解本条的规定,需要从如下几个方面进行把握:

(一)不必要的检查的特点和表现形式

不必要的检查一般是指由医疗机构提供的超出患者个体和社会保健实践需求的医疗检查服务,医学伦理学界把它称为“过度检查”。不必要的检查具有以下特征:(1)为诊疗疾病所采取的检查手段超出疾病诊疗的基本需求,不符合疾病的规律与特点。(2)采用非“金标准”的诊疗手段。所谓“金标准”,是指当前临床医学界公认的诊断疾病的最可靠方法。较为常用的“金标准”有活检、手术发现、微生物培养、特殊检查和影像诊断,以及长期随访的结果等。(3)与疾病基本诊疗需求无关的过度消费。有的意见提出,近年来,公立医院公益性质淡化,有过分追求经济利益倾向。由于政府投入不足,不少公立医院运行主要靠向患者收费,出现过分依赖市场的现象。有人错误地认为医疗改革就是赚钱,把医疗引入商业化道路。与医院服务相关的药品和医疗器材生产流通秩序混乱,价格虚高,这些都成为诱发过度检查问题的社会因素。对于患者来说,过度检查导致医疗费用激增。不必要的检查不仅给患者造成过重经济负担,对其身体也带来不必要的风险和损害。

(二)不必要的检查形成的原因

不必要的检查不仅涉及医疗机构及其医务人员诊疗活动的问题,还是一个复杂的社会问题,它的成因主要有如下几个方面:一是现行医疗体制不健全。一方面是患者的医疗负担越来越重,看病贵的现象普遍存在;另一方面是医院的生存和发展依赖市场,强化了医院的求利倾向,催生了“以药养医”“以检养医”的现象,使医患关系进一步恶化。二是受司法实践中医疗举证责任倒置的影响。为应对司法实践中举证责任倒置而导致的举证压力,医疗机构采取了“防御性医疗”的对策,而不必要的检查就是“防御性医疗”的一种表现形式。有些医生为了能够在可能发生的医疗诉讼中举证和免责,而对患者进行了超出所患疾病本身的检查和治疗。人体生命科学的复杂性,决定了医疗行业具有极高的风险性,目前尚缺乏化解此类高风险的有效机制。

从宏观来看,不必要的检查最根本的成因在于制度层面,应从建立国家基本药物制度、推进公立医院试点改革方面解决这一问题,实现公立医院良性运行,避免医药体制改革过程中药品价格下降而检查费用上升的情况。不必要的检查不仅是医疗机构及其医务人员违反诊疗规范的问题,更是一个复杂的社会问题,最终的解决要依靠改革我国的医药卫生体制以及建立健全医疗保障体系。对于是不必要的检查还是适度检查,由于信息不对称等原因,医患双方常常难以达成共识,因此加强沟通、解疑释惑、增进了解十分必要。

第一千二百二十八条　医疗机构及其医务人员的合法权益受法律保护。

干扰医疗秩序,妨碍医务人员工作、生活,侵害医务人员合法权益的,应当依法承担法律责任。

【释义】　本条是关于维护医疗机构及其医务人员合法权益的规定。

当前医患矛盾属于社会关注的焦点问题之一,近年来医疗纠纷明显增多,有观点认为主要有以下几方面的原因:一是由于医保制度的普及,老百姓就医看病呈明显上升趋势,门诊及住院量大幅上升;而医疗机构由于多年来投入不足,条件有限,一时难以满足患者的就医需求,出现各种医患矛盾和纠纷。二是部分患者对医学期望值过高,认为进了医院如同进了保险箱,个别患者对有些疾病无法治愈不理解,将矛盾转嫁给医院和医务人员,以至于产生医疗纠纷,甚至发生伤害医务人员的恶性事件,严重损害医务人员生命健康,引起社会公愤。三是长期以来医疗卫生事业投入不足,导致医院偏重经济效益,患者对看病难、看病贵意见很大,对医疗机构产生积怨,借以释放。四是一些医院管理不到位,制度执行不严,一些医务人员医疗技术不高,业务素质及修养缺失,对患者人文关怀不够,医患沟通不足。

实践中解决医疗纠纷的难点主要表现为以下几个方面:一是医患双方信息不对称,导致患者对医务人员不信任。医疗服务专业性很强,普通患者及其家属对出现医疗事故的原因无从分辨,不懂得如何取得对自己有利的证据,导致患方一开始就与医方处在完全不对等的位置,其举证和维权处于相对被动的地位。而部分医疗机构为了维护自身利益,利用自身的强势地位,最大限度地减轻医疗责任,隐瞒部分医疗信息,使患方权利难以得到保证,引起患方对医疗机构的不信任,常常导致矛盾激化。二是医疗纠纷取证难,导致责任认定难。由于医疗行为具有高度的技术性、专业性和复杂性,医疗行为未知数多,具有不可控因素,以及患者个体差异等因素,除少数事实可以由双方当事人自行认定外,大多数需要经医学鉴定作出。然而,医疗事故鉴定的公正性一直受到患者的质疑,被认为是“老子为儿子鉴定”,导致患者宁肯“医闹”也不信任医疗鉴定的现象。三是患者对公正解决纠纷缺乏信心,一些患者和家属不愿按法律程序解决问题。医疗事故处理有协商、调解和诉讼三种途径,但在实际操作中却遇到种种困难。由于医患双方缺乏信任,往往难以通过协商达成协议。患方因认为卫生行政部门和医疗机构是“父子”关系,对卫生行政调解的公正性也存在顾虑,而不愿去调解。由于诉讼时间长、诉讼代理和申请鉴定成本高等原因,无论是患者还是医疗机构,都不倾向用诉讼方式处理纠纷。纠纷发生后,一些患者和家属不愿按法律程序解决问题,而是采取动员亲属形成群体一味“闹医”“闹访”的办法,甚至存在威胁医疗机构和侮辱、殴打医护人员等过激行为。社会上还存在一种“职业医闹”,即哪里出了患者死亡、伤残的事情,他们就去找家属谈,揽生意,然后纠集一些人找医院闹,闹来赔偿后与家属分成。

可以看出,当前医患双方的极度不信任导致医患关系的紧张,这种紧张状态又促使医疗纠纷不断升级。法律介入医疗活动的目的是实现医患双方权利的平衡和利益的协调,并非去解释或者解决本属于医学理论和医疗科学方面的问题。因此,在法律制度设计上,既要考虑患者作为医疗活动中弱势一方的利益保护,也应兼顾到医学行业本身的特点,如医学科学的局限性、医疗行业的高风险性。法律不仅仅为遭受医疗过错损害的患者提供保护,同样,对于医疗机构及其医务人员的合法权益,法律也要保护,医疗行业的健康、有序发展是整个社会公益的需要。因此,本法对医疗机构及其医务人员的合法权益的保护作了规范。立法过程中,不断有意见提出,本条规定属于行政法上的内容,与侵权责任法无关,建议本法不作规定。但是,也有意见认为,考虑到当前医患矛盾较为突出的现状，尤其是“医闹”“伤医”事件屡有发生，已经严重干扰了正常的医疗秩序，对医务人员的生命财产安全、工作和生活安宁造成很大影响。在这种情况下，民法典不仅要对正在发生的权利义务关系作出调整和平衡，还应对将来可能发生的冲突作出法律上的指引，这也符合侵权责任法“预防和制裁侵权行为”的立法目的。

本条在侵权责任法第64条的基础上，将“干扰医疗秩序，妨碍医务人员工作、生活，侵害医务人员合法权益的，应当依法承担法律责任”单作一款进行规定，以突出民法对医务人员人身财产安全的保护和重视。需要说明的是，干扰医疗秩序，妨碍医务人员工作、生活，侵害医务人员合法权益的，除了承担民事赔偿责任外，还涉及行政责任和刑事责任。2015年，刑法修正案（九）已正式将“医闹”入刑；2016年，国家卫生计生委、中央综治办、公安部和司法部印发了《关于进一步做好维护医疗秩序工作的通知》；2019年12月，基本医疗卫生与健康促进法经全国人大常委会表决通过。暴力伤医是文明之耻、社会之伤，法律法规不断为医生撑起“保护伞”，但问题的关键在于，一是要采取必要措施防患于未然，例如，加强医生工作环境的安全防范系统建设，加强医院及周边巡逻防控，健全警医联动机制；二是要有法必依、执法必严，对各类伤医、闹医等行为依法果断处置，严厉打击伤害医务人员的违法犯罪行为。

第七章　环境污染和生态破坏责任

本章专章规定了环境污染和生态破坏责任，共7条，主要包括两方面内容：一是私益损害，行为人因污染环境、破坏生态造成他人合法权益损害的，应当承担侵权责任。二是生态环境损害，行为人违反国家规定造成生态环境损害的，应当依法承担修复责任。

第一千二百二十九条　因污染环境、破坏生态造成他人损害的，侵权人应当承担侵权责任。

【释义】　本条是关于环境污染和生态破坏侵权责任的一般规定。

（一）本条的修改变化

环境是人类赖以生存的各种自然因素的总体，切实保护和改善环境关系到人民群众生命健康、社会和谐安定和中华民族的永续发展。当前,我国面临环境污染严重、生态系统退化的严峻形势,对此,人民群众反应强烈,党中央高度关注。党的十八大以来,以习近平同志为核心的党中央高度重视生态文明建设,把生态文明建设作为统筹推进“五位一体”总体布局和协调推进“四个全面”战略布局的重要内容,加快推进生态文明顶层设计和制度体系建设,十八届三中、四中全会和十九大、十九届四中全会通过的各项决定,均强调用严格的法律制度保护生态环境,相继出台《中共中央、国务院关于加快推进生态文明建设的意见》《生态文明体制改革总体方案》,制定了多项涉及生态文明建设的改革方案,从总体目标、基本理念、主要原则、重点任务、制度保障等方面对生态文明建设进行全面系统的部署安排。

改革开放以来,我国在保护环境、防治污染方面制定了一系列法律法规,如民法通则第124条规定:“违反国家保护环境防止污染的规定,污染环境造成他人损害的,应当依法承担民事责任。”此后陆续制定了环境保护法、海洋环境保护法、水污染防治法、大气污染防治法、固体废物污染环境防治法、环境噪声污染防治法、放射性污染防治法等一系列法律,形成了环境保护的法律体系,其中也规定了一些污染环境致人损害的侵权法规范。依据这些法律,因污染环境造成损害的,除法律明确规定的不承担责任的情形外,都属环境污染侵权行为,行为人应当对受害人承担赔偿损失等民事责任。这对于保护公民、法人的合法权益和生态环境不受环境污染的侵害,具有重要的意义。

侵权责任编的起草,始终以习近平新时代中国特色社会主义思想为指导,深入贯彻党的十八大以来党中央关于加强生态文明建设的一系列重大决策部署。2009年通过的侵权责任法第65条规定:“因污染环境造成损害的,污染者应当承担侵权责任。”在侵权责任编草案征求意见过程中,一些单位和学者建议增加破坏生态侵权责任的内容。对此曾有不同意见,一种意见认为,侵权责任法第65条中的“环境”是广义上的环境,既包含狭义上的生活环境,也包括生态环境,没有必要作出修改。另一种意见认为,2013年党的十八届三中全会通过的《中共中央关于全面深化改革若干重大问题的决定》提出“完善环境治理和生态修复制度”,2014年修订的环境保护法第64条规定:“因污染环境和破坏生态造成损害的,应当依照《中华人民共和国侵权责任法》的有关规定承担侵权责任。”2017年12月中央正式发布《生态环境损害赔偿制度改革方案》也作同样的表述。这几个文件都将“环境”与“生态”两个词并列使用，为保持法律规定以及与中央文件表述的一致性，宜作出修改。经反复研究讨论，采纳后一种意见，将原“污染环境”修改为“污染环境、破坏生态”。污染环境，主要指向环境排放物质或能量超过了环境的自净能力，从而导致环境质量降低；生态破坏，大多是对自然资源的不合理开发利用行为，导致环境要素的数量减少或质量降低，破坏环境效能和生态平衡。

（二）本条的调整范围

根据环境保护法第2条规定，环境，是指影响人类生存和发展的各种天然的和经过人工改造的自然因素的总体，包括大气、水、海洋、土地、矿藏、森林、草原、湿地、野生生物、自然遗迹、人文遗迹、自然保护区、风景名胜区、城市和乡村等。

根据本条规定，因污染环境、破坏生态造成他人损害的，侵权人应当承担侵权责任。“污染环境”指对生活环境的污染，“破坏生态”指对生态环境的破坏。既包括对大气、水体、海洋、土地等生活环境的污染，也包括对生物多样性的破坏、水土流失等对生态环境的破坏；既包括水污染、大气污染、噪声污染等传统的污染，也包括光污染、辐射污染等新型污染。总而言之，侵权人因污染环境、破坏生态造成他人损害的，应当承担侵权责任。

这次在侵权责任法基础上起草侵权责任编，“环境污染和生态破坏责任”一章最大的变化是，增加规定第1234条和第1235条。很多文章为了将这两条与传统侵权责任区分开，将传统环境侵权责任称为私益损害，将第1234条规定的环境侵权责任称为国益或者公益损害。具体区别留待后文详述。

（三）本条的归责原则

根据本条规定，环境侵权责任继续作为一种特殊类型侵权责任，适用无过错责任归责原则。根据无过错责任原则，在侵权人的行为与受害人的损害有因果关系的情形下，无论侵权人是否存在过错，都应当对其污染行为造成的损害承担侵权责任。在起草侵权责任编过程中，对这一问题基本没有争议，学术界和实务界等各方面意见基本一致。主要考虑到，在环境侵权中，造成损害的污染物主要是现代工业生产排放的废水、废气、固体废物等污染物，受害人并不具有专业知识，很难证明加害人具有过错,只有实行无过错责任原则,才能有效保护受害人的合法权益。需要注意的是,本条主要规范因工业生产或者其他人为活动造成环境污染、生态破坏而对他人的人身、财产造成损害的行为,相邻关系人之间的生活污染行为不包括在内。相邻关系人的环境污染发生在相邻不动产所有人或者占有人之间,由物权编调整,造成损失主张赔偿的,适用侵权责任一般过错原则。

对环境侵权适用无过错责任原则,与其他环境单行法的规定也是一致的。海洋环境保护法第89条第1款规定:“造成海洋环境污染损害的责任者,应当排除危害,并赔偿损失;完全由于第三者的故意或者过失,造成海洋环境污染损害的,由第三者排除危害,并承担赔偿责任。”水污染防治法第96条第1款规定:“因水污染受到损害的当事人,有权要求排污方排除危害和赔偿损失。”放射性污染防治法第59条规定:“因放射性污染造成他人损害的,应当依法承担民事责任。”

各国或地区对于环境侵权采取何种归责原则,基于不同国情和法政策考量,有着不同的抉择。根据日本法律规定,公害(根据日本1967年制定的《公害对策基本法》,公害是指比较大规模的污染环境的行为)及环境污染侵权以过错责任为原则,以无过错责任为例外。适用过错责任的,需要适用《日本民法典》第709条因故意或过失侵害他人权利或侵害法律所保护的利益的规定,受害人需要证明侵权人存在故意或者过失。在日本,公害及环境污染民事损害适用无过错责任的,需要有特别单行环境法律规定,如《日本水污染防治法》第19条规定,伴随企业的活动排放含有有害物质的废水或废液,或者向地下渗透而危害了人的生命和身体时,与该排放或向地下渗透有关的企业者,应该承担由此而引起的损害赔偿责任。《日本矿业法》第109条第1款规定,为了采掘矿物而挖掘土地,由于排放坑水或废水、堆积废石或排放矿烟,对他人造成损害时,损害发生时的该矿区的矿业权者,或者损害发生时矿业权业已消灭,矿业权消灭时该矿区的矿业权人,负赔偿该损害的责任。《日本大气污染防治法》第25条第1款规定,企业因伴随其活动而向大气中排放(包括飞散)有害于人体健康的物质(指烟尘、特定物质或粉尘。而作为仅对生活环境有害的物质则是政令规定以外的物质),从而危害了人的生命或健康时,与该排放有关的企业者对由此而引起的损害应承担赔偿责任。《日本核损害赔偿法》第3条第1款规定,由核反应堆的运行造成损害时,无论核设施营运人有无过失,均由该营运人承担损害赔偿责任。

德国法对于环境侵害作了两类区分:其一是由人们的日常活动或者企业无需政府许可的营业活动引起的环境侵害,这被称为一般性的环境侵害;其二是经政府许可的营业活动,也即企业的产业活动所引起的环境侵害,这被称为特殊类型的环境侵害。与此相对应,德国环境侵权方面的法律主要涉及两个层面:一是《德国民法典》关于侵权行为、干扰侵害和侵害排除的一般性规定,主要解决一般性的环境侵权问题。《德国民法典》第 906 条规定,在干扰不损害或者较轻微损害土地的使用的范围内,土地所有权人不得禁止煤气、蒸汽、臭气、烟气、煤烟、热气、噪声、震动和其他来自他人土地的类似的干扰的侵入。如果此类干扰对土地的通常使用或者对土地的收益所造成的妨害超出预期的程度,所有权人可以要求适当的金钱赔偿。对于无法用相邻关系制度调整的其他一般性环境侵权损害赔偿,应适用《德国民法典》第 823 条规定的过错原则,即因故意或过失不法侵害他人的生命、身体、健康、自由、所有权或其他权利者,负向他人赔偿因此所生损害的义务。当此类环境侵害造成的后果仅限于精神层面,而不涉及被侵害人生命、身体、健康、自由和财产权利时,即便加害人存在故意或者过失,被侵害人也不能依据《德国民法典》第 823 条的规定得到赔偿。德国司法判例认为,对清洁的空气、水和舒适生活环境的利益(所谓的环境权等法益),并不属于《德国民法典》第 823 条所称“其他权利”的范畴。二是涉及环境侵权的专门性法律,如《德国公害防治法》、《德国水利法》、《德国环境责任法》和《德国联邦固体废弃物防治和固体废弃物管理法》等,主要解决特殊类型的环境侵权问题。德国法将其纳入危险责任,在《德国民法典》之外通过特别法加以规范。《德国环境赔偿责任法》第 1 条规定,因环境侵害而致人死亡,侵害其身体或者健康,或者使一个物发生毁损的,以此项环境侵害是由附件一中所列举的设备引起的为限,对于由此发生的损害,设备的持有人负有向受害人给付赔偿的义务。《德国水利法》第 22 条规定,向水体(包括河流、湖泊、沿海和地下水)投放或导入物质,或者变更水体原来的物理、化学或生物性质,致损害他人者,就其所生损害负赔偿责任。如果是多人使水域产生影响,那他们作为整体负债人而承担责任。

英美法系的干扰妨害和严格责任在环境侵权救济中运用得比较普遍。自 1970 年以来,美国逐渐采取以环境专门立法的形式来确立严厉的行政控制制度以及损害赔偿的严格责任原则,如《美国综合环境治理损害赔偿法》(或称1980年超级基金法)、《美国安全饮用水法》、《美国清洁空气法》和《美国清洁水法》等,均以严格责任为原则。

此外,对企业排污符合规定的标准但造成损害的情况是否应当承担侵权责任的问题,在2009年制订侵权责任法时有不同意见,这次编纂民法典过程中也有意见提出这个问题。有的意见认为,企业排污符合规定的标准时应减轻或者免除企业的侵权责任,如果符合规定的标准也应承担侵权责任,则会削弱企业的环保意识,加重企业的负担,使企业有经营困难甚至破产的可能。如果符合排放标准仍造成损害,应由国家出台更高的标准,否则应由国家承担相应的责任。有的意见认为,即使排污符合规定的标准,造成损害也应当承担侵权责任。环境侵权责任采用无过错责任原则,侵权人承担责任的理由在于其从事的活动所具有的危险性,并不要求污染行为本身具有违法性;国家或者地方规定的污染物排放标准,是生态环境主管部门决定排污单位是否需要缴纳排污费和进行环境管理的依据,并不是确定排污者是否承担赔偿责任的界限;即使排污符合标准,给他人造成损害的,也应当根据有损害就要赔偿的原则,承担侵权责任。2015年《最高人民法院关于审理环境侵权责任纠纷案件适用法律若干问题的解释》也坚持这一立场,其第1条中规定,污染者以排污符合国家或者地方污染物排放标准为由主张不承担责任的,人民法院不予支持。从侵权责任法到侵权责任编,对这一问题的看法是一致的,合规排放造成他人损害的,仍然应当承担侵权责任。

第一千二百三十条　因污染环境、破坏生态发生纠纷,行为人应当就法律规定的不承担责任或者减轻责任的情形及其行为与损害之间不存在因果关系承担举证责任。

【释义】　本条是关于环境污染和生态破坏侵权举证责任的规定。

举证责任,是指法律要求纠纷当事人对自己所主张的事实,提出证据加以证明的责任。根据我国民事诉讼法的规定,一般实行"谁主张,谁举证"的原则。民事诉讼法第64条第1款规定:"当事人对自己提出的主张,有责任提供证据。"如果原告不能用证据证明自己的诉讼请求,人民法院将不支持原告的诉讼请求。举证责任的分配,是指这种证明责任在当事人之间如何配置的问题。一般来说,承担较重举证责任的当事人在纠纷解决中处于相对不利的地位,因此,举证责任的分配是否公平直接关系到当事人的利益是否得到保障。

根据本条规定,行为人应当就两种情形承担举证责任:一是法律规定的不承担责任或者减轻责任的情形;二是其行为与损害之间不存在因果关系。

(一)行为人应当就法律规定的不承担责任或者减轻责任的情形承担举证责任

在起草过程中,有的意见提出,根据民事诉讼举证责任的分配规则,"法律规定的不承担责任或者减轻责任的情形"的举证责任本来就在污染者一方,建议删除这句话。实际上,这句话是有其内在意义的,一般而言,不承担或者减轻责任的情形当然由被告方承担举证责任,这不需要法律特别强调。但是环境侵权广义上属于高度危险作业,适用无过错责任归责原则,每种高度危险作业的免责事由是不一样的,多数情形不可抗力可以免责,有的则不可以,如根据本法第 1237 条规定,民用核设施发生核事故造成他人损害的,能够证明损害是因战争、武装冲突、暴乱等情形或者受害人故意造成的,民用核设施的营运单位可以免责。因地震等不可抗力造成损害的,仍然应当承担侵权责任。所以,这句话实际上是明确了侵权人的免责事由。

如前所述,我国已经建立了比较完备的环境法律体系,环境保护法、海洋环境保护法、水污染防治法、大气污染防治法、固体废物污染环境防治法、环境噪声污染防治法、放射性污染防治法等环境单行法律对行为人不承担责任或者减轻责任的情形作了规定,主要有与有过失、受害人故意、第三人责任、不可抗力等。如海洋环境保护法第 89 条第 1 款规定:"造成海洋环境污染损害的责任者,应当排除危害,并赔偿损失;完全由于第三者的故意或者过失,造成海洋环境污染损害的,由第三者排除危害,并承担赔偿责任。"第 91 条规定:"完全属于下列情形之一,经过及时采取合理措施,仍然不能避免对海洋环境造成污染损害的,造成污染损害的有关责任者免予承担责任:(一)战争;(二)不可抗拒的自然灾害;(三)负责灯塔或者其他助航设备的主管部门,在执行职责时的疏忽,或者其他过失行为。"水污染防治法第 96 条第 2 款至第 4 款规定:"由于不可抗力造成水污染损害的,排污方不承担赔偿责任;法律另有规定的除外。水污染损害是由受害人故意造成的,排污方不承担赔偿责任。水污染损害是由受害人重大过失造成的,可以减轻排污方的赔偿责任。水污染损害是由第三人造成的,排污方承担赔偿责任后,有权向第三人追偿。”环境保护单行法有规定的,首先适用单行法的规定,单行法没有规定的,适用民法典总则编和侵权责任编有关免责事由的规定。

(二)行为人应当就其行为与损害之间不存在因果关系承担举证责任

侵权责任构成中的因果关系,是指违法行为作为原因,损害事实作为结果,在它们之间存在的前者引起后果、后者被前者所引起的客观联系。环境侵权适用无过错责任原则,过错不是构成环境侵权责任的要件,所以,因果关系是确定环境侵权能否成立的最重要的要件。

根据本条规定,行为人应当就其行为与损害之间不存在因果关系承担举证责任。这表明我国对环境侵权实行因果关系的举证责任倒置。所谓举证责任倒置,是指在法律规定的一些特殊情形下,将通常应由提出事实主张的当事人所负担的举证责任分配给对方,由对方对否定该事实承担举证责任,如果该方当事人不能就此举证证明,则推定事实主张成立的一种举证责任分配制度。它是举证责任分配的一种特殊表现形式,是相对于一般举证责任分配规则的正常分配结果而言的。其实质便是免除本应由原告承担的举证责任,而就待证事实的反面事实,由被告承担举证责任。将污染行为与损害之间的因果关系的举证义务加于污染者,有利于保护受害人的合法权益。

在一般侵权关系中,加害行为与损害结果之间是否存在法律上的因果关系,学界通说主张采用相当因果关系说,其关键在于,作为原因被考察的事件是否通常会增加损害后果出现的客观可能性。法官依据一般社会见解,按照当时社会所达到的知识和经验,只要一般人认为在同样情形有发生同样结果之可能性即可,存在这种因果关系的举证责任由受害人承担。但是,在环境侵权责任中,由受害人对行为人的行为与其损害之间存在因果关系进行举证非常困难,如果仍然按照民事诉讼中“谁主张,谁举证”原则,由受害人承担因果关系的举证义务,则受害人很难获得救济,这是由环境污染侵权的特殊性决定的。

第一,环境污染损害一般具有长期性、潜伏性、持续性、广泛性的特点,有的环境污染损害地域广泛,污染源与损害结果地距离很远;有的损害结果往往不是即时完成的,而是日积月累慢慢形成的,所以即使产生损害,往往时过境迁,证据灭失,很难判断损害事实是否由某侵权行为造成,使因果关系的证明非常困难。比如日本的哮喘病事件,从 1955 年开始排出废气,到 1961 年开始出现哮喘病人发作,1964 年才开始出现死亡病例,从开始排放到污染损害,历时近十年。

第二,环境污染造成损害的过程具有复杂性,损害并非总是由污染物直接作用人身和财产造成的,往往是污染物与各环境要素或者其他要素相互之间发生物理、化学、生物的反应,经过迁移、扩散、转化、代谢等一系列中间环节后才起作用。甚至有的时候,污染物本身是不会致害的,但和其他因素一起作用就产生了损害,使因果关系表现得十分隐蔽和不紧密,认定十分困难。

第三,有的环境污染侵权涉及一系列的物理、化学、生物、地理、医学等专业知识甚至一些高科技知识,要证明行为与损害事实之间的因果关系,必须具备相关的专门科学技术知识和仪器设备,这些知识、技术和仪器并非平常人所能具备。甚至在一些时候,在现在的科学技术条件下,一些环境污染损害的因果关系还无法认定。

第四,在确定因果关系时,多因一果的现象经常出现。例如,数家工厂向同一河流排污,河水被污染致使饮用该河水的居民感染疾病。在这种情况下,受害人很难或根本无法证明谁是致害人,证明因果关系更困难。

正因为环境污染侵权的这些特殊性,导致环境污染的因果关系链条十分复杂,所以要证明这些因果关系链条就更为复杂,由受害人承担因果关系的举证责任有非常大的难度。为了减轻环境侵权受害人的举证负担,更迅速地救济受害人,举证责任转移或倒置制度便应运而生。

对于环境侵权责任中因果关系举证责任倒置,我国一些单行法也是这样规定的。水污染防治法第 98 条规定:“因水污染引起的损害赔偿诉讼,由排污方就法律规定的免责事由及其行为与损害结果之间不存在因果关系承担举证责任。”

近几十年来,为适应环境侵权责任因果关系举证困难的实际情况,一些国家虽然没有采取因果关系举证倒置,但是通过因果关系推定、降低因果关系的证明标准等方式,减轻原告方的举证责任。根据学者概括,主要有盖然性因果关系、疫学因果关系、概率因果关系、间接反证法四种学说。日本在公害及环境污染侵权中,没有引进举证责任倒置,同样要求证明程度达到高度盖然性,但鉴于公害及环境污染侵权的复杂性,受害者不能掌握证明因果关系的资料,证明因果关系的高度盖然性有困难,日本法院在判例中确定了一些认定因果关系的指导规则,通过提高加害人的注意义务、预见义务的导入、因果关系的事实推定来降低原告的举证义务。如1971年新潟水俣病诉讼案中,运用了"门前到达论"认定因果关系,受害人需要证明:第一,被侵权人所患疾病的特征及致病物质;第二,致病物质到达被侵权人的方式;第三,污染人排放了致病物质。被侵权人完成前两点举证后,对于第三点是否存在,通过事实进行推断。1972年四日市公害诉讼案中,对大气、石棉等损害运用了"流行病学因果关系论"认定因果关系,需要证明:第一,致病因子在发病的一定时间前开始发生作用;第二,因子发生作用的程度越显著,疾病的罹患率越高;第三,因子被去除后,该疾病罹患率降低,不含该因子的群体的罹患率极低;第四,致病因子作为原因而发生作用的机制在生物学上可以毫无矛盾地解释清楚。在另一些判例中,法院认为,公害污染案件具有复杂性和专业性,个体受害人证明是否存在因果关系极其困难,从社会和经济的角度考虑不公平,因此,受害人只需提交存在因果关系的表面证据即可,加害人应当实质承担不存在因果关系的证明责任。由于这种事实上的推论在受害人提供初步的因果关系证据时就会形成,推论后举证责任就转移到加害人一方,事实上减轻了受害人的举证义务。

《德国环境责任法》中对因果关系的举证也有规定。《德国环境责任法》第6条第1款规定,就具体情形之下的情况而论,一个设备能够引起所发生的损害的,推定损害是由该设备引起的。至于一个设备在具体情况之下是否能够引起损害,依运营过程、所使用的装置、投入使用以及所产生的材料的性质和浓度、气象学上的情况、损害发生的时间和地点、损害情况本身以及所有其他在具体情况之下能够说明引起损害或者能够说明不引起损害的情况加以判断和认定。之所以要采取因果关系的推定,就是因为证明环境污染与损害之间的因果关系相当困难。

需要注意的是,在环境侵权责任中适用因果关系举证责任倒置,并不意味着受害人就不用负担任何举证义务。在诉讼中,受害人应当首先证明污染行为与损害结果之间存在联系,即存在因果关系的可能性和初步证据,只是这种可能性并不需要如相当因果关系理论要求的那样达到高度盖然性。

第一千二百三十一条　两个以上侵权人污染环境、破坏生态的，承担责任的大小，根据污染物的种类、浓度、排放量，破坏生态的方式、范围、程度，以及行为对损害后果所起的作用等因素确定。

【释义】　本条是关于两个以上侵权人造成损害的责任的规定。

实践中，很多环境侵权往往不是由某一个企业排污造成的，而是多个企业排放污染共同造成的，这就是环境共同侵权行为。多个行为人之间对受害人如何承担责任，行为人之间的责任大小如何确定，即是本条所规范的内容。

（一）两个以上侵权人造成损害的外部责任

适用本条环境共同侵权需要满足以下要件：一是多个侵权主体，有两个或者两个以上的行为人实施了污染环境、破坏生态行为。二是行为人实施了污染环境、破坏生态的行为，因环境侵权采用无过错责任，不需要考虑行为人的主观过错，行为人之间是否存在意思联络，都不影响适用本条。当然，如果受害人能够证明多个行为人之间存在"故意"的意思联络，根据本法第1168条规定，"二人以上共同实施侵权行为，造成他人损害的，应当承担连带责任"，毫无疑问构成共同侵权，但实践中，"共同故意"的情形极为罕见。三是数个侵权行为与损害有总体上的因果关系，并不是单个侵权行为与损害之间有因果关系。四是造成了同一损害。多个侵权人分别排放污染，造成不同种类的损害，如一个企业排放污水，另一个企业排放有毒气体，造成的损害存在明显区别，不构成环境共同侵权，而是根据各自行为造成的损害后果承担侵权责任。

关于两个以上行为人污染环境、破坏生态造成损害，行为人对外是承担连带责任还是按份责任有不同意见。一种意见认为，应当规定污染者对外承担连带责任，再根据污染物排放量等因素确定排污者的内部责任，这样有利于救济受害人。另一种意见认为，应当规定污染者承担按份责任。经研究认为，环境共同侵权较为复杂，不能一概而论，本条主要规范两个以上侵权人造成他人损害时的内部责任划分，多个侵权人对外如何承担责任，应当根据侵权责任编一般规定确定。民法典侵权责任编一般规定对多人侵权的不同情形分别作了规定，第1168条规定了共同侵权，第1171条规定了分别实施侵权行为承担连带责任的情形，第1172

条规定了分别侵权。据此,《最高人民法院关于审理环境侵权责任纠纷案件适用法律若干问题的解释》作了细化,第 2 条规定:“两个以上污染者共同实施污染行为造成损害,被侵权人根据侵权责任法第八条规定请求污染者承担连带责任的,人民法院应予支持。”第 3 条规定:“两个以上污染者分别实施污染行为造成同一损害,每一个污染者的污染行为都足以造成全部损害,被侵权人根据侵权责任法第十一条规定请求污染者承担连带责任的,人民法院应予支持。两个以上污染者分别实施污染行为造成同一损害,每一个污染者的污染行为都不足以造成全部损害,被侵权人根据侵权责任法第十二条规定请求污染者承担责任的,人民法院应予支持。两个以上污染者分别实施污染行为造成同一损害,部分污染者的污染行为足以造成全部损害,部分污染者的污染行为只造成部分损害,被侵权人根据侵权责任法第十一条规定请求足以造成全部损害的污染者与其他污染者就共同造成的损害部分承担连带责任,并对全部损害承担责任的,人民法院应予支持。”

环境共同侵权是环境损害赔偿中的难题,很多国家对此进行了有益探索。在日本,两个以上排污者的环境污染行为被视为共同不法行为。一般情况下,根据《日本民法典》第 719 条的规定,共同不法行为中的每个共同不法行为人都对于全部损害承担连带责任,多个排放者对外承担连带责任后再根据原因力进行相互之间的追偿。但近年来日本的判例以及学说中,将共同不法行为分为“弱关联共同性”和“强关联共同性”。为了保护受害人,一般情况下,对于“弱关联共同性”也类推适用《日本民法典》第 719 条第 1 款中关于无法得知共同行为人中的某一人是否施加了不法行为对他人造成损害时,各人对于该损害负有连带责任的规定,由有加害可能的人全部承担连带责任,但加害人可以通过证明自己的行为与损害没有因果关系来免除赔偿责任。在有些仅认定为“弱关联共同性”的判例中,如西淀川公害,综合判断各人的样态、归责性、原因力,认为不应承担连带责任,判定承担按份责任,对证明自身行为与损害没有因果关系或责任明显很小的人,认可免责或减责。对依据《日本大气污染防治法》等的无过错责任适用共同不法行为的情形,根据排放量、排放浓度,认为行为人对于损害的发生应负责任明显很小时,日本法院可以对这一情况加以考虑,免除或减轻此行为人的责任。这种情形下,该行为人需向法院提交自己事业场所的排放量、排放浓度的记录。《日本大气污染防治法》第25条第2款规定，对于由两个以上的事业者向大气中排放有害健康的物质而引起的该损害赔偿责任，适用民法第719条第1款的规定（共同不法行为）的情形下，当认为事业者对于该损害的造成应负责任明显很小时，裁判所在决定该事业者的损害赔偿金额时可以对这一情况加以考虑。《日本水污染防治法》第19条第1款也有类似规定。

（二）两个以上侵权人造成损害的内部责任

环境共同侵权不仅要解决多个侵权人的外部责任问题，也要解决多个侵权人内部如何划分责任的问题。从理论上讲，每个侵权人承担责任大小的依据是侵权人的污染行为在导致损害的结果中所占的原因力的比例多少。但是，环境污染中原因力的确定比较复杂，要综合考虑污染物的种类、浓度、排放量，破坏生态的方式、范围、程度，以及行为对损害后果所起的作用等因素。排放污染物的种类是指导致损害结果的污染物的种类，如一家企业既排放A有害物质又排放B有害物质，在确定致害污染物只是A有害物质的情况下，则只根据A有害物质的排放来确定原因力。污染物浓度是指单位体积内所含污染物的量，排放量是排放污染物总量乘以排放浓度。例如，一家企业排放污水10吨，浓度是0.1%，另一家企业排放污水5吨，浓度是0.2%，排放量的计算是排放污水总量乘以排放浓度，并非单指排放污水总量。破坏生态的方式包括但不限于乱捕滥猎、乱砍滥伐、毁林造田，范围指受到损害的生态环境因素，如动物种群、植物种群、植物覆盖等，程度指与物种种群数量、密度、结构等与生态环境基线的差异。

当然，除了本条列举的外，排放物质的致害性、排放地与损害发生地的距离、排放时间、排放频率等多种因素也会对判断行为人的责任大小产生影响。《最高人民法院关于审理环境侵权责任纠纷案件适用法律若干问题的解释》第4条规定："两个以上污染者污染环境，对污染者承担责任的大小，人民法院应当根据污染物的种类、排放量、危害性以及有无排污许可证、是否超过污染物排放标准、是否超过重点污染物排放总量控制指标等因素确定。"

第一千二百三十二条　侵权人违反法律规定故意污染环境、破坏生态造成严重后果的，被侵权人有权请求相应的惩罚性赔偿。

【释义】　本条是关于侵权人承担惩罚性赔偿的规定。

(一)环境侵权中引入惩罚性赔偿制度的必要性

现代社会工业化快速发展,在创造大量社会财富的同时,也带来了巨大的社会风险,环境污染和生态破坏就是这种发展带来的重大风险之一。总体上看,当前我国环境污染形势严峻,雾霾天气多发、城市河道水体黑臭、垃圾围城、土壤污染、危废处置污染等问题突出,严重损害了社会公众的人身和财产权利,环境和生态也受到重创。如何充分保护环境侵权的受害者,是摆在民法面前的一道重要课题。

填平原则,又称补偿性赔偿原则,一直是民法特别是侵权损害赔偿坚持的基本原则,是指在确定损害赔偿时应以受害人的实际损失为准,损失多少赔多少,受害人不能从中获取超过损失的利益。环境侵权同样遵从这一原则,但在司法实践中,受害人多处于弱势地位,经济实力不足;由于环境侵权诉讼专业性较强,即便实行因果关系举证责任倒置,受害人只需证明污染行为与损害后果之间存在关联性,但由于信息不对称,也是困难重重,例如,损害鉴定评估周期长、费用高,有些案件中鉴定费用甚至超过赔偿金额。所以,总体而言,环境损害赔偿数额较低,往往不足以弥补实际损害,更难以震慑企业排污行为。在这种背景下,有必要在环境侵权中探索和逐步建立惩罚性赔偿制度。

一是有利于充分救济受害人,鼓励受害人积极维权。正如前面所述,因环境侵权诉讼存在种种困难,环境侵权赔偿数额往往不足以覆盖受害人的实际损害,甚至低于律师费、鉴定费等,故很多受害人存在畏难情绪,不愿意提起诉讼。增加惩罚性赔偿的规定,能够增加受害人对赔偿数额的预期,提高受害人的维权积极性。

二是有利于惩罚恶意侵权人。有些污染环境和破坏生态的行为恶劣,损害后果严重,而且严重影响社会的可持续发展。尽管环境侵权适用无过错责任,即侵权人无论主观是否有过错,都要承担侵权责任,但在计算赔偿数额时,行为人是否有过错以及过错程度是需要重点考量的因素之一。侵权人主观有恶意,其行为的非难性更强,更应当受到法律的否定性评价。惩罚性赔偿制度主要聚焦于此,规定恶意侵权人付出的赔偿数额要高于一般侵权人,从经济上给予其严厉打击,彰显惩罚性,遏制恶意侵权行为。

三是有利于警示他人不得实施类似的侵权行为。惩罚性赔偿不仅具有惩罚作用,还有阻吓作用,使潜在的侵权行为人对侵权后果望而生畏,不敢再重蹈覆辙,避免类似的侵权行为再次发生。

(二)环境侵权惩罚性赔偿的构成要件

1. 侵权人实施了不法行为

根据本条规定,侵权人的环境污染和破坏生态行为应当违反了法律规定。在起草过程中,有的学者认为,将“违反法律规定”作为惩罚性赔偿的构成要件不合理,加重了受害人的举证负担,不利于对受害人的全面救济。另有学者认为,只有行为人的行为违反了国家环境行政法律法规的规定,才有可能构成惩罚性赔偿。如果民法惩罚合法排污行为,则与环境行政法律发生冲突,法律对企业行为的指引功能会发生错乱,企业将无所适从。

经研究认为,惩罚性赔偿不同于普通环境侵权,其赔偿数额更高,具有普通环境侵权不具备的惩罚功能,故其构成要件应当更为严格。企业的排污行为只要符合国家环境行政法律法规的要求,从行政法的角度看,那就是合法的,企业的正常生产经营活动是社会正常发展所必需的,应当为法律所保护和鼓励。对企业的合法排污行为施以惩罚,必须以企业违反法律规定为前提,否则不具有正当性。

2. 侵权人主观具有故意

根据本条规定,侵权人的主观状态应当是故意。这是惩罚性赔偿与普通环境侵权的又一显著不同点。在起草过程中,大家一致认为,惩罚性赔偿制度的设计初衷就是针对恶意侵权人,但对如何定义恶意,也有不同看法。有观点认为,应将恶意规定为故意或者重大过失,若仅规定故意,则不恰当地缩小了惩罚性赔偿的适用范围,降低了受害人维权的积极性。

经研究认为,在环境侵权引入惩罚性赔偿制度之初,不宜将范围扩得过大。“故意”作为一种主观状态,难以直接证明,实践中一般通过侵权人的行为来认定,如侵权人多次非法排污并受到行政机关处罚、侵权人将未经处理的废水废气废渣直接排放或者倾倒、侵权人关闭环境在线监测系统或者故意干扰监测系统、侵权人在正常排污设施外留有偷排孔等,这些都能证明侵权人对其排污行为所可能造成的后果,绝对不是疏忽大意,而是故意为之、放任严重后果的发生。经过一段时间的司法实践,司法机关可以总结审判经验,将“故意”的主观状态细化为具体行为,受害人只要证明侵权人有列举的几种情形,就可以认定其主观为故意,减轻受害人的举证负担。

3. 造成严重后果

根据本条,侵权人的行为造成严重后果的,才可能构成惩罚性赔偿。惩罚性赔偿具有惩罚功能,在适用上应当遵循谦抑原则,不能对侵权人动辄就处以惩罚性赔偿。惩罚性赔偿制度应当聚焦损害后果严重的侵权行为,即不仅对受害人的人身、财产造成严重损害,还可能对生态环境造成严重损害甚至不可逆转损害的侵权行为。2009年侵权责任法第47条规定:"明知产品存在缺陷仍然生产、销售,造成他人死亡或者健康严重损害的,被侵权人有权请求相应的惩罚性赔偿。"该条第一次明确在民法中引入惩罚性赔偿概念,同样要求"严重损害"的后果。

本条没有规定惩罚性赔偿金的计算方式,在起草过程中,有关部门和学者提出很多方案,有的观点建议规定为补偿性赔偿金的2倍或者3倍;有的观点建议参考消费者权益保护法第55条的规定,设最低赔偿额,防止赔偿金过低起不到惩罚作用;有的观点建议设赔偿额上限,防止出现天价赔偿金,最后难以执行,起不到实际效果,等等。经研究,考虑到惩罚性赔偿金的计算是一个综合过程,需要考虑多个因素,如侵权人的主观恶性程度,侵权人违法行为的严重性、频率,损害后果的严重性,侵权人的生产经营情况和执行能力,侵权人是否积极采取补救措施,侵权人受到刑事罚金、行政处罚、公益诉讼的情况等,很难用一个统一的公式来表达,故对这一点留待司法实践进一步探索。

(三)惩罚性赔偿制度概述

1. 惩罚性赔偿的概念

惩罚性赔偿是损害赔偿的一种,与补偿性赔偿相对。惩罚性赔偿最初由英国侵权法创设,除了含有对加害人的制裁之意,更多的是强调此种赔偿的社会示范作用,即赔偿的威慑性。美国法中主要强调其惩罚性,通过给不法行为人施加更重的经济负担,以制裁不法行为。《美国侵权法第二次重述》中规定,惩罚性赔偿不同于补偿性损害赔偿和象征性损害赔偿,是为惩罚被告人的邪恶行为以及防止其本人和其他人再发生类似行为而判决其承担的赔偿金。美国统一州法全国委员会制定的《惩罚性赔偿示范法》则将其表述为,判给原告的一笔金钱,目的就是惩罚和遏制被告的不法行为。

我国学者一般认为,惩罚性赔偿是指当被告以恶意、故意、欺诈或放任的方式实施加害行为而致原告受损时,原告可以获得实际损害赔偿之外的增加赔偿。因其目的在于通过对被告施以惩罚,以阻止其重复实施恶意行为,并警诫他人不要采取类似行为,所以,惩罚性赔偿通常不适用于违约行为,而多适用于侵权行为。

2. 我国现有法律中有关惩罚性赔偿的规定

1994 年施行的消费者权益保护法第 49 条规定:"经营者提供商品或者服务有欺诈行为的,应当按照消费者的要求增加赔偿其受到的损失,增加赔偿的金额为消费者购买商品的价款或者接受服务的费用的一倍。"一般认为这是我国民事法律中最早有关惩罚性赔偿的规定。

2009 年施行的食品安全法第 96 条第 2 款规定:"生产不符合食品安全标准的食品或者销售明知是不符合食品安全标准的食品,消费者除要求赔偿损失外,还可以向生产者或者销售者要求支付价款十倍的赔偿金。"

2010 年施行的侵权责任法第 47 条规定:"明知产品存在缺陷仍然生产、销售,造成他人死亡或者健康严重损害的,被侵权人有权请求相应的惩罚性赔偿。"这是我国第一次在法律中使用了"惩罚性赔偿"。

2013 年修正的消费者权益保护法第 55 条规定:"经营者提供商品或者服务有欺诈行为的,应当按照消费者的要求增加赔偿其受到的损失,增加赔偿的金额为消费者购买商品的价款或者接受服务的费用的三倍;增加赔偿的金额不足五百元的,为五百元。法律另有规定的,依照其规定。经营者明知商品或者服务存在缺陷,仍然向消费者提供,造成消费者或者其他受害人死亡或者健康严重损害的,受害人有权要求经营者依照本法第四十九条、第五十一条等法律规定赔偿损失,并有权要求所受损失二倍以下的惩罚性赔偿。"

2013 年修正的商标法第 63 条第 1 款中规定,"对恶意侵犯商标专用权,情节严重的,可以在按照上述方法确定数额的一倍以上三倍以下确定赔偿数额"。

2017 年施行的民法总则第 179 条第 2 款规定:"法律规定惩罚性赔偿的,依照其规定。"

从上述规定可以看出,近几年来,我国民法不断拓展惩罚性赔偿的适用范围,直至民法总则明确将惩罚性赔偿作为民事责任承担方式之一。

3. 其他国家和地区有关惩罚性赔偿制度的主要情况

(1)大陆法系国家和地区

以德国为代表的传统大陆法系对于公法、私法的调整范围进行了严格划分。为保证法律体系的逻辑性和严密性,传统理论认为,民法在民事赔偿领域实行同质补偿原则,不适用惩罚性赔偿制度。

①德国

《德国民法典》以及其他民事法律中没有惩罚性赔偿的规定。在德国,私法上的惩罚是不可接受的。德国最高法院曾在判决中表示,不能因为过错特别严重而判决更大的赔偿额,民事责任不具有惩罚功能,因此过错的严重性不能证明判决一个比实际损害更多的赔偿是正当的。

基于这一认识,德国法院也拒绝承认和执行外国法院的惩罚性赔偿判决。1992年,德国联邦最高法院拒绝承认和执行美国加利福尼亚州一家法院作出的35万美元补偿性赔偿和40万美元惩罚性赔偿的判决。德国联邦最高法院审查认为,执行惩罚性赔偿与作为宪法原则的补偿损害理念相悖,也违反了由国家进行惩罚性制裁的原则。最终裁定只承认和执行补偿性赔偿,拒绝承认和执行惩罚性赔偿。

虽然德国一直拒绝在民事诉讼中承认惩罚性赔偿,但德国学者Volker Behr发现这一观点正在逐渐改变。他指出,德国法院的多次判决明显不能被视为补偿性的赔偿。例如,在一个侵犯人格权的案件中,德国联邦最高法院认为,下级法院判决的赔偿金额太小无法起到遏制效果。又如,在一些知识产权案件中,一些计算损害额的方法超过了对原告的补偿。Volker Behr预计,只要惩罚性赔偿金额并不过高,德国法院今后也会执行惩罚性赔偿。

②法国

长期以来,法国一直坚持禁止在民事诉讼中判决惩罚性赔偿的传统规则,惩罚性赔偿被认为属于刑事程序的范畴。根据《法国民法典》,因违反合同或者遭受侵权受到损害的,当事人只能恢复到未曾遭受过损害的状态,这被称为"全面补偿原则"。法国承认包括精神损害赔偿在内的非金钱损害,但这并不具有惩罚性,只是用来补偿受害人而非惩罚加害人。

但近年来,法国国内有关"全面补偿原则"的争论越来越多,这已经不再被视为绝对原则。一些法国法官为了弥补损失,尽管没有称之为惩罚性赔偿,但判决的数额往往超出了实际损失。2004年,根据希拉克总统的提议,法国成立了改革民法典委员会,该委员会于2005年向司法部提交了改革债法编的草案初稿。最具意义的是,建议草案第1371条中明确规定了惩罚性赔偿,如果某人的过错明显是预谋的,特别是其目的是获得利益,可以在补偿性赔偿之外,作出惩罚性赔偿。法官在判决惩罚性赔偿时,必须给出充足的理由,必须将惩罚性赔偿与其他性质的赔偿区分开来。尽管这一提议尚未成为法律,但这显示了法国将来承认惩罚性赔偿的趋势。

法国最高法院于 2010 年 12 月 1 日对是否执行美国加州最高法院作出的包含惩罚性赔偿的判决作出的裁定,显示了法国法院对惩罚性赔偿的认识。加州最高法院判决被告赔偿原告 139 万美元补偿性赔偿和 146 万美元惩罚性赔偿。法国最高法院认为,原则上讲,作出惩罚性赔偿的外国裁判并不违背法国公共政策,应当被承认。但该判决作出的 146 万美元惩罚性赔偿明显高于 139 万美元补偿性赔偿,与实际损害不合比例,违背了法国公共政策,因而拒绝执行。

有法国学者认为,尽管法国目前没有惩罚性赔偿,但这一制度即将到来。

③日本

日本现行法律中没有惩罚性赔偿制度,日本最高法院在 1997 年以违反公共秩序为由拒绝承认和执行美国加州一家法院作出的包含惩罚性赔偿的判决,并在裁判中指出,对加害人进行制裁,抑制将来的类似行为,是委托给刑事或行政制裁的,这样看来的话,在侵权的当事人间,受害人从加害人那里除获得包括实际发生的损害赔偿外,再获得作为制裁和以一般预防为目的的慰谢金的支付,被看作与上述日本基于侵权行为的损害赔偿制度的基本原则或基本理念所不相容的。

但是在学说上,肯定惩罚性赔偿的见解正在增多。作为立法论,日本有的学者认为在局部领域有导入惩罚性损害赔偿的必要。主张引进美国惩罚性赔偿制度的学者田中英夫和竹内昭夫认为,在美国法中,侵权行为法发挥着抑制违法行为的功能,其中惩罚性损害赔偿和 2 倍、3 倍赔偿或法定最低赔偿额对违法行为的抑制发挥着巨大的作用;与此相对,日本的损害赔偿额的认定缺乏灵活性,而且赔偿额也很低,所以损害赔偿这一制裁并未发挥出对违反法律行为的抑制功能。

④我国台湾地区

我国台湾地区是大陆法系中较早采纳惩罚性赔偿制度的地区。早在 1988 年修改“证券交易法”时就明确规定了这一制度,2010 年修改后的该"证券交易法"第 157 条之一第 3 项规定,违反第 1 项或前项规定者,对于当日善意从事相反买卖之人买入或卖出该证券之价格,与消息公开后 10 个营业日收盘平均价格之差额,负损害赔偿责任;其情节重大者,法院得依善意从事相反买卖之人之请求,将赔偿额提高至 3 倍;其情节轻微者,法院得减轻赔偿金额。

为促使企业经营者重视其所提供的商品、服务的质量,维护消费者利益,惩罚恶意企业经营者,并防止其他企业经营者仿效。我国台湾地区在 1994 年制定"消费者保护法"时第一次使用"惩罚性赔偿金"。其第 51 条规定,所提之诉讼,因企业经营者之故意所致之损害,消费者得请求损害额 3 倍以下之惩罚性赔偿金;但因过失所致之损害,得请求损害额 1 倍以下之惩罚性赔偿金。为便利受害消费者能尽速求偿,同时减轻被害人的举证责任,1999 年制定的"健康食品管理法"第 29 条规定,出卖人有违反第 7 条、第 10 条至第 14 条之情事时,买受人得退货,请求出卖人退还其价金;出卖人如系明知时,应加倍退还其价金;买受人如受有其他损害时,法院得因被害人之请求,依侵害情节出卖人支付买受人零售价 3 倍以下或损害额 3 倍以下,由受害人择一请求之惩罚性赔偿金。但买受人为明知时,不在此限。制造、输入、贩卖之业者为明知或与出卖人有共同过失时,应负连带责任。

当初引进惩罚性赔偿制度在我国台湾地区引起了很大争议,反对者认为,在大陆法系,惩处行为人的恶性已由刑事责任涵盖,在民事程序中课以惩罚性赔偿金,会造成刑事与民事性质的混淆;损害赔偿的目的只在于填补被害人所受损害,惩罚性赔偿金违反了损害赔偿原则;对过失侵害行为课以惩罚性赔偿金,有失妥当。

(2)英美法系国家

不同于大陆法系国家和地区,英美法系国家普遍承认惩罚性赔偿,但惩罚性赔偿的适用范围、金额因国家不同而有所不同。

①英国

大多数学者认为,惩罚性赔偿最初源于 1763 年英国法官 Lord Camden 在 Huckle v. Money 一案中的判决。但早期英国普通法并没有明确惩罚性赔偿的适用范围,基本由法官自由裁量,广泛适用于各类侵权案件。

英国现行惩罚性赔偿的适用规则由英国上议院在 1964 年 Rookes v. Barnard 一案中确立,在该案处理中,英国上议院全面检讨了有关刑事诉讼后不应允许在民事诉讼中继续作出惩罚性损失赔偿的决定,而主要原因就是这会给民事诉讼与刑事诉讼的区分造成混乱。但上议院也认为有例外情况,并说明有三种情况可以判惩罚性损失赔偿:一是政府官员的压迫性、随意性或违反宪法的行为;二是侵权方计算过侵权行为对其的好处大过坏处,也就是侵权会带来更大的经济利益;三是立法明示允许作出惩罚性损失赔偿。

长期以来,英国普通法对惩罚性赔偿的批评不断,但英国法律委员会在 1993 年的咨询文件中最终认为,惩罚性赔偿应当被保留,但法律必须对其严格限制并使之合理化,惩罚性赔偿金只能适用于故意严重漠视原告权利的侵权案件,尤其是双方地位不平等、原告的人格权受到侵害的场合,但不能适用于违约。违约不能判处惩罚性赔偿金的情况也有所变化,如果违约同时可视为侵权,且侵权应判予惩罚性赔偿金,则违约也应判予惩罚性赔偿金。

②美国

美国是目前惩罚性赔偿制度最为完善、影响最为深远的国家。在美国,惩罚性赔偿最早在 1784 年的 Genay v. Norris 一案中被确认。早期的惩罚性赔偿主要集中于故意或不道德的侮辱行为。进入 20 世纪,惩罚性赔偿制度在美国得到广泛应用,在很多方面已经远远超越了传统惩罚性赔偿的界限,被适用于侵权法、合同法、财产法、劳工法以及家庭法。伴随大公司和大企业的蓬勃兴起,其制造的各种不合格商品对消费者造成了严重损害。由于大公司财大气粗,补偿性赔偿难以对其制造和销售不合格甚至危险商品的行为起到遏制作用,这就需要通过惩罚性赔偿保护消费者的利益,于是惩罚性赔偿逐渐适用于产品责任,同时赔偿的数额也在不断提高。1976 年最高惩罚性赔偿金仅为 25 万美元;在 1981 年的一个案件中,陪审团确认的赔偿金竟高达 12 亿美元,上诉审确认为 350 万美元;1993 年的 TXO Production Corp. v. Alliance Resources Corp. 案中,美国最高法院确认了 1000 万美元的惩罚性赔偿金;1994 年 Liebeck v. McDonald's Resturants 案中,原告 Stella Liebeck 因麦当劳咖啡洒到腿上造成严重烫伤并需要植皮治疗,陪审团确认了 16 万美元的补偿性赔偿和 270 万美元的惩罚性赔偿,后法官将惩罚性赔偿减少到 48 万美元。美国有一些法院作出了数十万甚至上千万美元的惩罚性赔偿金,这使人产生一种印象,那就是美国惩罚性赔偿金总是这么高。但根据部分学者和美国司法部的统计数据，在所有进入审判的民事案件中，只有2%的案件作出了惩罚性赔偿，惩罚性赔偿金额的中间值介于3.8万美元与5万美元之间。

在美国，惩罚性赔偿责任的构成要件一般包括：第一，主观要件。只有在行为人主观过错较为严重的情况下，才能适用惩罚性赔偿，根据美国一些法院作出的判例和州的立法要求，一般要求行为人主观为故意、恶意、严重疏忽、明显不考虑他人的安全或者重大过失等。第二，行为具有不法性和道德上的应受谴责性。由于惩罚性赔偿注重惩罚，一般不适用于轻微的违反注意义务的行为，主要针对具有不法性和道德上应受谴责的行为，这些行为已经超过了社会容忍的限度。第三，造成损害后果。在适用惩罚性赔偿时，受害人必须首先证明已经发生了实际损害，而且这种损害是被告行为造成的。

在美国，除个别州外，绝大多数州都明确承认惩罚性赔偿制度。惩罚性赔偿在美国得到较为广泛的适用，不仅受其法律价值取向、法律传统的影响，而且与美国固有的制度紧密相关：一是陪审制度。陪审制度是在《美国宪法第七修正案》中明确规定的，陪审团成员可能会基于对侵权行为的厌恶而从情感上作出高额赔偿的认定。二是民事诉讼制度。在美国，民事诉讼实际上是一项重要的法律实施机制，原告充当"私人总检察官"，通过私人民事诉讼执行行政法规。三是律师制度。在美国侵权案件中，律师一般采取风险代理，如果当事人胜诉，律师将获得判决赔偿金的一部分，这在客观上刺激原告提起诉讼并追求高额赔偿。

美国国内关于惩罚性赔偿存废的争论一直在持续，对惩罚性赔偿的合宪性以及过高的赔偿数额都曾发生过激烈争议，甚至引发了对惩罚性赔偿危机的讨论。反对惩罚性赔偿制度的理由主要有：(1)惩罚性赔偿违反了宪法。首先，《美国宪法第十四修正案》规定，剥夺被告财产应当符合正当的法律程序。惩罚性赔偿金额由陪审团决定，缺乏明确的法律规定和标准，被告难以预见，违反了正当程序要求。其次，适用民事诉讼程序作出惩罚性赔偿，使被告缺乏充分救济。(2)原告取得巨额赔偿金不具合理性。原告获得的惩罚性赔偿数额往往超出其实际损失，使原告因受害而得利。(3)惩罚性赔偿的数额难以确定，容易导致滥用。在很多案件中，陪审团不是根据被告的过错及其行为造成的损失决定惩罚性赔偿的数额，而是以被告的财富为标准。(4)过高的惩罚性赔偿会阻碍经济发展。惩罚性赔偿会加重企业经济负担,甚至可能导致破产,企业也会通过提高成本等方式将赔偿转嫁给消费者;还会使生产商不敢开发新产品和新技术,影响产业发展。

惩罚性赔偿制度一直是《美国侵权法》改革的焦点问题,在 20 世纪 70 年代至 90 年代,美国惩罚性赔偿适用的总趋势是赔偿数额不断提高,但在大多数案件中,被告是否应承担惩罚性赔偿责任以及应当赔偿多少并没有明确的标准。自 20 世纪 80 年代起,美国掀起了一场对惩罚性赔偿的批评运动。许多学者认为,惩罚性赔偿在产品责任中的广泛运用妨碍了经济自由,对美国经济和科技的发展造成了不良影响,应当废除惩罚性赔偿制度。赞成惩罚性赔偿制度的学者也认为需要对惩罚性赔偿的数额作出一定限制。近二三十年来,美国大多数州都对惩罚性赔偿制度进行了改革,通过立法或者判例对哪些情形适用惩罚性赔偿、如何确定惩罚性赔偿金额等内容进行了规范,如对被告主观条件作严格限定,规定惩罚性赔偿的上限,规定了免于承担惩罚性赔偿的情形,禁止重复判决惩罚性赔偿,强制将部分惩罚性赔偿金交由政府基金等。

(3)小结

从以上主要国家和地区惩罚性赔偿制度的实践情况以及存在的争议看,两大法系对惩罚性赔偿制度的态度正在从两个极端向中间靠拢。德国、法国等大陆法系代表国家过去绝对不承认惩罚性赔偿的态度正在软化,主张在法律中规定惩罚性赔偿的呼声越来越高,法官拒绝承认和执行外国惩罚性赔偿判决的立场也有所松动;而美国最高法院也注意到惩罚性赔偿制度存在的一系列问题,通过判例确立了若干规则,美国各州也纷纷通过立法和判例修正其适用范围、赔偿金额等。

第一千二百三十三条　因第三人的过错污染环境、破坏生态的,被侵权人可以向侵权人请求赔偿,也可以向第三人请求赔偿。侵权人赔偿后,有权向第三人追偿。

【释义】 本条是关于因第三人的过错污染环境和破坏生态责任的规定。

第三人,是指除污染者与被侵权人之外的第三人,对被侵权人损害的发生具有过错,包括故意和过失。本条规定的是如果污染环境造成损害是由第三人的过错引起的,责任如何承担的问题。这种情况需具备以下两个条件:首先,第三人是指被侵权人和污染者之外的第三人,即第三人不属于被侵权人和污染者任何一方,第三人与受害者和污染者之间不存在法律上的隶属关系,如雇佣关系等。其次,第三人和污染者之间不存在意思联络。如果第三人与污染者有意思联络,则第三人与污染者构成共同侵权,不属于本条规范的适用范围。

本条规范属于不真正连带责任。不真正连带责任,是指多数行为人违反法定义务,对一个受害人实施加害行为,或者不同行为人基于不同的行为而致使受害人的权利受到损害,各个行为人对产生的同一内容的侵权责任,各负全部赔偿责任,并因行为人之一的履行而使全体责任人的责任归于消灭的侵权共同责任形态。

(一)被侵权人可以向侵权人请求赔偿

根据本编规定,环境侵权责任适用无过错责任归责原则,只要符合第 1229 条的构成要件,侵权人就要承担侵权责任,而不考虑其主观是否存在过错。根据本法第 1175 条规定,损害是因第三人造成的,第三人应当承担侵权责任。一般而言,第三人就是真正的侵权人,被请求承担侵权责任的人可以因此而免责。但是,在环境侵权责任中,即便侵权人的环境侵权行为是因第三人行为介入引起的,如有人偷偷关闭污水、废气净化设施,企业采购的排污净化设备质量不合格等,导致排污严重超标,侵权人也无法据此主张免责。此前,单行法对侵权人是否因第三人过错行为而免责,有着不同的规定,如水污染防治法第 96 条第 4 款规定:"水污染损害是由第三人造成的,排污方承担赔偿责任后,有权向第三人追偿。"1999 年修订的海洋环境保护法第 90 条第 1 款规定:"造成海洋环境污染损害的责任者,应当排除危害,并赔偿损失;完全由于第三者的故意或者过失,造成海洋环境污染损害的,由第三者排除危害,并承担赔偿责任。"但在 2009 年制定侵权责任法时,立法机关对此进行了研究,认为第三人过错行为不应当是侵权人的免责事由。《最高人民法院关于审理环境侵权责任纠纷案件适用法律若干问题的解释》第 5 条第 3 款也作出类似规定:"污染者以第三人的过错污染环境造成损害为由主张不承担责任或者减轻责任的,人民法院不予支持。"

(二)被侵权人也可以向第三人请求赔偿

侵权人承担环境侵权责任的同时,因第三人的过错行为与损害后果之间存在法律上的因果关系，被侵权人也可以直接请求第三人承担侵权责任。但需要注意的是，第三人承担责任与侵权人承担责任存在明显区别，侵权人承担的是无过错责任，被侵权人无需证明侵权人的主观过错，不存在因果关系的举证责任由侵权人承担；而第三人承担的是过错责任，需要符合一般侵权的构成要件，即不法行为、主观过错、损害后果、不法行为与损害后果之间存在因果关系，这些都需要由被侵权人承担举证责任，不适用举证责任倒置的规定。

（三）被侵权人可以选择请求对象

根据本条规定，被侵权人既可以向侵权人请求赔偿，也可以向第三人请求赔偿，也可以同时向侵权人和第三人请求赔偿。赋予被侵权人选择权，方便被侵权人主张权利、及时获得赔偿，有利于加强对被侵权人的保护，避免被侵权人因侵权人或者第三人其中一方没有赔偿能力而无法得到充分救济。但是，被侵权人对侵权人和第三人的赔偿请求权，只能择一行使，因其只有一个"损害后果"，向被侵权人主张权利或者向第三人主张权利，被选择的一个请求权实现之后，另一个请求权消灭，不能分别行使两个请求权，获得双份赔偿。《最高人民法院关于审理环境侵权责任纠纷案件适用法律若干问题的解释》第5条第1款对此也有规定："被侵权人根据侵权责任法第六十八条规定分别或者同时起诉污染者、第三人的，人民法院应予受理。"

（四）侵权人有权向第三人追偿

根据本条规定，侵权人赔偿后，有权向第三人追偿。因第三人行为的介入发生环境侵权行为，第三人的行为与损害后果之间存在因果关系，基于"自己行为自己负责"的朴素道理，第三人应当对其不法行为承担相应的责任。通常情况下，被侵权人会首先向侵权人请求赔偿，侵权人赔偿后，有权请求第三人承担责任。但第三人行为介入的情形比较复杂，损害后果可能完全由第三人的故意或者过失行为引起，也可能是由第三人的故意或者过失行为与侵权人的过失行为共同引起，第三人行为对损害后果的原因力可能很大也可能很小。具体到个案，第三人最终应当承担多少份额的责任，需要结合具体案情具体分析，侵权人有权向第三人追偿。《最高人民法院关于审理环境侵权责任纠纷案件适用法律若干问题的解释》第5条第2款规定："被侵权人请求第三人承担赔偿责任的,人民法院应当根据第三人的过错程度确定其相应赔偿责任。”

第一千二百三十四条　违反国家规定造成生态环境损害,生态环境能够修复的,国家规定的机关或者法律规定的组织有权请求侵权人在合理期限内承担修复责任。侵权人在期限内未修复的,国家规定的机关或者法律规定的组织可以自行或者委托他人进行修复,所需费用由侵权人负担。

【释义】　本条是关于生态环境损害赔偿制度和民事生态环境修复制度的规定。

生态环境损害赔偿制度是生态文明制度体系的重要组成部分。党中央、国务院高度重视生态环境损害赔偿工作,党的十八大首次将生态文明建设作为“五位一体”总体布局的一个重要部分;十八届三中、四中全会先后提出“对造成生态环境损害的责任者严格实行赔偿制度”“用严格的法律制度保护生态环境”;党的十九大提出要“加快生态文明体制改革、建设美丽中国”。2015年12月,作为生态文明体制改革六大配套方案之一的《生态环境损害赔偿制度改革试点方案》出台,经过两年试点,2017年12月,中央正式发布《生态环境损害赔偿制度改革方案》,在全国试行生态环境损害赔偿制度,提出到2020年,力争在全国范围内初步构建责任明确、途径畅通、技术规范、保障有力、赔偿到位、修复有效的生态环境损害赔偿制度。

(一)生态环境损害赔偿制度与一般环境侵权的不同

《生态环境损害赔偿制度改革方案》建立的生态环境损害赔偿制度与一般环境侵权在很多方面存在不同之处,主要有:

1.适用范围不同

一般环境侵权适用于因污染环境、破坏生态导致或者有可能导致的人身、财产损害的情形,一定是某个民事主体的权益遭受了损害。而根据《生态环境损害赔偿制度改革方案》,生态环境损害,是指因污染环境、破坏生态造成大气、地表水、地下水、土壤、森林等环境要素和植物、动物、微生物等生物要素的不利改变,以及上述要素构成的生态系统功能退化。这里的损害不对应某个民事主体,是对生态环境整体造成的损害。两种损害之间存在关联,多数情况下,造成人身、财产损害的,生态环境或多或少都会有所损害;但反过来,造成生态环境损害的,未必一定会对人身、财产造成具体损害。比如,对途经某地的候鸟滥捕滥猎,造成当地生态恶化,很难说当地居民的人身、财产遭受了何种损害。

2. 责任主体不同

在一般环境侵权中,承担环境污染责任的主要是污染者或者破坏者,也即具体从事排污行为的侵权人;根据案件具体情形,环境影响评价机构、环境监测机构以及从事环境监测设备和防治污染设施维护、运营的机构等第三人,也有可能承担侵权责任。在生态环境损害侵权中,根据《生态环境损害赔偿制度改革方案》,违反法律法规,造成生态环境损害的单位或个人是责任主体,第三人不承担生态环境损害赔偿责任。

3. 归责原则不同

根据本法第 1229 条的规定,一般环境侵权适用无过错责任,不考虑侵权人主观是否存在过错,而且即使侵权人的排污行为符合国家规定,也要承担侵权责任。根据《生态环境损害赔偿制度改革方案》的规定,违反法律法规,造成生态环境损害的单位或个人,应当承担生态环境损害赔偿责任。所以,主流观点认为,这意味着生态环境损害赔偿制度适用过错责任,只有违反法律法规才有可能被追责。

4. 权利主体不同

一般环境侵权适用普通民事诉讼程序,由受害人提起侵权之诉。《生态环境损害赔偿制度改革方案》规定,国务院授权省级、市地级政府作为本行政区域内生态环境损害赔偿权利人。环境保护法第 58 条中规定,"对污染环境、破坏生态,损害社会公共利益的行为,符合下列条件的社会组织可以向人民法院提起诉讼"。民事诉讼法第 55 条第 2 款规定:"人民检察院在履行职责中发现破坏生态环境和资源保护、食品药品安全领域侵害众多消费者合法权益等损害社会公共利益的行为,在没有前款规定的机关和组织或者前款规定的机关和组织不提起诉讼的情况下,可以向人民法院提起诉讼。前款规定的机关或者组织提起诉讼的,人民检察院可以支持起诉。"学者一般将《生态环境损害赔偿制度改革方案》规定的诉讼称为"国益诉讼",将环境保护法规定的社会组织和民事诉讼法规定的检察机关提起的诉讼统称为"公益诉讼"。国益诉讼与公益诉讼的关系在此不再赘述,从性质上讲,这两种诉讼都是为了维护公共利益,只是诉讼主体、诉讼程序有所区别而已。本条规定兼顾这两种诉讼形式,规定的权利主体是"国家规定的机关或者法律规定的组织"。"国家规定的机关”主要指《生态环境损害赔偿制度改革方案》规定的省级、市地级政府以及民事诉讼法规定的检察机关,“法律规定的组织”主要指符合环境保护法以及其他单行法律规定的社会组织。

(二)本条构成要件

1. 违反国家规定

根据本条规定,违反国家规定是承担生态环境损害赔偿责任的要件之一。在起草过程中,对于是否将此作为构成要件,存在不同意见。有的意见认为,生态环境损害赔偿应当与环境侵权一样,只要有损害,就应当赔偿,无论其行为是否违反国家规定。另有意见认为,《生态环境损害赔偿制度改革方案》中规定,违反法律法规,造成生态环境损害的单位或个人,应当承担生态环境损害赔偿责任。

对此,经认真研究认为,生态环境损害赔偿与一般环境侵权不能等量齐观,两种制度的价值取向有所不同。一般环境侵权注重于私人权益的保护,国家规定的排污标准有可能滞后于社会经济发展,不能放任私人权益遭受侵害。而在生态环境侵权中,环境保护法第45条规定:“国家依照法律规定实行排污许可管理制度。实行排污许可管理的企业事业单位和其他生产经营者应当按照排污许可证的要求排放污染物;未取得排污许可证的,不得排放污染物。”根据这一规定,只要经营者依法申请排污许可证并实现达标排放,便不应当承担行政法上的责任。生态环境损害赔偿的权利主体主要是国家机关,国家机关不能一方面发放排污许可证,另一方面对排污行为主张损害赔偿。行政机关可以通过排污许可证制度实现对污染物排放总量和生态环境标准的控制,所以,不宜令其承担生态损害赔偿责任。从这个意义上讲,主流观点认为,生态环境侵权实行过错责任。

2. 生态环境损害

有损害才有赔偿,生态环境侵权依然要遵守民法这一基本原则。但生态环境损害与一般环境侵权中的损害多有不同。长期以来,环境侵权主要关注个体权益的损害,生态环境因其具有公共属性而被忽视。生态环境损害与个人权益损害既有关联也有区别。两者的关联主要表现在,个体权益受到损害很多是以生态环境受到损害为前提的,侵权人污染环境、破坏生态的行为,首当其冲损害的就是生态环境,如污染了空气、地下水、土壤,破坏了植物或动物种群等,以这些被污染的空气、水、土壤和被破坏的生态系统为媒介，侵害了个体权益，具体表现为人畜生病、植物减产等。两者的区别主要表现在，个体权益有明确的权利人，有动力主张损害赔偿，其损害可以用金钱来计算；而生态环境具有明显的公共属性，是人们赖以生存的基础，但在民法中，公共产品缺乏明确的权利主体，难以主张损害赔偿，而且，生态环境损害的计算也并非易事，难以用金钱来补偿。

3. 因果关系

因果关系是构成侵权责任的必要条件，问题的关键在于由谁承担因果关系举证责任。有的意见提出，生态环境侵权本质上与环境侵权一样，因果关系举证责任应当由侵权人承担。对这一问题，《生态环境损害赔偿制度改革方案》没有明确规定，也没有现成的方案可循。主流意见认为由权利人承担更为合适。在环境侵权中，将因果关系举证责任分配给侵权人，主要是考虑到受害人在经济上和专业知识上的不足，侵权人更有举证能力。据此推论，在生态环境损害赔偿诉讼中，国家机关和有关组织作为原告，其实力与环境侵权人相比，显然更为强大，其不仅有公共财政作为支撑，人员、技术能力也更为专业，完全有能力对因果关系进行举证。

（三）民事生态环境修复制度

既然在民法典中规定生态环境损害赔偿制度，那就离不开民事责任，上文讲述了两种侵权制度在多个方面存在不同，那么传统民事责任体系是否适用生态环境侵权呢？根据民法典第179条的规定，民事责任中适用于侵权行为的主要有停止侵害、排除妨碍、消除危险、恢复原状等。

根据本条规定，生态环境能够修复的，应当予以修复。这里为何不用已有的“恢复原状”，而选择“生态环境修复”这个词？生态环境修复，是指将被污染或破坏的生态环境予以修复，恢复其内在功能。与恢复原状在理论上是相通的，都是通过修理等手段将受损害的客体予以复原。但恢复原状的内涵较窄，指恢复到利益受损害前的状态，不影响正常使用；而生态环境具有特殊性，一旦遭到污染或者破坏，不可能完全恢复到受损害前的状态，只能通过技术措施，尽可能地恢复其原有的生态功能、文化功能等，所以，生态环境修复概念的内涵更为宽泛、更有弹性。从这个意义上讲，生态环境修复实际上是传统恢复原状责任在生态环境侵权领域的具体表达。

我国环保法律在用词上也有一个发展过程,2004年修订的固体废物污染环境防治法第85条规定:“造成固体废物污染环境的,应当排除危害,依法赔偿损失,并采取措施恢复环境原状。”第一次以法律形式规定“恢复环境原状”责任方式。水土保持法第30条第1款规定:“国家加强水土流失重点预防区和重点治理区的坡耕地改梯田、淤地坝等水土保持重点工程建设,加大生态修复力度。”第一次在法律中出现“生态修复”的用语。2014年修订的环境保护法第30条第1款规定:“开发利用自然资源,应当合理开发,保护生物多样性,保障生态安全,依法制定有关生态保护和恢复治理方案并予以实施。”第32条规定:“国家加强对大气、水、土壤等的保护,建立和完善相应的调查、监测、评估和修复制度。”2018年土壤污染防治法专设一章“风险管控和修复”,规定了土壤修复制度。

司法实践也对侵权人承担生态环境修复责任进行了有益探索。2014年江苏泰州市中级法院审理的江苏省泰州市环保联合会诉6家化工企业环境修复案即属典型,6家化工企业为降低处置废酸的成本,雇用没有处置资质的人员,间接将废酸直排入河流,导致水体严重污染,法院判决6家企业承担补偿环境修复费用1.6亿余元。

根据本条规定,生态环境修复责任承担主要有两种方式:

1. 请求侵权人在合理期限内承担修复责任

环境修复并不是简单修补了事,而是具有很强的专业性、技术性和复杂性。修复的目的是使受损的生态环境复原至基线水平,是一种技术目标,一般企业或者个人难以完成,多数侵权人不具备修复生态环境的能力。侵权人作为始作俑者,是修复责任的当然承担者,权利人有权请求侵权人在合理期限内承担修复责任。这句话的意思并不是说侵权人必须独立完成修复工程,如果侵权人有能力有资质,可以凭一己之力完成;如果侵权人没有修复能力,可以出资请他人完成修复工程。

2. 自行或者委托他人进行修复

考虑到生态环境保护有及时性、有效性等特点,不能无限期等待侵权人履行修复责任。据此,本条规定,侵权人在期限内未修复的,权利人可以自行或者委托他人履行修复义务。这实际上借鉴了执行程序中代履行制度,所需费用由侵权人承担。从形式上看,完成生态环境修复工程的是权利人或者其委托的第三人,但修复责任仍然由侵权人承担。

第一千二百三十五条　违反国家规定造成生态环境损害的，国家规定的机关或者法律规定的组织有权请求侵权人赔偿下列损失和费用：

（一）生态环境受到损害至修复完成期间服务功能丧失导致的损失；

（二）生态环境功能永久性损害造成的损失；

（三）生态环境损害调查、鉴定评估等费用；

（四）清除污染、修复生态环境费用；

（五）防止损害的发生和扩大所支出的合理费用。

【释义】　本条是关于生态环境损害赔偿范围的规定。

根据中共中央办公厅、国务院办公厅发布的《生态环境损害赔偿制度改革方案》，生态环境损害赔偿范围包括清除污染费用、生态环境修复费用、生态环境修复期间服务功能的损失、生态环境功能永久性损害造成的损失以及生态环境损害赔偿调查、鉴定评估等合理费用。赔偿义务人自行修复或委托修复的，赔偿权利人前期开展生态环境损害调查、鉴定评估、修复效果后评估等费用由赔偿义务人承担。赔偿义务人造成的生态环境损害无法修复的，其赔偿资金作为政府非税收入，全额上缴同级国库，纳入预算管理。赔偿权利人及其指定的部门或机构根据磋商或判决要求，结合本区域生态环境损害情况开展替代修复。

（一）生态环境受到损害至修复完成期间服务功能丧失导致的损失

生态系统服务功能是指生态系统通过自身的作用循环提供给人类的效益或者对生态环境的效益，生态系统服务功能包括生态物质提供功能、生态控制功能、生命维持功能与文化欣赏功能等。生态环境修复需要经历较长一段时间，在此期间生态环境服务功能是不完整的。《环境损害鉴定评估推荐方法（第Ⅱ版）》将期间损害界定为，"生态环境损害发生至生态环境恢复到基线状态期间，生态环境因其物理、化学或生物特性改变而导致向公众或其他生态系统提供服务的丧失或减少，即受损生态环境从损害发生到其恢复至基线状态期间提供生态系统服务的损失量"。生态系统服务功能作为一项独立的价值也应当得到赔偿。

（二）生态环境功能永久性损害造成的损失

并不是所有生态环境损害都是可以修复的，比如滥捕滥杀导致的某些物种灭绝，是不可逆转的；有些生态环境损害虽然可以修复，但无法修复到原来的状态。根据《环境损害鉴定评估推荐方法(第Ⅱ版)》,永久性损害指受损生态环境及其服务难以恢复,其向公众或其它生态系统提供服务能力的完全丧失。《生态环境损害赔偿制度改革方案》也规定,生态环境损害无法修复的,其赔偿资金作为政府非税收入,全额上缴同级国库,纳入预算管理。赔偿权利人及其指定的部门或机构根据磋商或判决要求,结合本区域生态环境损害情况开展替代修复。生态系统功能的永久性损害只能通过价值估算予以赔偿。

(三)生态环境损害调查、鉴定评估等费用

生态环境损害调查是指生态环境损害发生后,权利人为了评估生态环境损害情况进行信息收集的过程。生态环境损害鉴定评估是指鉴定评估机构通过技术方法对生态环境损害情况、赔偿费用、修复行为、修复效果等进行分析评价的行为。调查、鉴定评估等费用也是由生态环境侵权行为而衍生的费用,应由侵权人赔偿。

(四)清除污染、修复生态环境费用

污染行为发生后,清除污染是当务之急。一般来说,清除污染费用包括清污方案制定费用、清除污染操作费用;修复生态环境费用则复杂得多,包括修复方案制定费用、修复实施费用。司法实践对如何计算或确定清除污染、修复生态环境费用作了大量探索,主要有环境违法利益计算法、以排污费一定比例计算法、危险消除计算法、鉴定机构确定法等。由于生态环境修复工作专业性强,有的时间跨度也比较长,法官很难作出精确计算,较为依赖司法鉴定,以鉴定机构评估的费用为基础,综合考虑若干因素计算而成。《最高人民法院关于审理环境民事公益诉讼案件适用法律若干问题的解释》第20条第3款规定:"生态环境修复费用包括制定、实施修复方案的费用和监测、监管等费用。"第23条规定:"生态环境修复费用难以确定或者确定具体数额所需鉴定费用明显过高的,人民法院可以结合污染环境、破坏生态的范围和程度、生态环境的稀缺性、生态环境恢复的难易程度、防治污染设备的运行成本、被告因侵害行为所获得的利益以及过错程度等因素,并可以参考负有环境保护监督管理职责的部门的意见、专家意见等,予以合理确定。"

(五)防止损害的发生和扩大所支出的合理费用

生态环境损害发生后,必须及时采取合理预防、防止损害扩大的措施,将损害控制在最小范围内,也有利于后续治理与修复工作的开展。

《最高人民法院关于审理环境民事公益诉讼案件适用法律若干问题的解释》第 19 条第 2 款也有这一规定："原告为停止侵害、排除妨碍、消除危险采取合理预防、处置措施而发生的费用，请求被告承担的，人民法院可以依法予以支持。"

第八章 高度危险责任

本章共 9 条，主要对高度危险责任的一般规定和几种典型的高度危险作业致害责任作出规定。其中，第 1236 条是关于高度危险责任的一般规定。第 1237 条至第 1240 条大致按照危险程度的高低，区分不同的高度危险作业类型，分别对民用核设施、民用航空器、高度危险物和从事高空、高压、地下挖掘活动、高速轨道运输工具的致害责任及其不承担或者减轻责任的情形作了规定。第 1241 条规定了对遗失、抛弃高度危险物致害责任。第 1242 条规定了非法占有高度危险物的致害责任。第 1243 条规定了未经许可进入高度危险场所受到损害管理人的责任减免情形。第 1244 条对高度危险责任赔偿限额作了规定。

第一千二百三十六条　从事高度危险作业造成他人损害的，应当承担侵权责任。

【释义】 本条是关于高度危险责任的一般规定。

（一）制定本条的立法背景

1. 高度危险责任的发展和境外立法例

19 世纪以来，随着工业革命带来的社会化大生产的迅速发展和科学技术的不断进步，铁路、机械、炸药等广泛应用于生产、生活中，但因此造成他人人身、财产损害的事件时有发生。一方面，人们为了提高社会生产力以发展经济和提高物质生活水平，追求高效、快捷，必然借助这些具有高度危险性的作业；另一方面，由于高度危险作业本身具有对人身和财产的巨大潜在危险性，即使作业者尽最大的注意和谨慎，也不能完全避免侵害的发生。这对当时的立法带来了挑战：其一，是让使用易燃、易爆、剧毒、放射的高度危险物或者使用铁路等作业继续存在和发展，以促进科技进步、提高经济效益和物质生活水平，同时在一定程度上容忍这些高度危险作业不时给人身和财产造成侵害;还是禁止或者限制这些高度危险作业的发展,使传统宁静生活免遭高度危险作业可能带来的侵害,人类一个多世纪的历史义无反顾地选择了前者。其二,如何处理这类高度危险作业给人们的人身和财产造成的损害,是继续沿用过去的过错责任原则,还是提出新的责任归责原则以迎接新的挑战。如果固守传统的过错责任,从事危险活动者往往会以没有过失为借口,使受害人难以甚至无法获得财产上的赔偿。在这种情况下,普鲁士在 1838 年通过的《普鲁士铁路企业法》规定,铁路公司所运输的人及物,或者因转运之事故对他人人身和财物造成损害,应当承担赔偿责任。容易致人损害的企业的企业主即使没有任何过失,也不得以无过失为由请求免除赔偿。后来,该规定扩大适用于包括铁路公司在内的一切容易致人损害(从事高度危险作业)的企业。通常认为这是首次确立高度危险作业无过错赔偿责任原则的法律规定。此后,许多国家和地区相继通过立法对高度危险责任作出了规定。

如何通过法律规定高度危险责任,各国和地区做法不一。有些国家和地区,如德国、瑞士、法国、日本和我国澳门特别行政区等,通过单行法或者民法典个别条款对某些特定高度危险行为进行规范。例如,德国只是在《道路交通安全法》《环境责任法》《航空交通法》《原子能法》《联邦狩猎法》等中对相关具体的危险作业作出规定。德国的立法者和大多数专家认为,具体的危险行为或者危险物品是否需要承担无过错责任(危险责任),都必须通过立法来确定,不允许法院类推适用,因此,不宜在法律中规定危险责任的一般条款。虽然长期以来,一直有学者主张在法律中对危险责任作一般规定,但主流意见还是坚持目前的做法。

而有些国家和地区,如意大利、荷兰、俄罗斯、越南、蒙古、埃塞俄比亚和我国台湾地区等,则对危险责任作了一般性规定。一般规定中如何界定“高度危险”,则有以下三种做法:

(1)不对“高度危险”作出界定,有的仅以“危险活动”概括之,如意大利、蒙古民法典和我国台湾地区的“民法”。我国台湾地区“民法”第 191-3 条规定,经营一定事业或从事其他工作或活动之人,其工作或活动之性质或其使用之工具或方法有生损害于他人之危险者,对他人之损害应负赔偿责任。但损害非由于其工作或活动或其使用之工具或方法所致,或于防止损害之发生已尽相当之注意者,不在此限。我国台湾地区有学者提出，将该条规定的危险源分为5种：第一，所经营的事业本身具有危险性，如化工厂；第二，行为本身具有危险性，如弃置有毒物质；第三，活动本身具有危险性，如赛车比赛、群众集会；第四，使用的工具具有危险性，如高压锅炉；第五，活动采用的方法具有危险性，如使用炸药采矿。

（2）规定高度危险物的认定依据。例如，《荷兰民法典》明确规定"特别严重危险性（物质）"是指按照《荷兰环境有害物质法》规定的标准和方法认定的具有爆炸、氧化、可燃、高度可燃或特别可燃、有毒或剧毒的物质。

（3）对常见的高度危险源作了列举并加以概括性兜底，如俄罗斯、越南、荷兰和埃塞俄比亚。虽然列举内容不尽相同，但一般包括：①高压电（或输电系统）；②易燃物；③易爆物（或爆炸物）；④剧毒物；⑤放射性物质（或原子能）。除此之外，《俄罗斯联邦民法典》将交通工具、机械和建筑行为作为危险源；《越南民法典》将交通工具、运行中的机械、武器和凶猛的动物作为危险源；埃塞俄比亚还将改变地势的行为作为危险源。这些国家的民法典都没有列举尽危险源的范围，《俄罗斯联邦民法典》用"等"字；《越南民法典》用"法律规定的其他高度危险源"；《埃塞俄比亚民法典》用"从事特别危险的工业活动使他人承担不正当的风险"等用语对危险范围作兜底规定。

此外，《美国侵权法第二次重述》则采取了另外一种模式，即对高度危险行为不采取列举和下定义的方式界定，而是明确规定了认定高度危险行为需考虑的几个因素，关于某个行为是否属于高度危险，由法院根据这几个因素进行判断。如《美国侵权法第二次重述》第520条规定了确定异常危险行为的六种因素：①该行为的危险程度；②该行为导致损害的概率；③损害是否难以避免；④该行为是否具有普遍性；⑤进行该行为的场所是否适当；⑥该行为的社会价值。

2. 我国的高度危险责任法律体系和制定本条的立法考虑

在制定侵权责任法之前，我国的高度危险责任法律体系主要是由民法通则对高度危险责任作一般规定，其后由铁路法、民用航空法、电力法等对相关的高度危险行为的民事责任作出规定。民法通则第123条规定，从事高空、高压、易燃、易爆、剧毒、放射性、高速运输工具等对周围环境有高度危险的作业造成他人损害的，应当承担民事责任；如果能够证明损害是由受害人故意造成的,不承担民事责任。这条规定,一是通过列举“高空、高压、易燃、易爆、剧毒、放射性、高速运输工具”这七种常见的高度危险作业形式,同时在其后加上“等对周围环境有高度危险的作业”来界定高度危险作业的范围。二是规定了高度危险作业实行的是无过错原则,并规定了损害由受害人故意造成的,高度危险作业人可以不承担责任。民法通则第 123 条作为高度危险责任的一般规定,为其后制定有关涉及高度危险责任的单行法和司法实践发挥了积极的指导作用。本法延续了侵权责任法第 69 条的规定。

在起草本章时,首先考虑的一个问题是,需不需要规定高度危险责任的一般条款。对此,有的意见认为,我国目前已经有了一些关于高度危险作业的单行法,今后可以通过修改现行法律和制定新的法律,对具体的高度危险责任加以规定,对一时难以通过单行法规范的高度危险行为,可以在本章分别作出有针对性的规定,因此,不需要规定高度危险责任的一般规定。而有些人则认为,高度危险作业的范围和其本身的危险性,是随着科学技术的发展变化而不断发展变化的,通过单行法和侵权责任编对具体高度危险行为的侵权责任进行规定,难以适应社会的发展,因此,应当参考民法通则第 123 条的做法,对高度危险责任作一般性规定。立法机关经研究认为,应当规定高度危险责任的一般条款。这样做的好处是,对目前已有法律规范的高度危险行为侵权责任的共性问题作出规定,可以为司法实践处理尚未有法律明确规范的高度危险行为提供一个指导性原则。因此,本条规定:从事高度危险作业造成他人损害的,应当承担侵权责任。这就明确了高度危险责任为无过错责任。

(二)本条的基本含义

1. 关于本条调整的范围

这里讲的“高度危险作业”,既包括使用民用核设施、高速轨道运输工具和高压、高空、地下挖掘等高度危险活动,也包括占有、使用易燃、易爆、剧毒、高放射性、强腐蚀性、高致病性等高度危险物的行为。“高度危险作业”的表述是个开放性的概念,包括一切对周围环境产生高度危险的作业形式。一般认为,具体行为构成高度危险作业应具备以下三个条件:

第一,作业本身具有高度的危险性。也就是说,危险性变为现实损害的概率很大,超出了一般人正常的防范意识,或者说超出了在一般条件下人们可以避免或者躲避的危险。

第二,高度危险作业即使采取安全措施并尽到了相当的注意也无法避免损害。日常生活中,任何一种活动都可能对周围人们的财产或人身产生一定的危险,但高度危险作业则具有不完全受人控制或者难以控制的危害性。

第三,不考虑高度危险作业人对造成损害是否有过错。

2. 关于归责原则

高度危险作业造成他人损害的,应当承担无过错责任,这也是大部分国家的普遍做法。

3. 关于减免责任事由

作为高度危险责任的一般规定,本条没有写明哪些情形可以不承担责任或者减轻责任。这不是说高度危险责任没有不承担责任或者减轻责任的情形。如果针对具体的高度危险责任,法律规定不承担责任或者减轻责任的,应当依照其规定。例如,铁路法第 58 条规定,因铁路行车事故及其他铁路运营事故造成人身伤亡的,铁路运输企业应当承担赔偿责任;如果人身伤亡是因不可抗力或者由于受害人自身的原因造成的,铁路运输企业不承担赔偿责任。违章通过平交道口或者人行过道,或者在铁路线路上行走、坐卧造成的人身伤亡,属于受害人自身的原因造成的人身伤亡。又如,电力法第 60 条第 2 款规定,电力运行事故由下列原因之一造成的,电力企业不承担赔偿责任:(1)不可抗力;(2)用户自身的过错。民用航空法第 124 条规定,因发生在民用航空器上或者在旅客上、下民用航空器过程中的事件,造成旅客人身伤亡的,承运人应当承担责任;但是,旅客的人身伤亡完全是由于旅客本人的健康状况造成的,承运人不承担责任。

还有一点需要注意,侵权责任编第 1 章规定了一些不承担责任和减轻责任的情形,这些规定是否也适用于本章规定呢?我们认为,如果单行法、本章具体规定了不承担责任和减轻责任的情形,侵权责任编第 1 章的规定原则上不适用。如根据本法第 1237 条的规定,民用核设施发生核事故造成他人损害的,民用核设施的营运单位能够证明损害是因战争、武装冲突、暴乱等情形或者受害人故意造成的,不承担责任。根据这条规定,因自然灾害引起的核事故,民用核设施的营运单位也不能免责。受害人有重大过失的,也不能减轻责任。如果单行法和本章对某个高度危险行为没有作出具体规定,侵权责任编第 1 章的规定原则上可以适用,如损害是因受害人故意造成的,行为人不承担责任。

4. 关于责任方式

本条规定,从事高度危险作业造成他人损害的,应当承担侵权责任。这里的"侵权责任"不仅仅是损害赔偿责任。由于高度危险作业一旦造成损害,可能对周围环境带来很大的危害,因此,作业人不仅在事后应向受害人进行损害赔偿,而且在事发时就应当积极采取停止侵害、消除危险等措施并积极救助受害人,因此,我们在这里强调的是"侵权责任"而不是仅要求高度危险作业人承担赔偿责任。

第一千二百三十七条　民用核设施或者运入运出核设施的核材料发生核事故造成他人损害的,民用核设施的营运单位应当承担侵权责任;但是,能够证明损害是因战争、武装冲突、暴乱等情形或者受害人故意造成的,不承担责任。

【释义】 本条是关于民用核设施或者核材料致害责任的规定。

(一)制定本条的立法背景

核科学技术的发展和核能的和平利用是20世纪人类最伟大的成就之一。总的来说,核能是一种安全、经济、清洁的能源。然而,任何事物总有其两面性,苏联切尔诺贝利核泄漏事故、日本福岛核泄漏事故警示我们,尽管核电站发生严重事故的频度极低,但是,由于其后果极为严重,因此必须采取严格措施保证核设施安全稳定运行。

我国一直十分重视核安全管理,不仅制定了放射性污染防治法、《中华人民共和国民用核设施安全监督管理条例》《核电厂核事故应急管理条例》等一系列法律、法规,还加入了《核安全公约》,全面履行公约所要求的核安全义务。总的来说,我国已经建立起一套比较完善的核安全管理法律体系,侵权责任法第70条对民用核设施的致害责任作出明确规定。我国核安全法于2017年9月发布,自2018年1月1日起施行。本法在延续侵权责任法第70条规定的基础上,结合核安全法的规定,作了必要的修改。

(二)本条的理解与适用

1. 本条调整的主体是民用核设施或者运入运出核设施的核材料

依照核安全法第2条的规定,核设施是指:(1)核电厂、核热电厂、核供汽供热厂等核动力厂及装置;(2)核动力厂以外的研究堆、实验堆、临界装置等其他反应堆；（3）核燃料生产、加工、贮存和后处理设施等核燃料循环设施；（4）放射性废物的处理、贮存、处置设施。

核材料是指：（1）铀-235 材料及其制品；（2）铀-233 材料及其制品；（3）钚-239 材料及其制品；（4）法律、行政法规规定的其他需要管制的核材料。放射性废物，是指核设施运行、退役产生的，含有放射性核素或者被放射性核素污染，其浓度或者比活度大于国家确定的清洁解控水平，预期不再使用的废弃物。

2. 针对的是民用核设施或者运入运出核设施的核材料发生核事故造成的损害

依照核安全法第 93 条的规定，核事故，是指核设施内的核燃料、放射性产物、放射性废物或者运入运出核设施的核材料所发生的放射性、毒害性、爆炸性或者其他危害性事故，或者一系列事故。

3. 承担责任的主体是民用核设施的营运单位

核安全法第 93 条中规定，核设施营运单位，是指在中华人民共和国境内，申请或者持有核设施安全许可证，可以经营和运行核设施的单位。第 5 条中规定，核设施营运单位对核安全负全面责任。第 90 条第 1 款规定，因核事故造成他人人身伤亡、财产损失或者环境损害的，核设施营运单位应当按照国家核损害责任制度承担赔偿责任，但能够证明损害是因战争、武装冲突、暴乱等情形造成的除外。第 2 款规定，为核设施营运单位提供设备、工程以及服务等的单位不承担核损害赔偿责任。核设施营运单位与其有约定的，在承担赔偿责任后，可以按照约定追偿。

4. 归责原则

民用核设施或者运入运出核设施的核材料发生核事故的致害责任，实行无过错原则，按照本条和核安全法第 90 条第 1 款的规定，只有能够证明损害是因战争、武装冲突、暴乱等情形或者受害人故意造成的，民用核设施的营运单位才可以不承担责任。

关于不可抗力是否免责的问题，在侵权责任法起草和本编编纂过程中有不同意见。为了更好地保护受害人，本条将受害人故意之外的不承担责任情形限制在“战争、武装冲突、暴乱等情形”，而没有一般规定为“不可抗力”，这与国际上的通行做法也是一致的。

5. 责任方式

本条规定，民用核设施的营运单位应当承担侵权责任，这里的“侵权责任”不仅仅是损害赔偿责任。发生核事故可能对周围环境带来很大的危害,因此,民用核设施的营运单位不仅在事后应向受害人进行损害赔偿,而且在事发时就应当积极采取停止侵害、消除危险等措施并积极开展救助受害人。在损害赔偿责任上,由于核事故造成的危害面比较广,为了兼顾核工业的正常发展和保护受害人的权益,国际通行做法是通过立法规定民用核设施的赔偿限额。本法也在第1244条对赔偿限额作了规定。

第一千二百三十八条　民用航空器造成他人损害的,民用航空器的经营者应当承担侵权责任;但是,能够证明损害是因受害人故意造成的,不承担责任。

【释义】　本条是关于民用航空器致害责任的规定。

(一)制定本条的立法背景

随着航空运输的迅速发展,客货航班不断增加,造成人员伤亡的空难也时有发生。由于航空运输具有特殊性,飞机一旦发生事故常常会造成较大规模的人员伤亡和巨大的财产损失,并造成很大的社会影响甚至政治影响,因此,如何处理民用航空器造成他人损害的民事责任是法律面临的重要问题。

我国最早处理民用航空器致害责任的法律依据是1986年民法通则第123条,其中规定使用高速运输工具造成他人损害的,应当承担民事责任;如果能够证明损害是由受害人故意造成的,不承担民事责任。根据该规定,民用航空器作为一种高速运输工具,如果造成他人损害的,除能够证明损害是受害人故意造成的外,民用航空器的经营者应当承担无过错责任。1995年我国颁布了民用航空法,该法根据民法通则、国际公约,结合我国的实际情况和国际通行做法,对民用航空器造成乘客人身、财产损害和对地面第三人损害的民事责任作了具体规定。考虑到民用航空器高速、高空带来的高风险,侵权责任法第71条在民法通则和民用航空法的基础上,对民用航空器致害责任作出了规定,本条延续了侵权责任法的规定。

(二)本条的理解和适用

1. 调整范围限定在民用航空器

民用航空器是指除用于执行军事、海关、警察等飞行任务外的航空器。民用航空器主要用途有两个方面：一是专门从事运送旅客、行李、邮件或者货物的运输飞行。二是通用航空，包括从事工业、农业、林业、渔业和建筑业的作业飞行，以及医疗卫生、抢险救灾、气象探测、海洋监测、科学实验、教育训练、文化教育等方面的飞行活动。

2. 责任主体是民用航空器的经营者

这里的“经营者”主要包括从事运输旅客、货物运输的承运人和从事通用航空的民用航空器使用人。从事旅客、货物运输的承运人主要是公共航空运输企业。公共运输企业运送旅客的，应当出具客票，客票是航空旅客运输合同订立和运输合同条件的初步证据。公共运输企业运送货物的，应当与托运人订立合同，接受托运人出具的航空货运单，航空货运单是航空货物运输合同订立和运输条件以及承运人接受货物的初步证据。公共运输企业应当按照约定将旅客、货物及时送到目的地。从事通用航空的民用航空器的使用人，在组织实施作业飞行时，应当采取有效措施，保证飞行安全，保护环境和生态平衡，防止对环境、居民、作物或者牲畜等造成损害。

3. 承担责任前提是民用航空器在使用中造成他人损害

民用航空器造成他人损害的，包括两种情形：一种情形是民用航空器在从事旅客、货物运输过程中，对所载运的旅客、货物造成的损害。按照民用航空法的规定，因发生在民用航空器上或者在旅客上、下民用航空器过程中的事件，造成的旅客人身伤亡和其随身携带物品毁灭、遗失或者损坏的，承运人应当承担责任。因发生在航空运输期间的事件，造成旅客的托运行李毁灭、遗失或者损坏的，承运人应当承担责任。这里的“航空运输期间”，是指在机场内、民用航空器上或者机场外降落的任何地点，托运行李、货物处于承运人掌管之下的全部期间。另一种情形是，民用航空器对地面第三人的人身、财产造成的损害。具体来说，就是飞行中的民用航空器或者从飞行中的民用航空器上落下的人或者物，造成地面（包括水面）上的人身伤亡和财产损害。这里的“飞行中”，是指自民用航空器为实际起飞而使用动力时起至着陆冲程终了时止；就轻于空气的民用航空器而言，“飞行中”是指自其离开地面时起至其重新着地时止。

需要特别说明的是，在侵权责任法适用及民法典侵权责任编编纂过程中，对本条一直有错误的认识。在这里，必须申明本条的立法原意：本条既适用于民用航空器在航空运输期间造成的损害,又适用于民用航空器在飞行中对地面、水面的损害。既适用于民用航空器机上的损害,也适用于民用航空器对机外的损害。

4. 民用航空器的经营者承担无过错责任

民用航空器作为一种高速运输工具,民法通则和民用航空法都规定了民用航空器的经营者应当承担无过错责任,这与国际公约和世界上通行做法是一致的。本条也坚持这个原则:民用航空器造成他人损害的,民用航空器的经营者应当承担侵权责任。关于不承担责任的情形,根据本条规定,能够证明损害是因受害人故意造成的,民用航空器经营者不承担责任;即使是因为自然原因引起的不可抗力事件,造成他人损害的,民用航空器的经营者也要承担责任,这也与民法通则的规定是一致的。当然,民用航空法针对不同情况,规定了较为详细的不承担责任和减轻责任情形:如旅客的人身伤亡完全是由于其本人的健康状况造成的,承运人不承担责任。因货物本身的自然属性、质量或者缺陷造成的货物毁损,承运人不承担责任。在旅客、行李运输中,承运人能够证明损失是由旅客过错造成的,可以相应免除或者减轻承运人的赔偿责任。因武装冲突直接造成飞行中民用航空器对地面第三人损害的,民用航空器经营者不承担责任。本条没有如民用航空法,把所有的不承担责任情形都一一写出来,是因为侵权责任编作为处理侵权纠纷的基本依据,对民用航空器致害责任的基本原则作出规定,对民用航空法中关于不承担责任情形的具体规定,仍然适用。

第一千二百三十九条　占有或者使用易燃、易爆、剧毒、高放射性、强腐蚀性、高致病性等高度危险物造成他人损害的,占有人或者使用人应当承担侵权责任;但是,能够证明损害是因受害人故意或者不可抗力造成的,不承担责任。被侵权人对损害的发生有重大过失的,可以减轻占有人或者使用人的责任。

【释义】　本条是关于高度危险物致害责任的规定。

(一)制定本条的立法背景

民法通则把高空、高压、高速运输工具与易燃、易爆、剧毒、放射性等高度危险物都作为典型的高度危险作业形式,规定了高度危险责任的一般原则。实际上,不同的高度危险作业其危险程度是不同的,在不承担责任和减轻责任的具体情形上是有区别的。侵权责任法第 72 条在民法通则规定的基础上,结合实践经验,规定占有或者使用易燃、易爆、剧毒、放射性等高度危险物造成他人损害的,占有人或者使用人应当承担无过错责任,并根据其危险性特点,明确限定了占有人或者使用人不承担责任和减轻责任情形。本法在侵权责任法的基础上,加强高度危险物和生物安全管理,完善高度危险责任,将"放射性"修改为"高放射性",并增加"强腐蚀性""高致病性"的列举。

(二)本条的理解与适用

1. 本条调整的范围涉及的是易燃、易爆、剧毒、高放射性、强腐蚀性、高致病性等高度危险物

对易燃、易爆、剧毒、放射性物品的认定,一般根据国家颁布的三个标准:GB 6944-2012《危险货物分类和品名编号》、GB 12268-2012《危险货物品名表》和 GB 13690-2009《化学品分类和危险性公示通则》。如《危险货物分类和品名编号》规定,危险货物是指具有爆炸、易燃、毒害、感染、腐蚀、放射性等危险特性,在运输、储存、生产、经营、使用和处置中,容易造成人身伤亡、财产损毁或环境污染而需要特别防护的物质和物品。

当然,本条调整的高度危险物,不仅仅涉及易燃、易爆、剧毒、高放射性、强腐蚀性、高致病性等这几类,其他因其自然属性极易危及人身、财产的物品也适用本条的规定。

2. 本条规范的行为是对高度危险物的占有或者使用,承担责任的主体是占有人或者使用人

在高度危险责任中,由于其归责的基础在于危险的存在,因此,责任的承担者原则上是控制或者应当控制该危险的人。高度危险物本身具有危及他人人身、财产的自然属性,但往往是在占有和使用当中造成他人损害。这里的"占有"和"使用"包括生产、储存、运输高度危险品以及将高度危险品作为原料或者工具进行生产等行为。因此,高度危险物的占有人或者使用人必须采取可靠的安全措施,避免高度危险物造成他人损害。如放射性污染防治法第 31 条中明确规定,放射性同位素应当单独存放,不得与易燃、易爆、腐蚀性物品等一起存放,其贮存场所应当采取有效的防火、防盗、防射线泄漏的安全防护措施。《危险化学品安全管理条例》也明确要求,生产、储存危险化学品的单位,应当根据其生产、储存的危险化学品的种类和危险特性,在作业场所设置相应的监测、监控、

通风、防晒、调温、防火、灭火、防爆、泄压、防毒、中和、防潮、防雷、防静电、防腐、防泄漏以及防护围堤或者隔离操作等安全设施、设备,并按照国家标准、行业标准或者国家有关规定对安全设施、设备进行经常性维护、保养,保证安全设施、设备的正常使用。

3. 占有人或者使用人承担无过错责任

这与民法通则的规定和实践做法是一致的。只要是易燃、易爆、剧毒、高放射性、强腐蚀性、高致病性等高度危险物造成他人人身、财产损害的,占有人或者使用人应当承担侵权责任。这里的"侵权责任"并不限于赔偿损失,还应当包括在事故发生后,占有人或者使用人应当迅速采取有效措施,如组织抢救、防止事故扩大、减少人员伤亡和财产损失等。

4. 不承担责任和减轻责任情形

本条规定,能够证明损害是因受害人故意或者不可抗力造成的,占有人或者使用人不承担责任。本条规定这一免责事由主要考虑以下两点:第一,高度危险物虽然本身具有危险属性,但危险程度不及民用核设施和民用航空器,因此,在不承担责任和减轻责任的情形上,应有所区别。第二,本条规定不可抗力作为不承担责任情形,符合实践中的实际情况。需要指出的是,不承担责任情形的举证责任在于占有人或者使用人,由其来证明损害是因为受害人故意或者不可抗力引起的,才能依法不承担责任。

此外,本条还明确规定了减轻责任的情形:被侵权人对损害的发生有重大过失的,可以减轻占有人或者使用人的责任。该规定也体现了高度危险物致害责任与民用核设施发生核事故致害责任的不同。民用核设施如果发生核事故损害,波及的范围广,损害后果非常严重,因此责任更为严格,不论受害人有无过失、过失程度如何,民用核设施的营运单位都不能减轻责任。相比之下,高度危险物发生损害的危险程度一般逊于民用核设施,因此,在高度危险物占有人或者使用人已经尽到注意义务的前提下,在受害人有重大过失的情况下,可以减轻占有人或者使用人的赔偿责任,也是合理的。毕竟高度危险物的危险性很高,一旦造成损害,对其周围的环境和人民群众人身、财产安全影响也很大。因此,本条将减轻责任的情形,严格限定在受害人的"重大过失",受害人有一般过失的,不能减轻占有人或者使用人的赔偿责任。至于什么是"重大过失",可以在实践中根据占有人或者使用人是否已经尽到注意义务、受害人行为方式、因果关系等因素作具体判断。

第一千二百四十条　从事高空、高压、地下挖掘活动或者使用高速轨道运输工具造成他人损害的，经营者应当承担侵权责任；但是，能够证明损害是因受害人故意或者不可抗力造成的，不承担责任。被侵权人对损害的发生有重大过失的，可以减轻经营者的责任。

【释义】　本条是关于从事高空、高压、地下挖掘活动或者使用高速轨道运输工具致害责任的规定。

（一）制定本条的立法背景

由于高空、高压活动的危险程度比高度危险物的危险程度低一些，因此，在本条中对高空、高压作业致人损害责任作出单独规定。同时，考虑到本法分别对机动车交通事故责任和民用航空器致害责任作出规定，因此，本条将运输工具限定在“高速轨道运输工具”。另外，针对现实中时常发生的因煤矿挖掘和地下施工建设造成地表坍塌导致的他人伤害事故，有的意见提出，地下采矿、挖掘活动也属于高度危险作业，应当在本法中作出明确规定，因此，在本条的调整范围中明确规定了“地下挖掘活动”。侵权责任法立法时，认为由于从事高空、高压、地下挖掘活动、使用高速轨道运输工具，同使用民用核设施、民用航空器和占有、使用易燃、易爆、剧毒、放射性等高度危险物相比，危险性稍低，因此，在不承担责任尤其是减轻责任的情形上，应当与本章规定的其他高度危险作业有所区别。因此规定，被侵权人对损害的发生有“过失”而不是“重大过失”的情况下，可以减轻责任人的赔偿责任。

在民法典侵权责任编编纂过程中，有的意见提出，本法第1239条规定的是高度危险物造成他人损害，本条规定的是高度危险活动造成他人损害，两者的危险程度应当差不多，建议这两条在因被侵权过失免责上，规定一致。经研究，本条将侵权责任法第73条规定的“被侵权人对损害的发生有过失的”修改为“被侵权人对损害的发生有重大过失的”。

（二）本条的理解和适用

本条调整的高度危险作业是从事高空、高压、地下挖掘活动和使用高速轨道运输工具。

1. 高空作业及责任承担

高空作业又称为高处作业，根据《高处作业分级》（GB/T 3608－

2008）规定，凡距坠落高度基准面 2 米及其以上，有可能坠落的在高处进行的作业，称为高处作业。坠落高度基准面是指通过可能坠落范围内最低处的水平面，坠落高度（又称作业高度）是指从作业区各作业位置到相应坠落高度基准面的垂直距离中的最大值。高处作业分为Ⅰ级、Ⅱ级、Ⅲ级和Ⅳ级高处作业。作业高度在 2 米以上低于 5 米时，为Ⅰ级高处作业；作业高度在 5 米以上低于 15 米时，为Ⅱ级高处作业；作业高度在 15 米以上低于 30 米时，为Ⅲ级高处作业；作业高度在 30 米以上时，为Ⅳ级高处作业。高空作业在实践中很常见，包括高层建筑施工、在建筑物顶部安装广告牌、对高层建筑物表面进行清洁工作等，都属于高空作业。根据《高处作业分级》的规定，民用航空运输不属于高空作业，在民用航空器飞行中因坠落物体造成地面人员损害的，应当适用民用航空法和民法典关于民用航空器致人损害责任的规定。如果是高空缆车造成他人损害的，则应属于高空作业，适用本条规定。

根据本条规定，从事高空活动造成他人损害的，应当承担无过错责任。如果能够证明损害因受害人故意或者不可抗力造成的，作业人不承担责任。如果从事高空活动的经营者能够证明被侵权人对损害的发生有重大过失的，可以减轻经营者的责任。

2. 高压作业及责任承担

“高压”指较高的压强，在工业、医学和地理上都有高压的概念，本条中的“高压”则属于工业生产意义上的高压，包括高压电、高压容器等。在不同行业里认定高压的标准不同。例如，在压力容器中，高压容器的设计压力为 10 MPa 以上低于 100 MPa；100 MPa 以上为超高压容器。在电力行业，何谓高压，也有不同标准。根据有关技术标准的规定，设备对地高压高于 250 伏为高电压；输送电力线路 10 千伏以上的为高压线路。在日常生活中，一般居民用电的电压单相是 220 伏，三相是 380 伏。对人体而言，无论是 380 伏，还是 220 伏，都不是安全电压，都可以致人伤亡。但是人体接触 220 伏或者 380 伏的电，都有自救的可能；而 1 千伏及其以上的电压等级的电，对人体会有严重的伤害，人体没有自救的可能。因此，目前在司法实践中，一般认定高压电的标准是 1 千伏以上电压。

根据本条规定，从事高压活动造成他人损害的，经营者应当承担侵权责任。如果是高压电造成损害的，作为责任主体的经营者则依具体情况而定。因为电必须有一定的载体才能存在，高电压对周围环境的危害是以电的载体来衡量的。高电压的载体应当包括高电压变压器、高电压电力线路、高电压电力设备等。从过程上看,发电、输电、配电、用电等环节必须以一个网络联系起来,并且同时进行。而发电、输电、配电和用电一般情况下分属不同主体。如果是在发电企业内的高压设备造成损害的,作为责任主体的"经营者"就是发电企业。如果是高压输电线路造成损害的,责任主体就是输电企业,在我国主要是电网公司。如果是在工厂内高压电力生产设备造成损害的,责任主体就是该工厂的经营者。民法典侵权责任编编纂过程中,有的意见提出,本条"经营者"内涵不清,既然民法典合同编已经明确供电设施产权的概念,为保持前后内容一致,建议将"经营者"修改为"产权人"。我们研究认为,产权人的范围比经营者窄。有些设施不属于产权人,但在经营人管理之下的,仍然属于本条规定的承担责任的主体,因此没有对此进行修改。

在责任免除方面,从事高压作业的经营者能够证明损害是由受害人故意或者不可抗力造成的,不承担责任。受害人对损害的发生有重大过失的,可以减轻经营者的责任。

3. 地下挖掘及责任承担

地下挖掘就是在地表下一定深度进行挖掘的行为。近年来,因地下采矿、地下施工造成的损害日益增多。特别是城市隧道(主要是地铁工程及各类市政地下工程)施工往往处于建筑物、道路和地下管线等设施的密集区,从而导致城市隧道建设中经常出现塌陷事件,造成他人伤害。因此,本条中明确规定,地下挖掘活动造成他人损害的,由经营者承担侵权责任。这里的"经营者"就是从事挖掘活动的作业单位。如果能够证明损害是因受害人故意或者不可抗力造成的,经营者不承担责任;能够证明被侵权人对损害的发生有重大过失的,可以减轻经营者的责任。需要指出的是,现实中,因地下挖掘如采矿而造成人员伤亡的,受害人多属于作业企业的职工。对受害职工的赔偿,应当依据工伤保险有关规定处理。

4. 高速轨道运输工具及责任承担

高速轨道运输工具就是沿着固定轨道行驶的车辆。通常包括铁路、地铁、轻轨、磁悬浮列车、有轨电车等。高速轨道运输工具的一个主要特点就是不可避让性。因为高速轨道运输工具只能在固定的轨道上运行,如果在前方轨道上出现人员或者其他物体,列车无法避让,即使紧急制动,也会因为高速和本身的重量大,由于惯性向前滑行一段距离。由于这种高速性和不可避让性,使用高速轨道运输工具具有高度危险性。

根据本条规定,责任主体是经营者,具体到高速轨道运输工具而言,经营者就是从事高速轨道运输的运输企业。如在铁路运输中,责任主体就是铁路运输企业。

根据本条规定,只有能够证明损害是因受害人故意或者不可抗力造成的,经营者才不承担责任。被侵权人对损害的发生有重大过失的,可以减轻经营者的责任。

第一千二百四十一条　遗失、抛弃高度危险物造成他人损害的,由所有人承担侵权责任。所有人将高度危险物交由他人管理的,由管理人承担侵权责任;所有人有过错的,与管理人承担连带责任。

【释义】　本条是关于遗失、抛弃高度危险物造成他人损害的侵权责任的规定。

(一)立法背景

高度危险物包括易燃、易爆、剧毒、高放射性、强腐蚀性、高致病性等危险物品。这些物品本身即具有对人身、财产极易造成损害的高度危险性,因此,国家对高度危险物品的生产和储存实行统一规划、合理布局和严格控制,并对高度危险物生产、储存和处理制定了严格的规范。

高度危险物的所有人或者管理人应当严格按照有关安全生产规范,对其占有、使用的高度危险物进行储存或者处理:(1)生产、储存、使用高度危险物的,应当根据高度危险物的种类、特性,在车间、库房等作业场所设置相应的监测、通风、防晒、调温、防火、灭火、防爆、泄压、防毒、消毒、中和、防潮、防雷、防静电、防腐、防渗漏、防护围堤或者隔离操作等安全设施、设备,并按照国家标准和国家有关规定进行维护、保养,保证符合安全运行要求。(2)高度危险物必须储存在专用仓库、专用场地或者专用储存室内,储存方式、方法与储存数量必须符合国家标准,并由专人管理。高度危险物出入库,必须进行核查登记。库存高度危险物应当定期检查。剧毒化学品以及储存数量构成重大危险源的其他高度危险物必须在专用仓库内单独存放,实行双人收发、双人保管制度。(3)剧毒化学品的生产、储存和使用单位,应当对剧毒化学品的产量、流向、储存量和用途如实记录,并采取必要的保安措施,防止剧毒化学品被盗、丢失或者误售、误用。(4)生产、储存、使用剧毒化学品的单位,应当对本单位的生产、储存装置作定期的安全评价。但在现实中,有些储存、使用高度危险物的单位的安全措施不到位,随意处置高度危险物,对周围人民群众的生命健康和财产产生巨大威胁,并造成人员伤亡事故。因此,应当对遗失、抛弃高度危险物造成损害的侵权责任作出明确规定,并加重责任人的责任。考虑到现实中,高度危险物有些情况下是由所有人占有的,有些是由所有人交由他人管理的,所以,本条区分不同情况,规定了所有人、管理人的责任承担。

(二)本条的理解和适用

1. 遗失、抛弃高度危险物造成他人损害的,由所有人承担侵权责任

按照有关高度危险物的生产、储存和处置的安全规范,所有人应当采取必要的安全措施保管或者处置其所有的高度危险物。如果违反有关规定抛弃或者遗失高度危险物造成他人损害的,就应当承担侵权责任。这里的"侵权责任"不仅包括对受害人的赔偿,也包括应当积极采取补救措施,立即将抛弃的高度危险物妥善回收,防止损害扩大。如果遗失高度危险物的,应当立即组织力量追查寻找遗失的高度危险物,采取一切可能的警示措施,同时还要立即报告公安、环保等有关主管部门并配合采取应急措施。由于高度危险物本身的危险特性,这里的"侵权责任"是无过错责任。同时,考虑到遗失、抛弃高度危险物,其所有人往往是违反有关安全规范,本身有过错,因此,这里的责任应当更严格。

2. 所有人将高度危险物交由他人管理的,由管理人承担侵权责任

现实中,所有人根据生产、经营需要,将其所有的高度危险物交由他人管理。如所有人可能不具备大量储存高度危险物的条件,将生产所需的高度危险物交由符合条件的储存单位保管。有的因生产、经营需要将高度危险物通过运输交由他人占有、使用。管理人在这里就是指根据所有人的委托,对高度危险物进行占有并进行管理的单位,如专业的危险化学品仓储公司、危险化学品运输公司等。高度危险物的管理人应当具有相应的资质,并应当按照国家有关安全规范,妥善管理他人所交付的高度危险物。如果因为管理不善,遗失、抛弃高度危险物的,管理人应当承担侵权责任。

3. 所有人有过错的,与管理人承担连带责任

所有人将高度危险物交由他人管理的,应当选择有相应资质的管理

单位,并如实说明高度危险物的名称、性质、数量、危害、应急措施等情况。如果所有人未选择符合资质的管理人,或者未如实说明有关情况,所有人即有过错。如果管理人抛弃、遗失高度危险物造成他人损害的,所有人与管理人承担连带责任。被侵权人可以要求所有人承担侵权责任,或者要求管理人承担侵权责任,也可以要求所有人和管理人共同承担侵权责任。在对内关系上,所有人和管理人根据各自的责任大小确定各自的赔偿数额;难以确定的,平均承担赔偿责任。支付超出自己赔偿数额的连带责任人,有权向其他连带责任人追偿。

第一千二百四十二条　非法占有高度危险物造成他人损害的,由非法占有人承担侵权责任。所有人、管理人不能证明对防止非法占有尽到高度注意义务的,与非法占有人承担连带责任。

【释义】　本条是关于非法占有高度危险物造成他人损害的侵权责任的规定。

(一)立法背景

高度危险物包括易燃、易爆、剧毒、高放射性、强腐蚀性、高致病性等物品,这些物品本身即具有对人身、财产极易造成损害的高度危险性,因此,高度危险物品的所有人和管理人应当严格按照有关安全生产规范,对其占有、使用的高度危险物进行保管,将高度危险物储存在专用仓库、专用场地或者专用储存室内,并由专人管理。高度危险物出入库,必须进行核查登记并对库存高度危险物作定期检查。剧毒化学品以及储存数量构成重大危险源的其他高度危险物必须在专用仓库内单独存放,实行双人收发、双人保管制度,并采取必要的保安措施,防止高度危险物被盗、丢失。但在现实中,有些储存、使用高度危险物的所有人或者管理人的安全措施不到位,导致高度危险物被盗,对周围人民群众的生命健康和财产产生巨大威胁,并造成人员伤亡事故。因此,本条对被非法占有的高度危险物造成损害的侵权责任作出明确规定,并区分非法占有人、所有人、管理人的责任,明确侵权责任的承担。

(二)本条的理解和适用

1. 非法占有高度危险物造成他人损害的,由非法占有人承担侵权责任

所谓非法占有,是指明知自己无权占有,而通过非法手段将他人的物品占为己有。现实中,盗窃、抢劫、抢夺都是非法占有的主要形式。按

照高度危险物致害责任原理,一般由实际控制人承担侵权责任。在高度危险物被非法占有的情况下,高度危险物已经脱离所有人或者管理人的实际占有,由非法占有人实际控制。因此,应当由非法占有人承担侵权责任。为了加重非法占有人的责任,非法占有高度危险物造成他人损害的,非法占有人承担无过错责任。

2. 所有人、管理人与非法占有人的连带责任

按照有关高度危险物安全规范,所有人或者管理人对其占有的高度危险物要尽到高度注意义务,采取严格的安全措施,妥善保管高度危险物,将高度危险物放置在特定的区域,并由专人看管,防止高度危险物被盗或者非法流失。如果所有人或者管理人未尽到高度注意义务,一旦导致高度危险物被非法占有,将对社会产生巨大危害,严重威胁周围人民群众的人身财产和公共安全。因此,应当加重所有人、管理人的责任,使其对自己的过失行为负责。此外,考虑到非法占有人可能没有赔偿能力,如果仅让其承担侵权责任,受害人可能得不到合理的赔偿,对受害人保护不力,也不利于促使高度危险物的所有人或者管理人加强管理,采取有效的安全措施。所以,所有人、管理人不能证明对防止非法占有尽到高度注意义务的,与非法占有人承担连带责任。如果是所有人自己的原因导致他人非法占有高度危险物的,由所有人与非法占有人承担连带责任。如果所有人将高度危险物交由他人管理,因管理人的原因造成他人非法占有高度危险物的,由管理人与非法占有人承担连带责任。如果所有人和管理人都有过错的,所有人、管理人和非法占有人一起承担连带责任。需要指出的是,是否尽到高度注意义务的举证责任在所有人、管理人,如果他们不能证明已尽到高度注意义务,就推定其有过错,应当与非法占有人承担连带责任,受害人可以要求所有人、管理人、非法占有人中的任何人,承担部分或者全部侵权责任。

第一千二百四十三条　未经许可进入高度危险活动区域或者高度危险物存放区域受到损害,管理人能够证明已经采取足够安全措施并尽到充分警示义务的,可以减轻或者不承担责任。

【释义】 本条是关于高度危险场所的安全保障的规定。

(一)立法背景

高度危险责任是伴随现代化工业的发展而产生的,由于高度危险活

动和高度危险物对周围环境具有高度危险性,且常人即使对它给予合理的注意,有时也难以避免损害的发生。相对于高度危险源的控制者,例如高度危险物的所有人或者管理人,高度危险作业人或者高度危险活动区域的管理人等,受害人往往处于弱势地位。世界多数国家的法律为保护这些处于弱势地位的受害人的利益,通过不同的形式确立了高度危险致人损害适用无过错责任或者严格责任的原则。例如,《美国侵权法第二次重述》第519条规定,从事某种高度危险行为,即使尽其最大注意避免损害,也应对其行为给他人人身、土地或动产造成的损害承担责任。第520条规定了判断何为高度危险行为的标准,即决定某一行为是否为高度危险,宜考虑下列因素:(1)该行为是否对他人人身、土地或动产具有高度危险;(2)因该行为产生损害的概率是否很大;(3)通过合理的注意是否能避免这一危险;(4)该行为是否为一常用作业;(5)该行为在其实施地点是否合适;(6)该行为对公众的价值。

(二)本条的理解和适用

要正确理解本条的规定,需要看到高度危险责任的类型非常复杂,一般来说,对于高度危险作业活动,即高度危险作业人积极、主动地对周围环境实施的具有高度危险的活动,作业人应当承担无过错责任。无过错责任非常重要的一个特点,就是它的免责或者减责事由仅限于法律规定,即只有在法律明文规定不承担责任或者减轻责任的情况下,作业人才可以提出抗辩。否则,即使存在本法规定的对于其他侵权责任一般适用的不承担责任或者减轻责任的情形,高度危险作业人仍然无法减轻或者免除责任。但是,高度危险责任中除了这一类对周围环境实施积极、主动危险活动的高度危险作业外,还包括另一类,它并非积极、主动实施对周围环境造成高度危险的活动,而是因其管理控制的场所、区域具有高度危险性,如果未经许可擅自进入该区域,则易导致损害的发生,即高度危险活动区域或者高度危险物存放区域责任。如果将对高度危险场所、区域的控制和管理也视为高度危险活动,那么这一类高度危险活动是静态的,不像高度危险作业活动一样对周围环境实施了积极、主动的危险。虽然二者都属于高度危险责任,但在免责和减责事由上,二者应有所区别。因此,本条规定,未经许可进入高度危险活动区域或者高度危险物存放区域受到损害,管理人能够证明已经采取足够安全措施并尽到充分警示义务的,可以减轻或者不承担责任。

本条是在侵权责任法第76条的基础上修改完善而来：一是有的意见提出，侵权责任法“管理人已经采取安全措施并尽到警示义务”的表述看不出举证责任是否应当由管理人负担。因此，本法将“管理人已经采取”修改为“管理人能够证明已经采取”，以明确举证责任，这并没有改变侵权责任法第76条的规则，只是更明确而已。二是有的意见提出，本章的高度危险责任，针对的是高度危险行为。应当提高高度危险活动区域或者高度危险物存放区域的管理人的义务。经研究，将侵权责任法第76条中“采取安全措施”修改为“采取足够安全措施”，将“尽到警示义务”修改为“尽到充分警示义务”。这一修改意在突出行为的高度危险性，也系采纳学界和司法实践各方意见。

一般来说，高度危险活动区域或者高度危险物存放区域都同社会大众的活动场所相隔绝。如果在管理人已经采取足够安全措施并且尽到充分警示义务的情况下，受害人未经许可进入该高度危险区域，这一行为本身就说明受害人对于损害的发生具有过错。例如，出于自杀的故意积极追求损害的发生；或者出于过失，虽然看到警示标识但轻信自己能够避免。上述两种情况下，高度危险活动区域或者高度危险物存放区域的管理人可以减轻或者不承担责任。

第一千二百四十四条　承担高度危险责任，法律规定赔偿限额的，依照其规定，但是行为人有故意或者重大过失的除外。

【释义】 本条是关于高度危险责任赔偿限额的规定。

高度危险责任属于无过错责任，其重要特点之一就是无论行为人对损害的发生是否具有过错，高度危险责任人都必须对损害承担责任，除非法律另有规定。因此，法律对于高度危险责任人的要求非常严格。但是，从行业的发展和权利义务平衡的角度来看，法律必须考虑在这种严格责任的前提下，对相应的责任限额作出规定，这也是许多国家在高度危险责任立法上的一致态度。我国现行法律对于高度危险责任赔偿限额问题也有比较明确的规定，如果法律对不同类型的高度危险责任有赔偿限额规定的，要依照其规定。目前，我国主要在航空、铁路和核事故中规定了高度危险责任赔偿限额。虽然海上运输损害赔偿有《中华人民共和国港口间海上旅客运输赔偿责任限额规定》作为适用依据，但海上运输方式是否为高度危险作业，尚有争议。

(一)关于民用航空器致人损害的赔偿限额

民用航空法第 128 条第 1 款规定,国内航空运输承运人的赔偿责任限额由国务院民用航空主管部门制定,报国务院批准后公布执行。第 2 款规定,旅客或者托运人在交运托运行李或者货物时,特别声明在目的地点交付时的利益,并在必要时支付附加费的,除承运人证明旅客或者托运人声明的金额高于托运行李或者货物在目的地点交付时的实际利益外,承运人应当在声明金额范围内承担责任;民用航空法第 129 条的其他规定,除赔偿责任限额外,适用于国内航空运输。第 129 条规定,国际航空运输承运人的赔偿责任限额按照下列规定执行:(1)对每名旅客的赔偿责任限额为 16600 计算单位;但是,旅客可以同承运人书面约定高于本项规定的赔偿责任限额。(2)对托运行李或者货物的赔偿责任限额,每公斤为 17 计算单位。旅客或者托运人在交运托运行李或者货物时,特别声明在目的地点交付时的利益,并在必要时支付附加费的,除承运人证明旅客或者托运人声明的金额高于托运行李或者货物在目的地点交付时的实际利益外,承运人应当在声明金额范围内承担责任。托运行李或者货物的一部分或者托运行李、货物中的任何物件毁灭、遗失、损坏或者延误的,用以确定承运人赔偿责任限额的重量,仅为该一包件或者数包件的总重量;但是,因托运行李或者货物的一部分或者托运行李、货物中的任何物件的毁灭、遗失、损坏或者延误,影响同一份行李票或者同一份航空货运单所列其他包件的价值的,确定承运人的赔偿责任限额时,此种包件的总重量也应当考虑在内。(3)对每名旅客随身携带的物品的赔偿责任限额为 332 计算单位。第 130 条规定,任何旨在免除本法规定的承运人责任或者降低本法规定的赔偿责任限额的条款,均属无效;但是,此种条款的无效,不影响整个航空运输合同的效力。第 132 条规定,经证明,航空运输中的损失是由于承运人或者其受雇人、代理人的故意或者明知可能造成损失而轻率地作为或者不作为造成的,承运人无权援用民用航空法第 128 条、第 129 条有关赔偿责任限制的规定;证明承运人的受雇人、代理人有此种作为或者不作为的,还应当证明该受雇人、代理人是在受雇、代理范围内行事。

关于民用航空器致人损害赔偿责任限额,相关的规范性文件还有《国内航空运输承运人赔偿责任限额规定》。该规定第 3 条明确规定了相关限额与例外情形,第 4 条明确,本规定第 3 条所确定的赔偿责任限额的调整,由国务院民用航空主管部门制定,报国务院批准后公布执行。第 5 条规定,旅客自行向保险公司投保航空旅客人身意外保险的,此项保险金额的给付,不免除或者减少承运人应当承担的赔偿责任。

(二)关于民用核设施发生核事故致人损害的赔偿限额

《国务院关于核事故损害赔偿责任问题的批复》第 7 项规定,核电站的营运者和乏燃料贮存、运输、后处理的营运者,对一次核事故所造成的核事故损害的最高赔偿额为 3 亿元人民币;其他营运者对一次核事故所造成的核事故损害的最高赔偿额为 1 亿元人民币。核事故损害的应赔总额超过规定的最高赔偿额的,国家提供最高限额为 8 亿元人民币的财政补偿。对非常核事故造成的核事故损害赔偿,需要国家增加财政补偿金额的由国务院评估后决定。该批复第 8 项规定,营运者应当做出适当的财务保证安排,以确保发生核事故损害时能够及时、有效的履行核事故损害赔偿责任。在核电站运行之前或者乏燃料贮存、运输、后处理之前,营运者必须购买足以履行其责任限额的保险。

(三)高度危险责任赔偿限额的例外

侵权责任法第 77 条并未规定高度危险责任赔偿限额的例外。本法编纂过程中,有的意见提出,高度危险责任是无过错责任,承担这种责任无需考虑侵权人的过错;但是,如果受害人举证证明侵权人存在过错,那么在受害人损失明显大于赔偿标准时,仍然适用限额标准将存在不公平。经研究认为,民用航空法第 132 条规定,"经证明,航空运输中的损失是由于承运人或者其受雇人、代理人的故意或者明知可能造成损失而轻率地作为或者不作为造成的,承运人无权援用本法第一百二十八条、第一百二十九条有关赔偿责任限制的规定;证明承运人的受雇人、代理人有此种作为或者不作为的,还应当证明该受雇人、代理人是在受雇、代理范围内行事"。该条已经以立法的形式明确了承担高度危险责任的人有过错时,不适用责任限额的规定。可以认为,此时受害人主张的是一般侵权责任,当适用无过错责任的责任限额会导致明显不公平时,应当允许对责任限额制度作出例外规定,即在无过错责任与过错责任相互之间变通适用。如果被侵权人能够举证证明侵权人有过错,可以适用过错责任;而在被侵权人不能或者难以举证证明侵权人有过错时,可以适用严格责任要求,依照赔偿限额标准获得赔偿。这种对限额赔偿制度有限度的突破,使受害人权益之保护愈加完善,同时也能有效督促危险责任保有人尽安全注意义务,努力避免损害之发生。因此,本条在侵权责任法第77条的基础上增加了但书规定。

第九章　饲养动物损害责任

本章共7条,主要规定了饲养动物致人损害的一般规定,违反规定未对动物采取安全措施的责任承担,禁止饲养的危险动物致害的责任,动物园的动物致害责任,遗弃、逃逸的动物致害的责任,第三人过错致使动物造成他人损害责任等规定。

第一千二百四十五条　饲养的动物造成他人损害的,动物饲养人或者管理人应当承担侵权责任;但是,能够证明损害是因被侵权人故意或者重大过失造成的,可以不承担或者减轻责任。

【释义】　本条是关于饲养动物致人损害的一般规定。

在各类侵权行为中,饲养动物致人损害是一种特殊的形式,是一种间接侵权引发的直接责任,加害行为是人的行为与动物的行为的复合。人的行为是指人对动物的所有、占有、饲养或者管理行为。动物的行为是直接的加害行为。这两种行为相结合,才能构成侵权行为。

(一)饲养的动物致人损害的归责原则

动物致人损害的构成要件是:饲养的动物;动物的加害行为;造成他人损害的事实;动物加害行为与损害之间的因果关系。

法国民法规定,动物的所有人或者使用人在使用期间,对于动物对他人所造成的损害,不问该动物是否在其管束下,或者在走失或者逃脱时所造成的损害,均应负赔偿责任。在具体适用上,法国民法理论对动物致害责任最初倾向于采取过错责任原则,后期才逐渐改为无过错责任原则。在英美法国家,法律将动物致害责任作为无过错责任对待,即无论动物的占有人或管理人有无过失,只要其产生了损害后果,那么动物的占有人或者管理人必须要承担责任。

我国民法通则实施以前,司法实践中对这一问题是按照过错责任原则处理的。1984年8月30日《最高人民法院关于贯彻执行民事政策法律若干问题的意见》(已失效)第74条明确了动物致害责任的过错责任性质:“动物因饲养人或管理人管理不善,而致他人人身或财物损害的,应由饲养人或管理人承担赔偿责任。”1986年民法通则第127条规定:“饲养的动物造成他人损害的,动物饲养人或者管理人应当承担民事责任;由于受害人的过错造成损害的,动物饲养人或者管理人不承担民事责任;由于第三人的过错造成损害的,第三人应当承担民事责任。”2001年的《最高人民法院关于民事诉讼证据的若干规定》第4条第5项规定,饲养动物致人损害的侵权诉讼,由动物饲养人或者管理人就受害人有过错或者第三人有过错承担举证责任。

侵权责任法第78条中规定,饲养的动物造成他人损害的,动物饲养人或者管理人应当承担侵权责任。这一规定的目的就是要促使动物饲养人或者管理人能够认真、负责地担负起全面的注意、防范义务,以保护公众的安全。任何动物,其本性决定了其存在不同程度地致人损害的危险。动物的饲养人或者管理人对动物负有管束的义务,因而也就必须对动物所具有的危险性负责,保证其动物不至于造成他人损害。而一旦这种危险性造成损害,动物的饲养人或者管理人就应承担民事责任,除具有法定的抗辩事由外,不能免责。侵权责任法第78条同时规定法定抗辩事由,即能够证明损害是因被侵权人故意或者重大过失造成的,可以不承担或者减轻责任。本条延续了侵权责任法第78条的规定。

(二)“饲养的动物”范围

有人认为,不管是什么性质的动物,只要是人工饲养的动物都属于本条调整的范围。例如,饲养的家畜家禽,饲养的野生动物,公园里饲养的猴子、老虎、豹子、毒蛇,等等。有人认为,饲养的动物既应包括以食用、牟利为目的饲养的,也应包括以观赏为目的饲养的。有人认为,只要属于在人的控制下、主要依靠人为供给食物生存的动物,都应包括在这个范围内。各国对此的规定也不尽一致,大陆法系的德国、法国、意大利、日本等国对“动物”的范围作宽泛的理解,而美国法律中的“动物”不仅包括“放牧牲畜”,也包括“家养动物”和野兽。

普遍认为,“饲养的动物”应同时具备以下特点:为特定的人所有或者占有;饲养人或者管理人对动物具有适当程度的控制力;依动物自身的特性,有可能对他人或者财产造成损害;该动物为家畜、家禽、宠物或者驯养的野兽、爬行类动物等。因此,饲养的动物必须是能够为人所占有或者控制的动物。对于自然保护区或者野生动物保护区的野兽,虽然人们可能在一定程度上对其进行饲养或者管理,如定期投放食物,甚至为其生存和繁殖提供了适宜的条件和环境,但人们对它的控制力较低。因此,野生动物不属于本法中的“饲养的动物”。

(三)动物致害责任的赔偿主体

动物的饲养人或者管理人都是责任主体。动物的饲养人是指动物的所有人,即对动物享有占有、使用、收益、处分权的人;动物的管理人是指实际控制和管束动物的人,管理人对动物不享有所有权,而只是根据某种法律关系直接占有和控制动物。在实际生活中,动物的饲养人与管理人有时为同一人,有时则为不同人。动物的饲养人与管理人为同一人时,也就是由动物的所有人自己占有和管束动物,在这种情况下,赔偿主体是很清楚的。当动物的饲养人与管理人为不同人时,管束动物的义务由饲养人转移给管理人,这时的赔偿主体应为管理人。至于管理人是有偿管理还是无偿管理,是长期管理还是临时管理,在所不问。

有的意见提出,“动物饲养人或者管理人”说明不了物权关系,建议修改为“所有人”、“管理人”、“占有人”或者“保有人”。有人认为,还是沿用民法通则“动物饲养人或者管理人”为好。对于责任主体,德国是占有人或者管理人;法国是所有人或者使用人;意大利是所有人或者管理人;瑞士是动物的管理人。侵权责任法沿袭了民法通则的表述,本法沿袭了侵权责任法的表述,仍用“动物饲养人或者管理人”。本条的目的是规定承担责任的主体,而不是规范物的归属关系。

(四)抗辩事由

饲养动物致人损害的民事责任的抗辩事由,是指动物的饲养人或者管理人依法用以减轻或者免除其民事责任的事由或者理由。动物的饲养人或者管理人并非对其饲养或者管理的动物所造成的一切损害都要承担赔偿责任。本条规定,因被侵权人自己故意或者重大过失造成损害的,动物的饲养人或者管理人可以不承担或者减轻责任。

在动物致害中,有时被侵权人故意或者重大过失是诱发动物致害的直接原因,是引起损害的全部或者主要原因。也就是说,被侵权人致害,是因自己挑逗、刺激等诱发动物的行为直接造成的。如果被侵权人的行为不足以诱发动物,其过失只是引起损害的部分原因或者次要原因,则不能认为被侵权人在该损害中存在故意或者重大过失。例如,甲明知乙有一条性情暴躁的狗且经常咬人,但甲必须从乙的家门路过,当甲路过乙的门口时,乙的狗突然蹿出来把甲咬伤。此案中就不得认定甲明知乙的狗有咬人的恶习、有危险的存在、疏于防范,进而认为甲是有重大过失的。因为甲的行为本身不能直接诱发动物损害,与动物损害没有必然的因果关系,所以,动物饲养人或者管理人就不能因被侵权人有重大过失而减轻或者不承担责任。

被侵权人的行为是否存在故意或者重大过失,在不同的案件中应根据具体情况判断。在动物侵权案件中,对于被侵权人有故意或者重大过失的认定是非常严格的,否则,如果任何主动接近动物的行为都被认定为故意或者重大过失的行为,那就会造成对动物饲养人或者管理人的偏袒,有失公平。

(五)举证责任倒置

本条规定,饲养的动物造成他人损害的,动物饲养人或者管理人应当承担侵权责任;但能够证明损害是因被侵权人故意或者重大过失造成的,动物饲养人或者管理人可以不承担或者减轻责任,表明了本条适用举证责任倒置。动物饲养人或者管理人如果想要减轻或者不承担责任,就必须证明被侵权人的损害是因为他自己的故意或者重大过失造成的。如果举证不足或者举证不能,动物饲养人或者管理人就应承担动物致害的赔偿责任。

(六)动物饲养人或者管理人的义务

动物饲养人或者管理人既然占有或者控制着动物,就应该谨慎管束,肩负起对自己、对社会、对公众的责任;而不能只图自己的喜好,只享受宠物带来的快乐,而疏于对动物的管理。否则,动物致他人损害的,动物饲养人或者管理人就要承担无过错责任予以赔偿。本条这样规定有利于切实保障广大人民群众的人身和财产安全,维护社会的稳定和正常秩序。

第一千二百四十六条　违反管理规定,未对动物采取安全措施造成他人损害的,动物饲养人或者管理人应当承担侵权责任;但是,能够证明损害是因被侵权人故意造成的,可以减轻责任。

【释义】　本条是关于违反规定未对动物采取安全措施造成他人损害的责任承担的规定。

随着饲养宠物的人数不断增多,社会上无序养宠物、违规养宠物的情况日益突出,动物伤人的事件呈逐年上升趋势。基于这一问题的严重性,为维护公民的人身和财产安全,侵权责任法第79条对动物致人损害的侵权责任作了严格的规定。违反管理规定,未对动物采取安全措施造成他人损害的,动物饲养人或者管理人应当承担侵权责任。这一条并未规定免责事由,即使被侵权人对损害的发生有过失,动物饲养人或者管理人也不能减轻责任或者不承担责任。例如,狗的主人携狗乘电梯,没有给狗戴嘴套,一个小孩子拿出香肠去喂小狗,被狗咬伤。这时就不得以小孩子的监护人没有尽到监护职责而认定监护人有过错,全部责任应由狗的主人承担,因为狗的主人没有采取安全措施,即没有给狗戴嘴套。民法典侵权责任编编纂过程中,有的意见提出,违反管理规定饲养动物,造成损害的,动物饲养人或者管理人承担的是无过错责任;但如果损害确系被侵权人的原因造成的,这种情况下动物饲养人或者管理人不能减免责任,就会出现被侵权人因为没有责任而主动挑逗、触摸动物的情况,从而引发更多的损害情形发生。为了督促被侵权人正确认识自己的行为及可能产生的后果,应当规定责任减免条款。经研究认为,在违反管理规定的情况下免除动物饲养人或者管理人的责任显然是不合适的,但是可以适当减轻其责任。所以,在延续侵权责任法第79条的基础上,本条增加规定,“但是,能够证明损害是因被侵权人故意造成的,可以减轻责任”。该规定同样是举证责任倒置。

(一)国内的相关规定

动物饲养人或者管理人不仅要对动物本身负责,还要对社会负责,履行相关法律规定的义务。我们以养犬规定为例,全国不少有立法权的地方颁布了养犬管理的地方性法规和规章,对人们普遍关注的养犬收费、携犬乘梯、养犬遛犬范围、管理处罚等问题作了规定,最主要的是对于饲养人的行为进行了规范。例如:(1)携犬出户时,应当对犬束犬链,由成年人牵领,并应当避让老年人、残疾人、孕妇和儿童;携犬乘坐电梯的,应当避开乘坐电梯的高峰时间,并为犬戴嘴套,或者将犬装入犬袋、犬笼。(2)在重点管理区内,禁止饲养烈性犬及成年体高超过35~48厘米的大型犬种,如獒犬、猎狐犬、澳洲牧羊犬、松狮犬、斑点狗等。(3)主要区域和道路禁止遛犬。饲养人不得携犬进入市场、商店、商业街区、饭店、公园、公共绿地、学校、医院、展览馆、影剧院、体育场馆、社区公共健身场所、游乐场、候车室等公共场所;不得携犬乘坐除小型出租汽车以外的公共交通工具；携犬乘坐小型出租汽车时，应征得驾驶员的同意，并为犬戴嘴套，或将犬装入犬袋、犬笼或者抱起……

除此之外，养犬规定还对犬伤人后的救济措施作了规定：(1)犬伤害他人的，养犬人应当立即将被伤者送到医疗机构诊治，并先行垫付医疗费用。因养犬人或者第三人过错，致使犬伤害他人的，养犬人或者第三人应当负担被伤害人的全部医疗费用，并依法赔偿被伤害人的其他损失。(2)对在禁养区内养犬的或者在重点管理区内饲养烈性犬、大型犬的，由公安机关没收其犬，并可对单位处 1 万元罚款，对个人处 5000 元罚款。对在禁遛区遛犬，携犬进入公共场所，携犬乘坐交通工具，违反规定携犬出户或者乘坐小型出租汽车、电梯等的，由公安机关予以警告，并可对单位处 2000 元以下罚款，对个人处 500 元以下罚款；情节严重的，没收其犬，吊销养犬登记证。

(二)国外饲养动物管理情况介绍

1. 养狗必须办理证件上"户口"

美国、德国、日本和新加坡等国的大部分地区都要求狗主人为他们的宠物狗办理许可证，许可证章(狗牌)必须牢固地缚在狗的颈圈上。许可证主要有两方面的作用：第一，表明狗是健康的，已经注射过狂犬病疫苗，不会对周围的人造成健康上的威胁；第二，记录主人的情况，当狗走失的时候，相关人员可以通过它顺利找到狗的主人。

2. 对狗进行培训及管理

在德国，为了让狗有良好的行为，绝大多数的养狗人都把狗送进相应的培训学校培训，然后才带狗到公共场合。狗在培训学校里要学会与人礼貌相处，尤其不能对儿童有攻击行为。培训学校还教给狗良好的卫生习惯，遵守交通规则。而且各州还对养狗人在公共场合的行为作了规定，狗不得破坏公共卫生，狗主人必须随时能控制狗。柏林市规定，在人多的公共场所，必须用不长于 2 米的绳子牵着狗。在室内、公交场合牵狗绳不得长于 1 米。狗不准进入儿童游戏场所，不能进入供人休闲的草坪，不能进入游泳场地和其他标明狗不得进入的场所。各州法律都对养有危险性的狗有特别限制，明确规定有危险性的狗的范围。18 岁以下的人禁养此类狗，不得将其交给没有这方面资格的人看管。有独立住宅的人才能养有危险性的狗，房子周围要有保护措施，并悬挂警示标志。在多家居住的住宅房、楼房里严禁养这种狗。饲养有危险性的狗必须有资格证明，对狗主人的身体、品行、精神状态、狗知识及控制这种狗的能力等，都有规定。这种狗出门时必须佩戴审批标志、戴口套，用不超过 2 米的绳子牵着，狗主人要携带相关证明，以备查验。

美国的法律规定，无论是什么狗，都必须给它在脖子上套一根链子。新加坡规定，在公共场所，狗主人必须给宠物犬系上皮带，巨型犬除系上皮带外还要戴上口套。

3. 责任保险

德国很多城市和州都规定，养狗人必须为狗上类似于机动车的强制保险，用于赔付因狗造成的损失。一旦狗肇事，小至咬坏衣服，大到引发交通事故，甚至造成他人伤亡，保险公司应先行赔付。鉴于德国养狗人的责任越来越大，德国养狗人协会建议养狗人为狗上更高的保险，赔偿额不低于 500 万欧元。通常养狗人每年为狗缴 75 欧元至 270 欧元保险费。如柏林市规定，养狗人要为狗上赔偿额不低于 100 万欧元的保险。具有危险性的狗还要多付 30% 以上的保费。另外，除了警用、导盲犬等服务功能的狗，养狗人要交狗税，在柏林养第一只狗每年交税为 120 欧元，第二只狗每年则要再交 180 欧元，不允许再养更多的狗。

新加坡还对饲养巨型犬作了特别规定。巨型犬的主人除了必须为犬投保 10 万新元（约合 50 万元人民币）的第三方责任险外，还必须提供 5000 新元的保证金。在犬死亡或者离开新加坡后，保证金将会如数退还，但如果犬主人违反了相关规定，保证金就会被收缴。

美国每年发生约 500 万起狗咬人的事件，致使 80 万人到医疗机构治疗，其中又有 6000 人需要住院治疗。由此引发的损失每年约 10 亿美元，其中保险公司赔付 3 亿多美元，其余主要是由狗主人们承担。狗主人们每年赔出 7 个亿。美国很多州的法律规定，在没有过错、没有故意招惹狗的情况下被狗咬伤，狗的主人承担全部的责任。伊利诺伊州的法律还明确规定，受害者可以得到：第一时间紧急治疗的费用；未来消除或减少伤疤产生的医疗费用；心理治疗、误工补偿等一系列费用。

4. 处罚措施

在德国，违反犬类管理规定者可能被判罚数万欧元。勃兰登堡州规定，如上街不采取安全措施最高可判罚 5 万欧元；未经允许就饲养、训练、繁殖、出售危险狗的也可判罚 5 万欧元；在公共场所对狗看管不力的，可判罚 1 万欧元；养狗不及时申报的判罚 1 万欧元。

在新加坡，如果违反规定，农粮与兽医局有权扣押犬只，并对狗主人处以最高500新元的罚款或者吊销养狗许可证。此外，如果狗过度吠叫造成滋扰，或者导致他人受伤，或者狗主人唆使狗攻击他人，或者狗弄污了环境，狗主人都会依法受到罚款、吊销或者无法更新养狗许可证的惩处。此外，如果狗主人有遗弃狗等的行为，狗主人也要依法受到惩处。

第一千二百四十七条　禁止饲养的烈性犬等危险动物造成他人损害的，动物饲养人或者管理人应当承担侵权责任。

【释义】 本条是关于禁止饲养的烈性犬等危险动物致人损害的责任规定。

（一）饲养烈性动物的危害性

饲养动物对于周围人的人身和财产具有的危险性不仅存在，有时甚至是巨大的。首先，许多动物在野性发作时具有难以控制的破坏力，从而具有伤害人和损害财产的危险性。其次，动物的流动性可能形成难以控制的破坏力。动物的危险性不仅在于其攻击性和难以预见性，即使是温顺的奶牛或者绵羊卧倒在道路、轨道上也会引发交通事故，其动物饲养人也应当承担侵权责任。

（二）有关法规的规定

我国很多的地方性法规对禁止饲养的烈性犬和大型犬作了明确的规定。各地对禁止饲养的烈性犬或者大型犬的品种规定不等，大致在18种至40种，如阿富汗猎犬、阿根廷杜高犬、阿根廷犬、比利时牧羊犬、藏獒犬、德国牧羊犬、俄罗斯高加索犬、雪达猎犬。除对烈性犬的品种有禁止饲养的规定外，对大型犬的体高也作了限制性规定。

为确保公民的人身安全，本条对动物伤人的侵权行为作出了非常严格的规定，只要违反管理规定饲养了烈性犬等危险动物，并造成他人损害的，动物饲养人或者管理人就应当承担侵权责任，没有任何的免责事由可以援引。在烈性犬等危险动物潜伏种种危险的情况下，让它的饲养人或者管理人承担更加严格的责任是对社会、对公众负责的态度。本条规定了如此严格的责任就是引导饲养危险动物的人认识到自己的社会责任和法律责任，为动物、为自己、为他人着想，不要违反规定饲养危险动物。

另外，需要说明一下属于大型犬的导盲犬的问题。导盲犬作为一种特殊的工作犬,必须要具备非常严格的条件,不仅要性情温和,喜欢与人在一起,不具有攻击性,不会对他人安全产生威胁,更为重要的是对狗的品种和血统的要求极为苛刻,只有黄金猎犬和拉布拉多犬等少数犬种才适合作为选材来源。对盲人使用导盲犬的权利,至少有三十多个国家通过立法予以保障。盲人可以携带导盲犬出入所有公共场所和乘坐各种公共交通工具。拒绝盲人携带导盲犬出入者,要承担法律责任。

我国残疾人保障法强调对残疾人各项“自立生活”权利的保护。如第10条第1款规定:“国家鼓励残疾人自尊、自信、自强、自立,为社会主义建设贡献力量。”第58条专门规定:“盲人携带导盲犬出入公共场所,应当遵守国家有关规定。”《北京市养犬管理规定》规定,“对盲人养导盲犬和肢体重残人养扶助犬的,免收管理服务费”。有的省市也作了规定,如《济南市养犬管理规定》第9条规定,重点管理区内禁止个人饲养大型犬、烈性犬,但盲人饲养导盲犬、肢体重残的残疾人饲养扶助犬的除外。

第一千二百四十八条　动物园的动物造成他人损害的,动物园应当承担侵权责任;但是,能够证明尽到管理职责的,不承担侵权责任。

【释义】　本条是关于动物园的动物致人损害责任承担的规定。

本条延续了侵权责任法第81条的规定。在侵权责任法起草过程中,对动物园的动物造成他人损害,动物园应当承担什么责任,存在较大争论。有的意见认为,作为公共场所,动物园应承担比较严格的责任,其原因在于:既然动物园收取了门票,就有义务承担更重的责任。无论在建设规模上,还是在人力、物力的投入上,都应该比一般动物饲养人的要求高。有的意见认为,法律不能对动物园的要求太低。一般动物园年游客接待量五百余万人次,学龄前儿童占15%~20%,因此,从保护儿童的角度考虑,应当加重动物园的责任。有人提出,被侵权人的伤害,有些时候是因为自己不遵守动物园的规定,无视警示牌、不听工作人员的劝阻,擅自挑逗动物造成的,如果动物园已尽到管理责任的,应减轻或者不承担责任。有人提出,可以通过保险机制解决赔偿问题。据了解,有的动物园的门票已经包含了保险费,有的可以另行购买保额较高的保险,属于游客的自愿购买行为。

民法典侵权责任编编纂过程中,有人建议将本条修改为:“动物园的动物造成他人损害的,动物园应当承担侵权责任。动物园能够证明尽到管理职责的，可以减轻其侵权责任。”理由是：现有表述应该理解为过错推定责任，但会造成动物园的动物致害责任与普通人饲养动物致害责任之间的评价矛盾。第一，动物园饲养的动物比普通人饲养的动物，可能更危险，能够证明尽到管理职责的，不承担侵权责任，根据本法第1245条的规定，普通动物饲养人或者管理人能够证明损害是因被侵权人故意或者重大过失造成的，可以不承担或者减轻责任，该规定不够合理。第二，动物园拥有专业的设施和人员，相对于普通动物饲养人来说，风险防范能力更强。

本条规定，动物园的动物造成他人损害的，动物园应当承担侵权责任，但能够证明尽到管理职责的，不承担责任。也就是说，本条适用过错推定责任，动物园负有高度注意义务，只有能够证明已经采取足够的安全措施，并尽到充分的警示义务，才能认定为没有过错。如果动物园能够证明设施、设备没有瑕疵，有明显的警示牌，管理人员对游客挑逗、投打动物或者擅自翻越栏杆靠近动物等行为进行了劝阻，该尽的管理职责已经尽到了，那么动物园就可以不承担侵权责任。

还有一个问题需要说明，关于野生动物致人损害的问题。野生动物保护法第14条规定，各级野生动物保护主管部门应当监视、监测环境对野生动物的影响。由于环境影响对野生动物造成危害时，野生动物保护主管部门应当会同有关部门进行调查处理。野生动物保护法第19条规定，因保护本法规定保护的野生动物，造成人员伤亡、农作物或者其他财产损失的，由当地人民政府给予补偿。具体办法由省、自治区、直辖市人民政府制定。有关地方人民政府可以推动保险机构开展野生动物致害赔偿保险业务。有关地方人民政府采取预防、控制国家重点保护野生动物造成危害的措施以及实行补偿所需经费，由中央财政按照国家有关规定予以补助。从上述规定可以看出，实践中对受到损害的单位和个人已经有了相关的救济措施。因此，民法典侵权责任编对野生动物致害问题没有再作专门规定。

第一千二百四十九条　遗弃、逃逸的动物在遗弃、逃逸期间造成他人损害的，由动物原饲养人或者管理人承担侵权责任。

【释义】　本条是关于遗弃、逃逸的动物在遗弃、逃逸期间造成他人损害的责任规定。

（一）流浪动物的成因、危害

随着饲养动物的人越来越多，一些饲养的动物或者被抛弃，或者不慎走失。流浪动物的不断增多，对人民的生活、健康产生了严重危害。导致饲养的动物流落街头的主要原因，一是饲养人抛弃；二是饲养的动物走失。

流浪动物可能携带病毒和寄生虫，容易形成疾病的传染源，还可能污染水源，对公共卫生安全构成威胁。同时，流浪动物的野性和对人的攻击性较强，容易危及人们的安全。据有关部门统计，流浪动物伤人事件中，流浪狗占82%，流浪猫约占12%。仅以北京市为例，每月到“狂犬病免疫预防门诊”就诊的人数就有近万人，其中大多是被流浪猫、狗抓伤、咬伤。至今，已知的人与猫、狗共患的疾病有六十多种，其中危害较大的常见疾病有十多种，如狂犬病、弓形虫病、钩端螺旋体病、结核病、皮霉菌病等。在我国，狂犬病的发病率和致死率多年居各类传染病之首，狂犬病的死亡率接近100%。

（二）承担责任的主体

对流浪动物的问题作出规定，明确饲养人和管理人的管理责任，有助于从源头遏制遗弃饲养的动物的行为，促使其看管好自己饲养的动物以防丢失的情况发生。鉴于流浪动物问题的严重性，侵权责任法第82条规定了遗弃、逃逸的动物在遗弃、逃逸期间造成他人损害的，由原动物饲养人或者管理人承担侵权责任。本条延续了侵权责任法第82条的规定。

动物的遗弃是指动物饲养人抛弃了动物。逃逸的动物是指饲养人暂时地丧失了对该动物的占有和控制。

对动物在失去饲养人或者管理人控制下造成他人损害的，法国、意大利等国民法典明确规定，动物的所有人或者使用人在使用期间，对于走失或者逃脱的动物对他人所造成的损害，应负赔偿责任。《智利民法典》规定，动物即使在逃逸或者迷失后造成损害，其所有权人亦负责任。《阿根廷民法典》规定，造成损害的动物非因看管者的过失而逃逸或迷失的，其所有权人的责任停止。动物的主人不得提出抛弃该动物的所有权而规避其损害赔偿义务。英国判例认为，对于丧失占有的动物造成损害的，如果尚能认为丧失占有的动物为被告之物，虽然该动物已恢复其天然状态，被告仍应负责。

无论动物饲养人或者管理人遗弃动物，还是未尽到管理责任致使动物逃逸，其行为都加剧了动物对人和社会的危险性，而损害的事实正是由于动物在失去人为的管理和控制下任意流动的危险性所导致。因此，为了社会公众利益，为了充分保护被侵权人利益，遗弃、逃逸动物的原饲养人或者管理人应当对自己遗弃动物，以及疏于管理没有尽到管理义务的行为承担责任。

第一千二百五十条　因第三人的过错致使动物造成他人损害的，被侵权人可以向动物饲养人或者管理人请求赔偿，也可以向第三人请求赔偿。动物饲养人或者管理人赔偿后，有权向第三人追偿。

【释义】 本条是关于因第三人的过错致使动物造成他人损害责任承担的规定。

现实中发生的动物伤人事件，有时并非被侵权人自己有过错，也非动物独立行为致人伤害，而是由于第三人的原因致使动物伤及他人。如甲故意在马身边按车喇叭，致使拴在木桩上的马受惊挣脱绳子，冲出去撞伤了行人。众所周知，因无法要求动物具有识别行为后果的能力，像这种在人的强制或者驱使下损害他人权益的行为，表面看似乎是动物致人伤害，其实动物已成为人的工具。本条就是要解决因第三人的原因，造成动物伤害他人的赔偿问题。

（一）第三人的过错

第三人的过错是指被侵权人和动物饲养人或者管理人以外的人对动物造成损害有过错。第三人的过错在大多数场合表现为：有意挑逗、投打、投喂、诱使动物，其后果致使他人受到人身或者财产的损害，其实质是实施了诱发动物致害的行为。对此问题，日本专家认为，某人唆使动物给他人造成损害的行为只能解释为将动物当作道具，其行为本质仍是使用的人自身的加害行为，应适用《日本民法典》第709条“由于故意或者过失，侵害了他人权利或者法律上受保护的利益者，对由此产生的损害负有赔偿责任”的规定。鉴于《日本民法典》第718条规定，动物占有人负赔偿其动物造成他人损害的责任。但是，按动物种类及性质，以相当注意进行保管者，不在此限。在第三人唆使动物给他人造成损害的情形下，动物原占有人是否承担责任，还是需要根据其是否尽到了第718条规定的注意义务来判断。我国侵权责任法第83条吸收借鉴了境外立法例,民法典侵权责任编继承了侵权责任法的规定。

(二)被侵权人对救济的选择权

本条赋予了被侵权人以选择权。因第三人的过错致使动物造成被侵权人损害的,被侵权人既可以请求第三人承担赔偿责任,也可以请求动物饲养人或者管理人承担赔偿责任。这样规定,就可以使被侵权人根据具体情况要求赔偿。例如,甲饲养了一匹马,拴在自家的院内,乙路过此院看马很漂亮,便拿小棍子拍马,马受惊挣脱绳子冲出门,把正在路过的丙撞伤。这时被撞伤的丙既可以要求动物饲养人甲赔偿,也可以要求第三人乙赔偿。如果相较于第三人的乙,动物饲养人甲更有赔偿能力,被侵权人可以选择经济实力强的动物饲养人甲进行赔偿。法律赋予被侵权人以选择权,一方面可使被侵权人获得法律救济、得到实际赔偿的可能性增大;另一方面也会使动物饲养人对动物的管理更加尽注意义务,从而减少动物伤人的机会。这样的设计可以让被侵权人受到更多的保护。

(三)动物饲养人或者管理人的追偿权

本条还赋予了动物饲养人或者管理人以追偿权。动物饲养人或者管理人对被侵权人赔偿后,有权向第三人追偿。动物饲养人或者管理人之所以享有追偿权,是因为动物饲养人或者管理人实际上是代替第三人履行了赔偿义务,在动物饲养人或者管理人与第三人之间,第三人仍然是责任的最终承担者。法律允许动物饲养人或者管理人在赔偿了被侵权人的损害后向第三人进行追偿,一方面有利于被侵权人及时获得救济,另一方面也是维护动物饲养人或者管理人自身权益的一项重要手段。

第一千二百五十一条　饲养动物应当遵守法律法规,尊重社会公德,不得妨碍他人生活。

【释义】　本条是关于饲养动物应履行的义务的规定。

按照规定饲养宠物本无可非议,但饲养的动物伤害别人、滋事扰民、污染环境的,会对他人和社会造成侵扰。动物的一切行为约束靠动物饲养人或者管理人的管制。本条规定,饲养动物应当遵守法律法规,尊重社会公德,不得妨碍他人生活。动物饲养人应该意识到自己担负着遵守社会公德和保护公共环境的双重社会责任,不能放任宠物侵扰他人的正常生活。动物饲养人应当自觉规范自己的行为,应该按照规定饲养动物。

人与宠物和谐相处,是社会和谐、社会安定的一种体现。饲养动物的问题可以说涉及千家万户,涉及不同群体的利益。因此,对于动物饲养人或者管理人来讲,应当严格履行饲养动物的一些必要义务,规范自己的行为,不要给他人的生活带来不便,要充分考虑到不饲养动物的人的利益,要依法、科学、文明地饲养动物。如果动物饲养人或者管理人都能遵守规范,妥善处理因养动物所造成的邻里纠纷,也有利于社会的和谐、安宁。

第十章　建筑物和物件损害责任

本章共 7 条,主要规定了建筑物、构筑物或者其他设施倒塌、塌陷造成他人损害责任,建筑物、构筑物或者其他设施及其搁置物、悬挂物发生脱落、坠落造成他人损害责任,从建筑物中抛掷物品或者从建筑物上坠落的物品造成他人损害责任,堆放物倒塌、滚落或者滑落造成他人损害责任,在公共道路上堆放、倾倒、遗撒妨碍通行的物品造成他人损害责任,林木折断、倾倒或者果实坠落等造成他人损害责任,公共场所或者道路上施工造成他人损害和窨井等地下设施造成他人损害责任。

侵权责任法第 11 章的章名为“物件损害责任”,民法典侵权责任编编纂过程中,有的意见提出,从语义上看,“物件”似乎无法涵盖“建筑物”等情形,可能造成误解。因此,本法将侵权责任法的“物件损害责任”修改为“建筑物和物件损害责任”。本章所指建筑物和物件包括建筑物、构筑物或者其他设施及其搁置物、悬挂物,堆放物,妨碍通行物和林木等。建筑物和物件损害责任,是指建筑物、构筑物或者其他设施及其搁置物、悬挂物,堆放物,妨碍通行物和林木等由于存在缺陷或者疏于管理、维护等,造成他人损害,侵权人应当承担的侵权责任。

建筑物和物件损害责任是侵权责任法律的重要组成部分,很多国家和地区都对物件损害责任作了规定。例如,《德国民法典》规定了土地、建筑物以及其他附着于土地上的工作物的占有人、维护义务人的责任;《法国民法典》和《意大利民法典》用一个概括性的条款规定了物的照管人的责任,另外又单独规定了建筑物所有人的责任;《荷兰民法典》规定了土地、建筑物、构筑物、道路和其他工作物致人损害责任;《日本民法典》和《韩国民法典》规定了土地工作物、竹木等致人损害责任;我国台湾地区"民法"规定了建筑物和其他工作物致人损害责任。

第一千二百五十二条　建筑物、构筑物或者其他设施倒塌、塌陷造成他人损害的,由建设单位与施工单位承担连带责任,但是建设单位与施工单位能够证明不存在质量缺陷的除外。建设单位、施工单位赔偿后,有其他责任人的,有权向其他责任人追偿。

因所有人、管理人、使用人或者第三人的原因,建筑物、构筑物或者其他设施倒塌、塌陷造成他人损害的,由所有人、管理人、使用人或者第三人承担侵权责任。

【释义】　本条是关于建筑物、构筑物或者其他设施倒塌、塌陷造成他人损害责任的规定。

(一)立法背景

近年来,我国发生多起房屋、桥梁倒塌事故,对公民的生命、财产安全造成了较大危害,建筑物、构筑物等设施的质量问题引发了社会的广泛关注。建筑物倒塌、塌陷严重危害公民的人身、财产安全,应当对此作出严格规定,从而促使建设单位等提高建设工程质量,杜绝"豆腐渣"工程,保障公民的生命财产安全。侵权责任法第86条专门对建筑物、构筑物或者其他设施倒塌造成他人损害的情形作了规定。2020年5月民法典草案提请十三届全国人大三次会议审议过程中,有的意见提出,实践中有的地方发生了地面塌陷致人损害问题,严重危害了公民的人身财产安全。经研究,本条在侵权责任法的基础上增加了"塌陷"这种情形。

本条所说的倒塌、塌陷,是指建筑物、构筑物或者其他设施坍塌、倒覆,造成该建筑物、构筑物或者其他设施丧失基本使用功能。例如,楼房倒塌、桥梁的桥墩坍塌、电视塔从中间折断、烟囱倾倒、地面塌陷等。

(二)建设单位与施工单位的连带责任、例外情形以及追偿权

1. 建筑物、构筑物或者其他设施倒塌、塌陷造成他人损害的,由建设单位与施工单位承担连带责任

我国一些法律和司法解释都对相关问题作了规定。根据建筑法第55条、第56条的规定,建筑工程实行总承包的,工程质量由工程总承包

单位负责,总承包单位将建筑工程分包给其他单位的,应当对分包工程的质量与分包单位承担连带责任。分包单位应当接受总承包单位的质量管理。建筑工程的勘察、设计单位必须对其勘察、设计的质量负责。刑法第137条规定:“建设单位、设计单位、施工单位、工程监理单位违反国家规定,降低工程质量标准,造成重大安全事故的,对直接责任人员,处五年以下有期徒刑或者拘役,并处罚金;后果特别严重的,处五年以上十年以下有期徒刑,并处罚金。”根据《最高人民法院关于审理人身损害赔偿案件适用法律若干问题的解释》第16条的规定,道路、桥梁、隧道等人工建造的构筑物因设计、施工缺陷造成损害的,由所有人、管理人与设计、施工者承担连带责任。

侵权责任法立法过程中,对于建筑物、构筑物或者其他设施倒塌致人损害的责任承担,有不同意见:有的意见认为,为了更好地保护被侵权人,应当规定由建设单位、设计单位、施工单位、监理单位等承担连带责任。有的意见认为,在实践中,被侵权人一般都不去要求设计、施工单位等承担责任,有时甚至根本不知道设计、施工单位是谁,通常是向建设单位求偿,所以没有必要将侵权责任主体的范围扩大至设计单位、施工单位等。建议规定由建设单位承担侵权责任,建设单位赔偿后,可以向有过错的勘察单位、设计单位、施工单位和监理单位等追偿。

经研究,侵权责任法第86条第1款规定,建筑物、构筑物或者其他设施倒塌造成他人损害的,由建设单位与施工单位承担连带责任。建设单位、施工单位赔偿后,有其他责任人的,有权向其他责任人追偿。也就是说,将勘察单位、设计单位和监理单位作为“其他责任人”处理。民法典侵权责任编延续了侵权责任法的规定,本款对建筑物、构筑物或者其他设施倒塌、塌陷造成他人损害规定了两个责任主体:

一是建设单位。通常情况下,建设单位依法取得土地使用权,在该土地上建造建筑物、构筑物或者其他设施,是建设工程合同的总发包人。实践中,房地产开发企业、机关和工厂是比较常见的建设单位。建设单位是建设工程合同的发包人,通过选择、确定勘察单位、设计单位、施工单位和监理单位等,参与工程建设的很多环节,对建设工程的质量有很大的影响。因此,很多相关的法律、法规都对建设单位的义务进行了规定。根据合同法和《建设工程质量管理条例》的规定,建设单位对建设工程发包的,应当发包给具有相应资质等级的单位,建设单位可以与总承包人订立建设工程合同,也可以分别与勘察人、设计人、施工人订立勘察、设计、施工承包合同。但是,不得将应当由一个承包人完成的建设工程肢解成若干部分发包给几个承包人。建设单位依法对建设工程质量负责。建设单位违反《建设工程质量管理条例》的规定,对建设工程未组织竣工验收,擅自交付使用;或者验收不合格,擅自交付使用;或者对不合格的建设工程按照合格工程验收,造成损失的,依法承担赔偿责任。

二是施工单位。施工单位与建设单位或者其他发包人签订建设工程合同,对建设工程进行施工。实践中,建筑公司是比较常见的施工单位。建设工程施工企业要符合法律、法规规定的条件。根据建筑法的规定,承包建筑工程的单位应当持有依法取得的资质证书,并在其资质等级许可的业务范围内承揽工程。禁止建筑施工企业超越本企业资质等级许可的业务范围或者以任何形式用其他建筑施工企业的名义承揽工程。禁止建筑施工企业以任何形式允许其他单位或者个人使用本企业的资质证书、营业执照,以本企业的名义承揽工程。施工单位负责建设工程的具体施工工作,对建设工程质量有比较直接的影响,应当对建设工程的质量负责。施工单位既包括总承包施工单位,也包括分包施工单位。我国相关的法律对施工单位的责任作了规定,建筑法第55条规定:"建筑工程实行总承包的,工程质量由工程总承包单位负责,总承包单位将建筑工程分包给其他单位的,应当对分包工程的质量与分包单位承担连带责任。分包单位应当接受总承包单位的质量管理。"第58条规定:"建筑施工企业对工程的施工质量负责。建筑施工企业必须按照工程设计图纸和施工技术标准施工,不得偷工减料。工程设计的修改由原设计单位负责,建筑施工企业不得擅自修改工程设计。"第67条规定:"承包单位将承包的工程转包的,或者违反本法规定进行分包的,……对因转包工程或者违法分包的工程不符合规定的质量标准造成的损失,与接受转包或者分包的单位承担连带赔偿责任。"

根据本条的规定,建筑物、构筑物或者其他设施倒塌、塌陷造成他人损害的,由建设单位与施工单位承担连带责任。建筑物倒塌、塌陷造成他人损害的,被侵权人既可以要求建设单位承担侵权责任,也可以要求施工单位承担侵权责任,还可以要求二者共同承担侵权责任。

2. 建设单位与施工单位能够证明不存在质量缺陷的除外

民法典侵权责任编编纂过程中,有的意见提出,一律规定建设单位与施工单位承担连带责任,在不存在工程质量缺陷的情况下,是否有必要。经过综合考虑,在本条增加了但书规定,即建设单位与施工单位能够证明不存在质量缺陷的,不承担连带责任。

3. 建设单位和施工单位赔偿后,有其他责任人的,有权向其他责任人追偿

建筑物、构筑物或者其他设施倒塌、塌陷的,除了建设单位、施工单位以外,可能还存在其他责任人。例如,如果设计人的设计存在缺陷,造成建筑物倒塌、塌陷,根据建筑法和《建设工程质量管理条例》的规定,设计单位应当对建筑物的倒塌、塌陷负责。根据本条第1款的规定,对被侵权人承担责任的直接主体是建设单位和施工单位,不包括设计单位。此时,设计单位属于本条第1款所说的其他责任人,建设单位、施工单位赔偿后,有权向设计单位追偿。一般来讲,本条第1款规定的"其他责任人",主要包括以下范围:

一是勘察单位、设计单位等。建筑法第56条规定:"建筑工程的勘察、设计单位必须对其勘察、设计的质量负责。勘察、设计文件应当符合有关法律、行政法规的规定和建筑工程质量、安全标准、建筑工程勘察、设计技术规范以及合同的约定。设计文件选用的建筑材料、建筑构配件和设备,应当注明其规格、型号、性能等技术指标,其质量要求必须符合国家规定的标准。"第73条规定,建筑设计单位不按照建筑工程质量、安全标准进行设计,造成损失的,承担赔偿责任。《建设工程质量管理条例》第19条规定:"勘察、设计单位必须按照工程建设强制性标准进行勘察、设计,并对其勘察、设计的质量负责。注册建筑师、注册结构工程师等注册执业人员应当在设计文件上签字,对设计文件负责。"

二是监理单位。建筑法第35条规定,工程监理单位不按照委托监理合同的约定履行监理义务,对应当监督检查的项目不检查或者不按照规定检查,给建设单位造成损失的,应当承担相应的赔偿责任。工程监理单位与承包单位串通,为承包单位谋取非法利益,给建设单位造成损失的,应当与承包单位承担连带赔偿责任。根据《建设工程质量管理条例》第36条的规定,工程监理单位代表建设单位对施工质量实施监理,并对施工质量承担监理责任。

三是勘察、设计、监理单位以外的责任人。例如,根据建筑法第79条的规定,负责颁发建筑工程施工许可证的部门及其工作人员对不符合施

工条件的建筑工程颁发施工许可证，负责工程质量监督检查或者竣工验收的部门及其工作人员对不合格的建筑工程出具质量合格文件或者按合格工程验收，造成损失的，由该部门承担相应的赔偿责任。

（三）因所有人、管理人、使用人或者第三人的原因，建筑物、构筑物或者其他设施倒塌、塌陷造成他人损害的，由所有人、管理人、使用人或者第三人承担侵权责任

建筑物、构筑物或者其他设施倒塌、塌陷有多种原因，有的是因质量不合格，有的是由于年久失修，有的是业主擅自改变承重结构，所以不宜都由建设单位、施工单位承担责任。因此，本条第2款规定，因所有人、管理人、使用人或者第三人的原因，建筑物、构筑物或者其他设施倒塌、塌陷造成他人损害的，由所有人、管理人、使用人或者第三人承担侵权责任。侵权责任法第86条规定的是因“其他责任人的原因”，民法典侵权责任编编纂过程中，有的意见提出，本条第1款、第2款均有“其他责任人”的表述，含义不同，容易引起误解。我们认为，第1款中的“其他责任人”主要是指与建筑物、构筑物或者其他设施的建设、施工相关的主体，如监理单位、勘查单位等。第2款中的“其他责任人”主要是指暴力装修的所有权人等房屋的使用人。为了避免误解与理解上出现混淆，我们将第2款中的“其他责任人”修改为“所有人、管理人、使用人或者第三人”。如果建筑物等设施倒塌、塌陷是因超过合理使用期限、业主擅自改变承重结构等特殊情形造成的，被侵权人可以根据本条第2款的规定，依法直接请求造成建筑物等设施倒塌、塌陷的所有人、管理人、使用人或者第三人承担侵权责任。《建设工程质量管理条例》第42条规定：“建设工程在超过合理使用年限后需要继续使用的，产权所有人应当委托具有相应资质等级的勘察、设计单位鉴定，并根据鉴定结果采取加固、维修等措施，重新界定使用期。”如果建筑物等设施已经超过合理的使用年限，所有人不采取必要的加固、维修等安全措施，导致建筑物等设施倒塌、塌陷造成他人损害的，所有人即属于本条第2款规定的承担责任的主体，被侵权人可以依照本条第2款的规定，要求所有人承担侵权责任。根据《建设工程质量管理条例》第69条的规定，房屋建筑使用者在装修过程中擅自变动房屋建筑主体和承重结构，造成损失的，依法承担赔偿责任。如果业主或者其他房屋使用者在装修房屋的过程中，擅自拆改房屋的承重墙导致房屋倒塌、塌陷造成他人损害的，该业主或者其他使用人即属

于本条第 2 款规定的责任主体,应当承担侵权责任。

第一千二百五十三条　建筑物、构筑物或者其他设施及其搁置物、悬挂物发生脱落、坠落造成他人损害,所有人、管理人或者使用人不能证明自己没有过错的,应当承担侵权责任。所有人、管理人或者使用人赔偿后,有其他责任人的,有权向其他责任人追偿。

【释义】 本条是关于建筑物、构筑物或者其他设施及其搁置物、悬挂物发生脱落、坠落造成他人损害责任的规定。

建筑物、构筑物或者其他设施及其搁置物、悬挂物脱落、坠落造成他人损害责任,是侵权责任法律中的重要制度。民法通则第 126 条规定:"建筑物或者其他设施以及建筑物上的搁置物、悬挂物发生倒塌、脱落、坠落造成他人损害的,它的所有人或者管理人应当承担民事责任,但能够证明自己没有过错的除外。"根据《最高人民法院关于审理人身损害赔偿案件适用法律若干问题的解释》第 16 条的规定,道路、桥梁、隧道等人工建造的构筑物因维护、管理瑕疵致人损害的,适用民法通则第 126 条的规定,由所有人或者管理人承担赔偿责任,但能够证明自己没有过错的除外。2001 年的《最高人民法院关于民事诉讼证据的若干规定》第 4 条中规定,建筑物或者其他设施以及建筑物上的搁置物、悬挂物发生倒塌、脱落、坠落致人损害的侵权诉讼,由所有人或者管理人对其无过错承担举证责任。在民法通则、司法解释和司法实践经验的基础上,侵权责任法第 85 条对建筑物、构筑物或者其他设施及其搁置物、悬挂物脱落、坠落造成他人损害责任作了规定。编纂民法典侵权责任编时,在延续侵权责任法第 85 条、第 86 条规定的同时,将两条的顺序互换,使得本条与下一条关于"建筑物抛物坠物"责任的规定更为紧密。

(一)建筑物、构筑物或者其他设施及其搁置物、悬挂物发生脱落、坠落造成他人损害,所有人、管理人或者使用人不能证明自己没有过错的,应当承担侵权责任

1. 关于建筑物、构筑物或者其他设施及其搁置物、悬挂物

建筑物是指人工建造的、固定在土地上,其空间用于居住、生产或者存放物品的设施,如住宅、写字楼、车间、仓库等。

构筑物或者其他设施,是指人工建造的、固定在土地上、建筑物以外的某些设施,如道路、桥梁、隧道、城墙、堤坝等。

建筑物、构筑物或者其他设施上的搁置物、悬挂物，是指搁置、悬挂在建筑物、构筑物或者其他设施上，非建筑物、构筑物或者其他设施本身组成部分的物品。例如，搁置在阳台上的花盆、悬挂在房屋天花板上的吊扇、脚手架上悬挂的建筑工具等。

建筑物、构筑物或者其他设施及其搁置物、悬挂物脱落、坠落，是指建筑物、构筑物或者其他设施的某一个组成部分以及搁置物、悬挂物从建筑物、构筑物或者其他设施上脱落、坠落。例如，房屋墙壁上的瓷砖脱落、房屋天花板坠落、吊灯坠落、屋顶瓦片滑落、房屋窗户玻璃被风刮碎坠落、阳台上放置的花盆坠落等。

2. 所有人、管理人或者使用人不能证明自己没有过错的，应当承担侵权责任

建筑物、构筑物或者其他设施的所有人、管理人或者使用人应当对建筑物、构筑物或者其他设施及其搁置物、悬挂物进行合理的管理、维护，避免给他人造成损害。例如，要保证建筑物等设施及其搁置物、悬挂物的稳固；应当进行必要的检查，发现可能造成他人损害的，要及时采取相应的安全措施等。建筑物、构筑物或者其他设施及其搁置物、悬挂物脱落、坠落造成他人损害，本条规定了三个侵权责任主体：

一是所有人，指对建筑物等设施拥有所有权的人。建筑物、构筑物或者其他设施多为不动产。一般来讲，不动产的所有人是指不动产登记机构依法登记确定的人。在农村宅基地上自建的房屋和城市中一些依法新建的房屋，虽然没有来得及登记，仍然可以依法确定具体的所有人。

建筑物、构筑物等设施的所有人依法享有所有权，同时也承担维护、管理的义务，建筑物、构筑物或者其他设施及其搁置物、悬挂物脱落、坠落造成他人损害的，所有人应当依法承担侵权责任。许多国家和地区的法律都明确规定了建筑物等设施致人损害时所有人的责任。

二是管理人，指对建筑物等设施及其搁置物、悬挂物负有管理、维护义务的人。我国国有资产一般由特定的机关或者单位进行管理。

三是使用人，指因租赁、借用或者其他情形使用建筑物等设施的人。实践中，建筑物等设施的所有人将其出租或者出借，使用人的不当使用是导致建筑物等设施及其搁置物、悬挂物发生脱落、坠落的原因之一。因此，建筑物等设施及其搁置物、悬挂物脱落、坠落致人损害，使用人不能证明自己没有过错的，也应当承担侵权责任。一般来讲，使用人承担

责任有两种情形:第一,使用人依法对其使用的建筑物、构筑物或者其他设施负有管理、维护的义务时,因其管理、维护不当造成他人损害。当根据合同约定,房屋承租人对房屋有管理、维护义务时,房屋及其搁置物、悬挂物脱落、坠落造成他人损害,承租人不能证明自己没有过错的,要承担侵权责任。第二,使用人对建筑物、构筑物或者其他设施的搁置物、悬挂物管理、维护不当,造成他人损害。例如,承租人在阳台上放置的花盆或者晾晒的物品坠落造成他人损害,承租人不能证明自己没有过错的,要承担侵权责任。

3. 归责原则

本条采用过错推定原则。损害发生后,被侵权人证明自己的损害是因建筑物等设施或者其搁置物、悬挂物脱落、坠落造成的,所有人、管理人或者使用人对自己没有过错承担举证责任,其不能证明自己没有过错的,应当承担侵权责任。

所有人、管理人或者使用人控制着建筑物等设施及其搁置物、悬挂物,一般情况下,这些设施或者物体的脱落、坠落与所有人、管理人或者使用人在管理、维护时存在过错有很大关系。另外,被侵权人通常并不了解建筑物等设施及其搁置物、悬挂物的管理、维护情况,很难获得足够的证据。因此,让被侵权人来证明所有人、管理人或者使用人的过错,对被侵权人来说不公平。采用过错推定原则,既符合社会生活的实际情况,也有利于保护被侵权人的合法权益。多年的司法实践也证明,对建筑物等设施及其搁置物、悬挂物脱落、坠落致人损害责任采用过错推定原则,是科学合理的。

(二)所有人、管理人或者使用人赔偿后,有其他责任人的,有权向其他责任人追偿

其他责任人是指所有人、管理人或者使用人之外的对损害的发生负有责任的人。建筑物、构筑物或者其他设施及其搁置物、悬挂物脱落、坠落造成他人损害,所有人、管理人或者使用人不能证明自己没有过错的,应当对被侵权人承担侵权责任。实践中,有时损害的发生除了与所有人、管理人或者使用人的过错有关外,还与其他人有关,只是该其他人不直接对被侵权人承担侵权责任。但是,所有人、管理人或者使用人向被侵权人赔偿后,有权向该其他责任人追偿。例如,房屋所有人与承揽人签订承揽合同,由承揽人为房屋安装防盗网。由于承揽人的过错,防盗

网没有安装牢固，后来坠落将他人砸伤。房屋所有人不能证明自己没有过错的，应当对被侵权人承担侵权责任。另外，由于防盗网的坠落与承揽人的过错有关，根据本法第1193条的规定，承揽人应当向房屋所有人承担责任。因此，房屋所有人对被侵权人赔偿后，有权向承揽人追偿。

第一千二百五十四条　禁止从建筑物中抛掷物品。从建筑物中抛掷物品或者从建筑物上坠落的物品造成他人损害的，由侵权人依法承担侵权责任；经调查难以确定具体侵权人的，除能够证明自己不是侵权人的外，由可能加害的建筑物使用人给予补偿。可能加害的建筑物使用人补偿后，有权向侵权人追偿。

物业服务企业等建筑物管理人应当采取必要的安全保障措施防止前款规定情形的发生；未采取必要的安全保障措施的，应当依法承担未履行安全保障义务的侵权责任。

发生本条第一款规定的情形的，公安等机关应当依法及时调查，查清责任人。

【释义】　本条是关于从建筑物中抛掷物品或者从建筑物上坠落的物品造成他人损害责任的规定。

（一）立法背景

实践中，从建筑物中抛掷物、坠落物致人损害的情形时有发生，“头顶上的安全”引起社会的广泛关注。侵权责任法立法过程中，对于建筑物不明抛掷物、坠落物致人损害的责任承担，有不同意见，争议很大。最终，侵权责任法第87条规定，从建筑物中抛掷物品或者从建筑物上坠落的物品造成他人损害，难以确定具体侵权人的，除能够证明自己不是侵权人的外，由可能加害的建筑物使用人给予补偿。对侵权责任法的这一规定，一直存在不同观点。有的认为，能够解决受害人最终救济问题，具有正面引导的作用；有的认为，依照本条判决的案例在实践中很难得到执行，法律效果差；有的认为，本条被社会舆论误解和社会公众误读，导致了对本条规定的负面评价。

在民法典侵权责任编的编纂过程中，如何对本条修改、是否删除本条规定，是各方面关注的焦点之一。民法典侵权责任编草案一审稿、二审稿对侵权责任法第87条的规定没有修改。在二审稿修改情况的汇报中，专门进行了汇报，提出“高空抛物致人损害的责任问题是侵权责任立法中的一个突出问题，争议较大，各方也高度关注。对该规定是否修改，如何修改，还需要结合实际情况，综合考虑侵权法理、保护受害人、维护社会和谐稳定等因素后慎重决策。据此，建议对草案的规定暂不作修改，继续研究”。我们经过反复研究、慎重考虑、大量调研、听取意见和建议后认为，从建筑物中抛掷物品或者从建筑物上坠落的物品造成他人损害的民事责任主要涉及两种情况：一是责任人容易明确的情形。建筑物的构成部分或者建筑物上的搁置物、悬挂物发生脱落、坠落，这种情形下责任人较容易被发现。侵权责任法第85条规定：“建筑物、构筑物或者其他设施及其搁置物、悬挂物发生脱落、坠落造成他人损害，所有人、管理人或者使用人不能证明自己没有过错的，应当承担侵权责任。所有人、管理人或者使用人赔偿后，有其他责任人的，有权向其他责任人追偿。”二是责任人不容易明确的情形。对于这种情形，侵权责任法第87条规定：“从建筑物中抛掷物品或者从建筑物上坠落的物品造成他人损害，难以确定具体侵权人的，除能够证明自己不是侵权人的外，由可能加害的建筑物使用人给予补偿。”本条中的“可能加害的建筑物使用人”必须限定在一定的合理范围内，不能机械地无限扩大至建筑物中的所有人。因此，这就需要公安机关、法院等有关机关积极作为，通过调查侦查确定侵权人，排除不可能实施抛掷行为的人。只有确实无法查找到具体侵权人的，才适用由“可能加害的建筑物使用人”承担补偿责任的规定。这样规定既可以及时对受害者进行救济和帮助，也可以让业主通过相互监督、积极举证等方式指认出真正的侵权人或者证明自己不是侵权人，使得真正的侵权人承担法律责任。

综上，民法典侵权责任编草案三审稿对侵权责任法第87条作了如下修改：一是增加规定，禁止从建筑物中抛掷物品。二是增加规定，从建筑物中抛掷物品或者从建筑物上坠落的物品造成他人损害的，由侵权人依法承担侵权责任。三是增加规定，发生此类情形的，“有关机关应当依法及时调查、查清责任人”；明确“经调查难以确定具体侵权人”的，才适用由可能加害的建筑物使用人给予补偿的规定。四是增加规定，可能加害的建筑物使用人补偿后发现侵权人的，有权向侵权人追偿。五是增加规定，建筑物的管理人应当采取必要的安全保障措施；未采取必要措施的，依法承担相应的侵权责任。同时，在延续侵权责任法第85条、第86条的基础上，将两条的顺序作了对调，使建筑物中抛掷物品与从建筑物上坠落的物品造成他人损害责任的规定衔接更为紧密。

对民法典侵权责任编草案三审稿的这一规定,有的提出,实践中建筑物管理人主要是物业服务企业。为了明确责任主体以便于实务操作,也在价值导向上引导和规范物业服务企业更加注重采取安全保障措施以更有利于发现直接侵权人,建议明确列举出物业服务企业。经研究,我们拟采纳这一意见,将该条第 2 款修改为:物业服务企业等建筑物管理人应当采取必要的安全保障措施防止前款规定情形的发生;未采取必要的安全保障措施的,应当依法承担未履行安全保障义务的侵权责任。2020 年 5 月民法典草案提交十三届全国人大三次会议审议过程中,有的意见提出,高空抛物或者坠物行为危害公共安全,公安机关有责任进行调查以查清责任人。经研究采纳了这一建议,将第 3 款中的“有关机关”明确为“公安等机关”。

(二)本条的理解和适用

1. 禁止从建筑物中抛掷物品

本条开宗明义,规定禁止从建筑物中抛掷物品。我国的民事法律规范极少使用“禁止”性的表述,盖因民事法律是调整平等主体之间权利义务的规范,以自由意志为导向。本条中这一禁止性规定,是对从建筑物中抛掷物品行为的严厉谴责和禁止。

2. 从建筑物中抛掷物品或者从建筑物上坠落的物品

如果物体并非从建筑物中抛掷或坠落,不适用该规定。例如,在群众性活动中被他人从人群中抛掷的物品砸伤而无法确定具体的侵权人时,被侵权人不能依据这一条主张由参加活动的所有可能的侵权人承担赔偿责任;在道路上被机动车撞伤而无法确定具体的加害车辆时,被侵权人不能主张由当时所有经过的可能加害的车辆承担赔偿责任。

3. 由侵权人依法承担侵权责任

侵权责任法第 87 条的规定,虽然没有明说,从逻辑上可以推出,从建筑物中抛掷物品或者从建筑物上坠落的物品造成他人损害的,应当由侵权人依法承担侵权责任,这是过错责任的体现。只有难以确定具体侵权人的,才适用本条的补偿规定。

4. 经调查难以确定具体侵权人

难以确定具体侵权人是指无法确定物品具体是从哪一个房间抛掷、坠落的,因此无法确定具体的侵权人。本条在侵权责任法第 87 条的基础上，增加了“经调查”的表述。我们认为，从建筑物中抛掷物品或者从建筑物上坠落的物品，造成他人损害的，小区物业管理企业、公安等机关均需及时、缜密地调查取证，尽量查明侵权人。

5. 关于可能加害的建筑物使用人

在建筑物使用人是多人的情况下，从建筑物中抛掷物品或者从建筑物上坠落的物品造成他人损害，经调查难以确定具体侵权人的，要从这些使用人中确定可能的侵权人。本条规定的建筑物使用人，是指在侵权行为发生时建筑物的实际使用人。建筑物使用人在建筑物内进行活动，控制、管理着建筑物和建筑物内的物品，建筑物抛掷物、坠落物致人损害，经调查确实无法确定具体侵权人时，在他们中间确定可能的侵权人，符合社会生活实践经验。使用人包括使用建筑物的所有权人、承租人、借用人以及其他使用建筑物的人。物业服务公司是否属于建筑物使用人，要视具体情况而定，一般情况下，物业服务公司只是与业主签订合同，负责对物业的管理、服务，并不占有、控制建筑物本身，其不属于建筑物使用人。但是，如果物业服务公司实际占有、使用建筑物，则其也属于建筑物使用人。

如果按照社会生活实践经验、科学手段、监控手段、侦查措施等其他方法，可以推测认为抛掷物、坠落物有可能是从某人使用的建筑物中抛掷或坠落的，则该使用人就是本条所说的“可能加害的建筑物使用人”。当然，这种可能性必须在一定的合理范围内。例如，如果被侵权人在街上被建筑物上的抛掷物、坠落物砸伤，难以确定具体侵权人的，并非该条街上所有的建筑物的使用人均要承担责任，而是首先要将范围界定在侵权行为发生地周围合理范围内的建筑物的使用人。又如，如果被侵权人在一座居民楼的北面被从该楼上抛掷或坠落的物品砸伤，一般认为，居住在该楼南面的居民不属于“可能加害的建筑物使用人”。

6. 除能够证明自己不是侵权人的外，由可能加害的建筑物使用人给予补偿

本条采用举证责任倒置。根据本条规定，无法确定具体的侵权人的，由被侵权人证明自己是被建筑物上的抛掷物、坠落物所伤害，由建筑物使用人证明自己不是侵权人。建筑物使用人不能证明自己不是侵权人的，要对被侵权人受到的损害进行补偿。如果有证据能够确定具体的侵权人，则其他可能加害的建筑物使用人无需再举证证明自己不是侵权人。

7. 发现真正侵权人后,承担了补偿的建筑物使用人具有追偿权

由可能加害的建筑物使用人对被侵权人给予补偿的,各个可能加害的建筑物使用人之间不承担连带责任,而是按份分别对被侵权人进行补偿。被侵权人不能要求某一个或一部分可能加害的建筑物使用人补偿其全部的损害,可能加害的建筑物使用人按照自己应承担的份额对被侵权人进行补偿后,也不能向其他可能加害的建筑物使用人追偿。但是,发现了真正侵权人的,可以向真正的侵权人进行追偿,以体现责任自负、社会公平的原则。

8. 物业服务企业等建筑物管理人的义务

物业服务企业与业主签订物业服务合同,应当履行合同约定的义务。本法第937条第1款规定,物业服务合同是物业服务人在物业服务区域内,为业主提供建筑物及其附属设施的维修养护、环境卫生和相关秩序的管理维护等物业服务,业主支付物业费的合同。第942条规定,物业服务人应当按照约定和物业的使用性质,妥善维修、养护、清洁、绿化和经营管理物业服务区域内的业主共有部分,维护物业服务区域内的基本秩序,采取合理措施保护业主的人身、财产安全。对物业服务区域内违反有关治安、环保、消防等法律法规的行为,物业服务人应当及时采取合理措施制止、向有关行政主管部门报告并协助处理。因此,物业服务企业具有一定的安全保障义务,依照本条第2款的规定,物业服务企业等建筑物管理人应当采取必要的安全保障措施防止前款规定情形的发生;未采取必要的安全保障措施的,应当依法承担未履行安全保障义务的侵权责任。

9. 公安等机关的及时调查义务

根据本条第3款的规定,从建筑物中抛掷物品或者从建筑物上坠落的物品造成他人损害的,公安等机关应当依法及时调查,查清责任人。公安等机关是具有侦查权的机关。因为从建筑物中抛掷物品或者从建筑物上坠落的物品,一般会造成被侵权人轻伤以上的伤害,甚至死亡。公安机关应当积极履职、为民服务,立案侦查,调查清楚具体的侵权人,尽可能减少难以确定具体侵权人的情形,不能推诿扯皮、以案多人少为由不予立案,否则便是渎职。在民法典侵权责任编编纂过程中,我们经过调研和收集有关案例,发现凡是公安机关立案侦查的从建筑物中抛掷物品或者从建筑物上坠落的物品造成他人损害的案件,基本上均能查到

具体侵权人。

(三)本条规定的意义

1. 填补被侵权人的损失,实现社会公平正义

随着我国城镇化进程的加快,高层建筑越来越多,从建筑物抛掷物品、坠落物品造成他人损害的情形时有发生,甚至造成他人重伤、死亡。虽然,从理论上讲,受害人的损害可以通过保险和基金得到填补,但是,由于我国的保险制度和社会救助制度还不完善,实践中被侵权人往往无法通过这些渠道获得救济,这不利于保障被侵权人的权利,有损社会公平正义。民事责任一个重要的功能就是补偿被侵权人的损失,民法中的举证责任倒置制度是为了平衡当事人之间的利益,合理地保护被侵权人,最终实现实质意义上的公平。因此,从建筑物中抛掷物品或者从建筑物上坠落的物品造成他人损害的,首先应当由侵权人依法承担侵权责任。经调查难以确定具体加害人时,让可能加害的建筑物使用人举证证明自己不是真正的加害人,符合民法公平正义的精神。对此,其他国家也有立法例,《智利民法典》第2328条规定,自建筑物的高层部分坠落或投掷的物件引起的损害,应归责于一切居住于建筑物的该部分的人,赔偿金在所有这些人中分摊,但损害事实经证明仅可归因于某人的过失或恶意时,该人应单独承担责任。

2. 合理分散损失,促进社会和谐稳定

从建筑物中抛掷物品或者从建筑物上坠落的物品造成他人损害的,特别是造成他人重伤、残疾的,如果让被侵权人自己承担损害后果,可能会导致其陷入生活的困境。而让可能加害的建筑物使用人对被侵权人进行补偿,每一个可能加害的建筑物使用人只承担整个损失的一小部分。从总体上来讲,这一规定有利于合理分散损失,有利于促进社会和谐稳定。

3. 有利于维护社会秩序

在现实生活中,由于物业管理水平、人们的生活习惯和安全意识等多种原因,出现了建筑物抛掷物、坠落物造成他人损害的情形,这给人们的安全生活秩序造成了不好的影响。本条的规定,可以促进人们对相关问题的关注,依法通过各种途径减少或者避免类似情形的发生,改善整体的生活环境,形成良好的生活秩序。物业服务企业等建筑物管理人应当通过安装监控设备、加强巡逻、张贴告示标语等加强管理,增强业主的

意识,减少从建筑物中抛掷物体的行为。在发生从建筑物中抛掷物品或者从建筑物上坠落的物品造成他人损害的案件后,公安等有关机关应当及时立案调查,查明责任人,维护社会稳定和人民安全。

(四)从建筑物中抛掷物品或者从建筑物上坠落的物品造成他人损害与共同危险行为的区别

一是通常情况下,从建筑物中抛掷物品或者从建筑物上坠落的物品造成他人损害,是某一个人抛掷物品或者其管理的物品坠落;共同危险行为是多个人同时实施危害他人安全的行为。

二是从建筑物中抛掷物品或者从建筑物上坠落的物品造成他人损害,经调查难以确定具体侵权人的,由可能加害的建筑物使用人给予补偿,尽管这些建筑物使用人实际上并没有抛掷物品或者其物品并没有坠落;共同危险行为中,不能确定具体侵权人的,因为共同危险行为人都实施了危及他人安全的行为,因此由共同危险行为人承担责任。

三是从建筑物中抛掷物品或者从建筑物上坠落的物品造成他人损害,难以确定具体侵权人的,由可能加害的建筑物使用人对受害人给予补偿;共同危险行为中,不能确定具体侵权人的,行为人承担连带责任。

(五)治理从建筑物中抛掷物品或者从建筑物上坠落的物品行为的思考

从建筑物中抛掷物品或者从建筑物上坠落的物品行为严重危及公民的生命、财产安全,为了遏制这类行为的发生,保障公民“头顶安全”,必须对此类行为予以从严处理。从近期频发的高空抛物坠物事件看,产生这个问题的原因是多方面的,治理这个问题需要综合施策。首先,要及时查清责任人。目前,解决高空抛物坠物问题面临的最大难题不是无法可依,而是事故发生后,难以查清责任人。要从根本上解决这个问题,在受害人不能举证或者难以举证的情况下,公安等机关应当及时立案调查,查清责任人。其次,要充分发挥法律的威慑作用。我国现行法律已对治理高空抛物坠物问题作了较为明确的规定,相关机关应当严格执法,依法明确各方责任,综合运用民事、行政和刑事手段,遏制此类事件的发生。对于造成损害后果的,责任人除了要依法承担民事责任外,应当依法受到治安管理处罚;构成犯罪的,还应当依法承担刑事责任。从民法典整体来看,关于民事、行政和刑事三种法律责任的关系,本法第187 条中已经作了基本规定,民事主体因同一行为应当承担民事责任、行政责任和刑事责任的,承担行政责任或者刑事责任不影响承担民事责任。因此,关于高空抛物坠物行为应当承担的行政责任和刑事责任,在侵权责任编中不再作规定。最后,还需要明确建筑物管理人、施工者、作业者的责任,提高建筑物设计施工质量、提高公民道德素质,做到多管齐下,共同发力。

第一千二百五十五条　堆放物倒塌、滚落或者滑落造成他人损害,堆放人不能证明自己没有过错的,应当承担侵权责任。

【释义】 本条是关于堆放物倒塌、滚落或者滑落造成他人损害责任的规定。

本条在延续侵权责任法第88条的基础上,根据实践的需要和有关建议,增加列举了“滚落或者滑落”两种情形。

堆放物是指堆放在土地上或者其他地方的物品。堆放物须是非固定在其他物体上,如建筑工地上堆放的砖块、木料场堆放的原木等。

本条所说的倒塌、滚落或者滑落,包括堆放物整体或者部分的倒塌、脱落、坠落、滑落、滚落等。例如,码头堆放的集装箱倒塌、建筑工地上堆放的建筑材料倒塌、伐木场堆放的原木滚落等。

堆放人是指将物体堆放在某处的人。堆放人可能是所有人,也可能是管理人。堆放人应当合理选择堆放地点、堆放高度,要堆放稳固并看管好堆放的物品,防止被他人随意挪动,防止他人特别是限制行为能力人和无行为能力人攀爬等。

本条采用过错推定原则。堆放人不能证明自己没有过错的,承担侵权责任。符合本法第1178条规定的,可以不承担或者减轻责任。例如,根据《最高人民法院关于处理涉及汶川地震相关案件适用法律问题的意见(二)》第9条的规定,因地震灾害致使堆放物品倒塌、滚落、滑落致人损害的,所有人或者管理人不承担赔偿责任。需要说明的是,在这些情形下,仍然需要堆放人举证证明自己对堆放物倒塌致人损害没有过错,堆放人不能证明自己没有过错的,仍然要承担侵权责任。

第一千二百五十六条　在公共道路上堆放、倾倒、遗撒妨碍通行的物品造成他人损害的,由行为人承担侵权责任。公共道路管理人不能证明已经尽到清理、防护、警示等义务的,应当承担相应的责任。

【释义】 本条是关于在公共道路上堆放、倾倒、遗撒妨碍通行的物品造成他人损害责任的规定。

（一）关于公共道路

公共道路是指公共通行的道路。根据公路法和《中华人民共和国公路管理条例》（已失效）的规定，公路是指经公路主管部门验收认定的城间、城乡间、乡间能行驶汽车的公共道路，包括公路渡口、公路路基、路面、桥梁、涵洞、隧道。根据道路交通安全法的规定，道路是指公路、城市道路和虽在单位管辖范围但允许社会机动车通行的地方，包括广场、公共停车场等用于公众通行的场所。本条所说的公共道路包括但不局限于公路法、《中华人民共和国公路管理条例》中的公路以及道路交通安全法中的道路。公共道路既包括通行机动车的道路，也包括人行道路。另外，广场、停车场等可供公共通行的场地、建筑区划内属于业主共有但允许不特定的公众通行的道路都属于公共道路。

（二）关于堆放、倾倒、遗撒妨碍通行物

本条规定的堆放、倾倒、遗撒妨碍通行物，是指在公共道路上堆放、倾倒、遗撒物品，影响他人对该公共道路正常、合理的使用。公共道路的使用关系到公众的利益，在道路上堆放、倾倒、遗撒妨碍通行物，会对他人的安全造成不合理的危险。公路法第 46 条规定，任何单位和个人不得在公路上及公路用地范围内摆摊设点、堆放物品、倾倒垃圾、设置障碍、挖沟引水、利用公路边沟排放污物或者进行其他损坏、污染公路和影响公路畅通的活动。根据道路交通安全法第 48 条的规定，机动车载物的长、宽、高不得违反装载要求，不得遗洒、飘散载运物。

在公共道路上堆放、倾倒、遗撒妨碍通行物，既可以是堆放、倾倒、遗撒固体物，例如，在公共道路上非法设置路障、晾晒粮食、倾倒垃圾等；也可以是倾倒液体、排放气体，例如，运油车将石油泄漏到公路上、非法向道路排水、热力井向道路散发出大量蒸汽。

被侵权人被堆放、倾倒、遗撒的妨碍通行物损害有多种情形。例如，行人在公共道路上被妨碍通行物绊倒、滑倒；司机被公共道路上非法堆放的物体遮挡视线，驾驶机动车撞到路旁的建筑物导致发生交通事故，等等。

（三）直接侵权人与公共道路管理人

侵权责任法第 89 条使用了“有关单位或者个人”的表述。民法典侵权责任编编纂过程中,有的意见提出,本条应当对承担责任的主体作进一步细分。经研究认为,在公共道路上堆放、倾倒、遗撒妨碍通行的物品的主体大致可分为两类:一类是具体实施该行为的侵权人。任何人都应当遵守道路管理规则,避免在道路上堆放、倾倒、遗撒妨碍通行物,在公共道路上堆放、倾倒、遗撒妨碍通行物造成他人损害的,应当由行为人承担责任。另一类是对公共道路具有养护、管理职责的主体。公共道路涉及公共安全,公共道路管理人对道路的管理职责中当然就包括了防止因第三人的堆放、倾倒、遗撒等行为造成他人损害的法定义务。为了保障公共道路具有良好的使用状态,公共道路的管理、维护者要及时发现道路上出现的妨碍通行的情况并采取清理、防护、警示等合理的措施。如果没有尽到这种义务,应在未尽到职责的范围内承担相应的侵权责任。《最高人民法院关于审理道路交通事故损害赔偿案件适用法律若干问题的解释》第 10 条规定:“因在道路上堆放、倾倒、遗撒物品等妨碍通行的行为,导致交通事故造成损害,当事人请求行为人承担赔偿责任的,人民法院应予支持。道路管理者不能证明已按照法律、法规、规章、国家标准、行业标准或者地方标准尽到清理、防护、警示等义务的,应当承担相应的赔偿责任。”因此,本条在侵权责任法第 89 条的基础上,区分了直接侵权人和公共道路管理人两种情况,作了进一步的细分和完善,公共道路管理人承担的是过错推定责任。

第一千二百五十七条　因林木折断、倾倒或者果实坠落等造成他人损害,林木的所有人或者管理人不能证明自己没有过错的,应当承担侵权责任。

【释义】 本条是关于林木折断、倾倒或者果实坠落等造成他人损害责任的规定。

(一)关于林木折断、倾倒或者果实坠落等情形

本条所说的林木,包括自然生长和人工种植的林木,并未限定林木生长的地域范围,林地中的林木、公共道路旁的林木以及院落周围零星生长的树木等折断、倾倒或者果实坠落造成他人损害,林木的所有人或者管理人不能证明自己没有过错的,均要承担侵权责任。当然,根据林木生长的具体情况,认定林木所有人或者管理人的过错应有所区别。

林木造成他人损害,不仅包括林木枝蔓等的掉落造成他人损害,还

包括其他情形,如实践中出现的椰树果实坠落砸伤路人、树木倒伏压坏路旁汽车等。侵权责任法第90条规定了"林木折断",没有规定"等"字。民法典侵权责任编编纂过程中,有的意见提出,侵权责任法的规定不够全面,也没有"等"字兜底,无法囊括林木倾倒、果实坠落等基于物件自身危险致人损害的情形。《最高人民法院关于审理人身损害赔偿案件适用法律若干问题的解释》第16条第1款第3项规定了该三种情形,建议补充。因此,本条在延续侵权责任法第90条的基础上,根据实践的需要和有关建议,增加列举了"倾倒或者果实坠落等"的情形。

(二)关于林木的所有人或者管理人

我国森林法第20条规定,国有企业事业单位、机关、团体、部队营造的林木,由营造单位管护并按照国家规定支配林木收益。农村居民在房前屋后、自留地、自留山种植的林木,归个人所有。城镇居民在自有房屋的庭院内种植的林木,归个人所有。集体或者个人承包国家所有和集体所有的宜林荒山荒地荒滩营造的林木,归承包的集体或者个人所有;合同另有约定的从其约定。其他组织或者个人营造的林木,依法由营造者所有并享有林木收益;合同另有约定的从其约定。

林木的所有人或者管理人应当对林木进行合理的维护,防止林木出现危害他人安全的情形。例如,所有人或者管理人应当固定好新栽的树木,在林木可能危害他人的安全时,要设置明显标志并采取相应的安全措施,及时消除危险状态。消除危险状态的方式有及时修剪干枯的树枝、及时采伐干枯的树木、及时清理树上的积雪、及时采摘成熟的果实等。

(三)本条的归责原则

对于折断、倾倒或者果实坠落等造成他人损害,适用过错推定的归责原则,林木的所有人或者管理人不能证明自己没有过错的,应当承担侵权责任。根据《最高人民法院关于审理人身损害赔偿案件适用法律若干问题的解释》第16条的规定,树木倾倒、折断或者果实坠落致人损害的,适用民法通则第126条的规定,由所有人或者管理人承担赔偿责任,但能够证明自己没有过错的除外。该司法解释亦采取了过错推定的归责原则。

所有人或者管理人要证明自己没有过错,通常要证明其对林木已经尽到了管理、维护的义务。需要说明的是,很多时候,林木的折断表面上是由于自然原因或者第三人原因等造成的,但实质上与所有人或者管理人的过错有关。例如,大风将因虫害而枯死的大树刮倒,砸伤了过路的行人。大风和虫害是导致树木折断的因素,但由于虫害可能是因所有人或者管理人没有尽到管理、维护的义务造成的,因此,所有人或者管理人不能证明自己没有过错的,仍然要承担侵权责任。又如,他人驾驶机动车撞到树木上,造成树木倾斜,后来树木倾倒或者折断造成他人损害,所有人或者管理人不能证明在该树木被撞倾斜后,自己为了防止该树木倾倒或者折断而及时采取合理措施的,仍然要承担责任。

如果林木的折断完全是因自然原因、第三人或者受害人的过错造成,林木的所有人或者管理人能够证明自己没有过错的,不承担侵权责任。

第一千二百五十八条　在公共场所或者道路上挖掘、修缮安装地下设施等造成他人损害,施工人不能证明已经设置明显标志和采取安全措施的,应当承担侵权责任。

窨井等地下设施造成他人损害,管理人不能证明尽到管理职责的,应当承担侵权责任。

【释义】 本条是关于在公共场所或者道路上挖掘、修缮安装地下设施等造成他人损害责任,以及窨井等地下设施造成他人损害责任的规定。

(一)关于第1款规定的理解和使用

侵权责任法第91条第1款规定:“在公共场所或者道路上挖坑、修缮安装地下设施等,没有设置明显标志和采取安全措施造成他人损害的,施工人应当承担侵权责任。”司法实践证明,侵权责任法的这一规定符合社会实践的需要,是科学合理的。民法典侵权责任编在延续侵权责任法的基础上,作了一定的完善:一是调整了语序,明确了“造成他人损害”是“在公共场所或者道路上挖掘、修缮安装地下设施等”的后果,使本条表述更加清晰。二是将“没有设置”修改为“施工人不能证明已经设置”,使过错推定归责原则的表述与本章其他条文的表述保持一致。

1. 在公共场所或者道路施工

在公共场所或者道路上施工,是指在公共场所或者道路上挖坑、修路、修缮安装地下设施等,如架设电线、铺设管道、维修公路、修缮下水道等。

公共场所是不特定人聚集、通行的场所,在这些场所施工,很有可能对他人造成损害,因此,更加需要注意保护他人的安全。在公共场所或者道路上施工,应当取得有关管理部门的许可,必须设置明显的警示标志和采取有效的安全措施。依照道路交通安全法第32条、第104条的规定,因工程建设需要占用、挖掘道路,或者跨越、穿越道路架设、增设管线设施,应当事先征得道路主管部门的同意;影响交通安全的,还应当征得公安机关交通管理部门的同意。施工作业单位应当在经批准的路段和时间内施工作业,并在距离施工作业地点来车方向安全距离处设置明显的安全警示标志,采取防护措施;施工作业完毕,应当迅速清除道路上的障碍物,消除安全隐患,经道路主管部门和公安机关交通管理部门验收合格,符合通行要求后,方可恢复通行。未经批准,擅自挖掘道路、占用道路施工或者从事其他影响道路交通安全活动,致使通行的人员、车辆及其他财产遭受损失的,依法承担赔偿责任。依照公路法第32条的规定,改建公路时,施工单位应当在施工路段两端设置明显的施工标志、安全标志。需要车辆绕行的,应当在绕行路口设置标志;不能绕行的,必须修建临时道路,保证车辆和行人通行。根据《城市道路管理条例》第24条、第35条的规定,城市道路的养护、维修工程应当按照规定的期限修复竣工,并在养护、维修工程施工现场设置明显标志和安全防围设施,保障行人和交通车辆安全。经批准挖掘城市道路的,应当在施工现场设置明显标志和安全防围设施;竣工后,应当及时清理现场,通知市政工程行政主管部门检查验收。

在公共场所或者道路上施工,应当设置明显标志和采取安全措施,包括以下几个方面的内容:

第一,设置的警示标志必须具有明显性。施工人设置的警示标志要足以引起他人对施工现场的注意,从而使他人采取相应的安全应对措施,如减速、绕行等。例如,在高速公路上施工,必须在距离施工现场较远的地方就要设置警示标志,而不能只在直接施工的地点设置警示标志;阴天或者夜间施工,应当设置必要的照明设备等。

第二,施工人要保证警示标志的稳固并负责对其进行维护,使警示标志持续地存在于施工期间。例如,应当保证警示标志牢固,防止被风刮走;在警示标志毁损时,应当及时修复等。

第三,仅设置明显的标志不足以保障他人的安全的,施工人还应当采取其他有效的安全措施。例如,在道路上挖坑,通常应当将施工现场用保护设施围起来,而不仅仅是提醒行人注意道路上的坑。施工人采取的措施,在正常情况下必须足以保证他人的安全。

2. 关于施工人

公共场所或者道路施工致人损害的责任人是施工人。施工人直接控制着施工场地,因此应当承担对施工场地的管理和维护义务,保障他人的安全。施工人是指组织施工的单位或者个人,而非施工单位的工作人员或者个体施工人的雇员。施工人一般是承包或者承揽他人的工程进行施工的单位或者个人,有时也可能是为自己的工程施工。

3. 在公共场所或者道路上施工与在公共道路上设置妨碍通行物

本条第1款与本法第1256条规定的情形,主要有如下区别:

一是发生的原因不同。公共场所或者道路上施工致人损害责任,是施工人在施工过程中没有设置明显标志和采取安全措施,造成他人损害时应当承担的侵权责任。在公共道路上设置妨碍通行物致人损害责任,是在公共道路上堆放、倾倒、遗撒妨碍通行的物品造成他人损害,有关的单位和个人应当承担的侵权责任。

二是责任主体不同。公共场所施工致人损害的责任主体是施工人,在公共道路上堆放、倾倒、遗撒妨碍通行的物品造成他人损害的责任主体是行为人和公共道路管理人。

4. 归责原则

关于施工人责任的归责原则,从20世纪80年代至今我国学界一直有争议,主要有过错认定说和过错推定说。本款采用过错推定归责原则,施工人不能证明已经设置明显标志和采取安全措施的,应当承担侵权责任,理由主要有:一是公共场所是人们经常聚集、活动和通行的地方,施工人必须采取严格的安全措施方能避免损害的发生,采用过错推定与在公共场所施工的危险程度是相符合的。二是从救济受害人的角度考虑,施工人距离证据较近,有利于查明事实真相,采用过错推定更利于对受害人的救济。三是从体系解释的角度来看,本章规定的主要是过错推定责任,该条也应适用过错推定原则。

(二)关于第2款规定的理解和使用

1. 窨井、地下设施及其管理人

窨井是指上下水道或者其他地下管线工程中,为便于检查或疏通而设置的井状构筑物。其他地下设施包括地窖、水井、下水道以及其他地下坑道等。

窨井等地下设施的管理人,是指负责对该地下设施进行管理、维护的单位或者个人。城市地下设施复杂,例如有输水、输油、输气、输电设施等,不同的地下设施可能属于不同的单位管理,在损害发生后要明确具体的管理人,由相关的管理人依法承担侵权责任。

2. 归责原则

实践中,经常出现地下设施缺乏防护措施而致人损害的情形。《城市道路管理条例》第23条规定:"设在城市道路上的各类管线的检查井、箱盖或者城市道路附属设施,应当符合城市道路养护规范。因缺损影响交通和安全时,有关产权单位应当及时补缺或者修复。"根据治安管理处罚法第37条的规定,在车辆、行人通行的地方施工,对沟井坎穴不设覆盖物、防围和警示标志的,或者故意损毁、移动覆盖物、防围和警示标志的,或者盗窃、损毁路面井盖、照明等公共设施的,处5日以下拘留或者500元以下罚款;情节严重的,处5日以上10日以下拘留,可以并处500元以下罚款。

本款延续了侵权责任法第91条第2款的规定,窨井等地下设施致人损害时,适用过错责任推定归责原则,有利于保护被侵权人的利益,也有利于促使地下设施的管理人认真履行职责,确保窨井等地下设施的安全,保护公众合法权益。

附　　则

附则共 2 条，规定了民法有关术语的含义，民法典的施行日期和此前颁布的各单行民法的废止。

第一千二百五十九条　民法所称的“以上”、“以下”、“以内”、“届满”，包括本数；所称的“不满”、“超过”、“以外”，不包括本数。

【释义】　本条是关于法律术语含义的规定。

本条延续了民法总则第 205 条。在汉语词义的解释中，“以上”指的是位置或者数目等在某一点之上；“以下”指的是位置或者数目不高于某一点；“以内”指的是介于一定的时间、数量、范围之中；“届满”指的是规定的期限已满、到期。“不满”指的是不充满，量不足；“超过”指的是高出、超出；“以外”指的是一定的限制、界限或者范围之外。从上面的基本含义可以得知，“以上”“以下”“以内”“届满”，应当包括本数；“不满”“超过”“以外”，不包括本数。

在民法典编纂过程中，有的建议将本条中“民法”修改为“本法”“民法典”。我们研究认为，本条关于法律术语的含义，不仅仅是在民法典中适用，在民法典外的民商事单行法中均应适用，体现的是民商事法律基本准则。本法第 2 条规定的“民法调整平等主体的自然人、法人和非法人组织之间的人身关系和财产关系”使用的也是“民法”这一术语。因此，我们没有采纳上述意见。

第一千二百六十条　本法自 2021 年 1 月 1 日起施行。《中华人民共和国婚姻法》、《中华人民共和国继承法》、《中华人民共和国民法通则》、《中华人民共和国收养法》、《中华人民共和国担保法》、《中华人民共和国合同法》、《中华人民共和国物权法》、《中华人民共和国侵权责任法》、《中华人民共和国民法总则》同时废止。

【释义】 本条是关于民法典的施行日期和此前颁布的各单行民法废止的规定。

施行时间是一部法律的必备内容,是法律开始发生效力的时间。立法法第57条规定,法律应当明确规定施行日期。

由于民法典在中国特色社会主义法律体系中具有非常重要的地位,是民事生活领域的基本法,有些制度是对过去各个时期民事单行法的重大修改完善,有些制度是创设性的全新制度,关系平等主体的日常生活、生产,内容丰富,涉及面广,需要在通过后留出一定的时间供社会各界学习、准备。因此,反复研究后,全国人大宪法和法律委员会建议民法典在2020年5月通过后,预留约7个月的时间,自2021年1月1日起施行,对此前的民事关系,民法典没有溯及力。

民法典系统编纂整合了《中华人民共和国婚姻法》等不同历史时期颁布的9部重要民事法律。自民法典施行之日,婚姻法、继承法、民法通则、收养法、担保法、合同法、物权法、侵权责任法和民法总则将被替代,不再适用。需要说明的是,2014年第十二届全国人大常委会第十一次会议通过的《全国人民代表大会常务委员会关于〈中华人民共和国民法通则〉第九十九条第一款、〈中华人民共和国婚姻法〉第二十二条的解释》,作为民法通则和婚姻法的立法解释,也同步废止。

附　　录

中华人民共和国民法典(节录)

(2020 年 5 月 28 日第十三届全国人民代表大会第三次会议通过　2020 年 5 月 28 日中华人民共和国主席令第四十五号公布　自 2021 年 1 月 1 日起施行)

目　　录

第七编　侵权责任

第一章　一般规定

第一千一百六十四条　本编调整因侵害民事权益产生的民事关系。

第一千一百六十五条　行为人因过错侵害他人民事权益造成损害

的，应当承担侵权责任。

依照法律规定推定行为人有过错，其不能证明自己没有过错的，应当承担侵权责任。

第一千一百六十六条　行为人造成他人民事权益损害，不论行为人有无过错，法律规定应当承担侵权责任的，依照其规定。

第一千一百六十七条　侵权行为危及他人人身、财产安全的，被侵权人有权请求侵权人承担停止侵害、排除妨碍、消除危险等侵权责任。

第一千一百六十八条　二人以上共同实施侵权行为，造成他人损害的，应当承担连带责任。

第一千一百六十九条　教唆、帮助他人实施侵权行为的，应当与行为人承担连带责任。

教唆、帮助无民事行为能力人、限制民事行为能力人实施侵权行为的，应当承担侵权责任；该无民事行为能力人、限制民事行为能力人的监护人未尽到监护职责的，应当承担相应的责任。

第一千一百七十条　二人以上实施危及他人人身、财产安全的行为，其中一人或者数人的行为造成他人损害，能够确定具体侵权人的，由侵权人承担责任；不能确定具体侵权人的，行为人承担连带责任。

第一千一百七十一条　二人以上分别实施侵权行为造成同一损害，每个人的侵权行为都足以造成全部损害的，行为人承担连带责任。

第一千一百七十二条　二人以上分别实施侵权行为造成同一损害，能够确定责任大小的，各自承担相应的责任；难以确定责任大小的，平均承担责任。

第一千一百七十三条　被侵权人对同一损害的发生或者扩大有过错的，可以减轻侵权人的责任。

第一千一百七十四条　损害是因受害人故意造成的，行为人不承担责任。

第一千一百七十五条　损害是因第三人造成的，第三人应当承担侵权责任。

第一千一百七十六条　自愿参加具有一定风险的文体活动，因其他参加者的行为受到损害的，受害人不得请求其他参加者承担侵权责任；但是，其他参加者对损害的发生有故意或者重大过失的除外。

活动组织者的责任适用本法第一千一百九十八条至第一千二百零

一条的规定。

第一千一百七十七条 合法权益受到侵害,情况紧迫且不能及时获得国家机关保护,不立即采取措施将使其合法权益受到难以弥补的损害的,受害人可以在保护自己合法权益的必要范围内采取扣留侵权人的财物等合理措施;但是,应当立即请求有关国家机关处理。

受害人采取的措施不当造成他人损害的,应当承担侵权责任。

第一千一百七十八条 本法和其他法律对不承担责任或者减轻责任的情形另有规定的,依照其规定。

第二章 损害赔偿

第一千一百七十九条 侵害他人造成人身损害的,应当赔偿医疗费、护理费、交通费、营养费、住院伙食补助费等为治疗和康复支出的合理费用,以及因误工减少的收入。造成残疾的,还应当赔偿辅助器具费和残疾赔偿金;造成死亡的,还应当赔偿丧葬费和死亡赔偿金。

第一千一百八十条 因同一侵权行为造成多人死亡的,可以以相同数额确定死亡赔偿金。

第一千一百八十一条 被侵权人死亡的,其近亲属有权请求侵权人承担侵权责任。被侵权人为组织,该组织分立、合并的,承继权利的组织有权请求侵权人承担侵权责任。

被侵权人死亡的,支付被侵权人医疗费、丧葬费等合理费用的人有权请求侵权人赔偿费用,但是侵权人已经支付该费用的除外。

第一千一百八十二条 侵害他人人身权益造成财产损失的,按照被侵权人因此受到的损失或者侵权人因此获得的利益赔偿;被侵权人因此受到的损失以及侵权人因此获得的利益难以确定,被侵权人和侵权人就赔偿数额协商不一致,向人民法院提起诉讼的,由人民法院根据实际情况确定赔偿数额。

第一千一百八十三条 侵害自然人人身权益造成严重精神损害的,被侵权人有权请求精神损害赔偿。

因故意或者重大过失侵害自然人具有人身意义的特定物造成严重精神损害的,被侵权人有权请求精神损害赔偿。

第一千一百八十四条 侵害他人财产的,财产损失按照损失发生时的市场价格或者其他合理方式计算。

第一千一百八十五条　故意侵害他人知识产权,情节严重的,被侵权人有权请求相应的惩罚性赔偿。

第一千一百八十六条　受害人和行为人对损害的发生都没有过错的,依照法律的规定由双方分担损失。

第一千一百八十七条　损害发生后,当事人可以协商赔偿费用的支付方式。协商不一致的,赔偿费用应当一次性支付;一次性支付确有困难的,可以分期支付,但是被侵权人有权请求提供相应的担保。

第三章　责任主体的特殊规定

第一千一百八十八条　无民事行为能力人、限制民事行为能力人造成他人损害的,由监护人承担侵权责任。监护人尽到监护职责的,可以减轻其侵权责任。

有财产的无民事行为能力人、限制民事行为能力人造成他人损害的,从本人财产中支付赔偿费用;不足部分,由监护人赔偿。

第一千一百八十九条　无民事行为能力人、限制民事行为能力人造成他人损害,监护人将监护职责委托给他人的,监护人应当承担侵权责任;受托人有过错的,承担相应的责任。

第一千一百九十条　完全民事行为能力人对自己的行为暂时没有意识或者失去控制造成他人损害有过错的,应当承担侵权责任;没有过错的,根据行为人的经济状况对受害人适当补偿。

完全民事行为能力人因醉酒、滥用麻醉药品或者精神药品对自己的行为暂时没有意识或者失去控制造成他人损害的,应当承担侵权责任。

第一千一百九十一条　用人单位的工作人员因执行工作任务造成他人损害的,由用人单位承担侵权责任。用人单位承担侵权责任后,可以向有故意或者重大过失的工作人员追偿。

劳务派遣期间,被派遣的工作人员因执行工作任务造成他人损害的,由接受劳务派遣的用工单位承担侵权责任;劳务派遣单位有过错的,承担相应的责任。

第一千一百九十二条　个人之间形成劳务关系,提供劳务一方因劳务造成他人损害的,由接受劳务一方承担侵权责任。接受劳务一方承担侵权责任后,可以向有故意或者重大过失的提供劳务一方追偿。提供劳务一方因劳务受到损害的,根据双方各自的过错承担相应的责任。

提供劳务期间，因第三人的行为造成提供劳务一方损害的，提供劳务一方有权请求第三人承担侵权责任，也有权请求接受劳务一方给予补偿。接受劳务一方补偿后，可以向第三人追偿。

第一千一百九十三条 承揽人在完成工作过程中造成第三人损害或者自己损害的，定作人不承担侵权责任。但是，定作人对定作、指示或者选任有过错的，应当承担相应的责任。

第一千一百九十四条 网络用户、网络服务提供者利用网络侵害他人民事权益的，应当承担侵权责任。法律另有规定的，依照其规定。

第一千一百九十五条 网络用户利用网络服务实施侵权行为的，权利人有权通知网络服务提供者采取删除、屏蔽、断开链接等必要措施。通知应当包括构成侵权的初步证据及权利人的真实身份信息。

网络服务提供者接到通知后，应当及时将该通知转送相关网络用户，并根据构成侵权的初步证据和服务类型采取必要措施；未及时采取必要措施的，对损害的扩大部分与该网络用户承担连带责任。

权利人因错误通知造成网络用户或者网络服务提供者损害的，应当承担侵权责任。法律另有规定的，依照其规定。

第一千一百九十六条 网络用户接到转送的通知后，可以向网络服务提供者提交不存在侵权行为的声明。声明应当包括不存在侵权行为的初步证据及网络用户的真实身份信息。

网络服务提供者接到声明后，应当将该声明转送发出通知的权利人，并告知其可以向有关部门投诉或者向人民法院提起诉讼。网络服务提供者在转送声明到达权利人后的合理期限内，未收到权利人已经投诉或者提起诉讼通知的，应当及时终止所采取的措施。

第一千一百九十七条 网络服务提供者知道或者应当知道网络用户利用其网络服务侵害他人民事权益，未采取必要措施的，与该网络用户承担连带责任。

第一千一百九十八条 宾馆、商场、银行、车站、机场、体育场馆、娱乐场所等经营场所、公共场所的经营者、管理者或者群众性活动的组织者，未尽到安全保障义务，造成他人损害的，应当承担侵权责任。

因第三人的行为造成他人损害的，由第三人承担侵权责任；经营者、管理者或者组织者未尽到安全保障义务的，承担相应的补充责任。经营者、管理者或者组织者承担补充责任后，可以向第三人追偿。

第一千一百九十九条　无民事行为能力人在幼儿园、学校或者其他教育机构学习、生活期间受到人身损害的,幼儿园、学校或者其他教育机构应当承担侵权责任;但是,能够证明尽到教育、管理职责的,不承担侵权责任。

第一千二百条　限制民事行为能力人在学校或者其他教育机构学习、生活期间受到人身损害,学校或者其他教育机构未尽到教育、管理职责的,应当承担侵权责任。

第一千二百零一条　无民事行为能力人或者限制民事行为能力人在幼儿园、学校或者其他教育机构学习、生活期间,受到幼儿园、学校或者其他教育机构以外的第三人人身损害的,由第三人承担侵权责任;幼儿园、学校或者其他教育机构未尽到管理职责的,承担相应的补充责任。幼儿园、学校或者其他教育机构承担补充责任后,可以向第三人追偿。

第四章　产 品 责 任

第一千二百零二条　因产品存在缺陷造成他人损害的,生产者应当承担侵权责任。

第一千二百零三条　因产品存在缺陷造成他人损害的,被侵权人可以向产品的生产者请求赔偿,也可以向产品的销售者请求赔偿。

产品缺陷由生产者造成的,销售者赔偿后,有权向生产者追偿。因销售者的过错使产品存在缺陷的,生产者赔偿后,有权向销售者追偿。

第一千二百零四条　因运输者、仓储者等第三人的过错使产品存在缺陷,造成他人损害的,产品的生产者、销售者赔偿后,有权向第三人追偿。

第一千二百零五条　因产品缺陷危及他人人身、财产安全的,被侵权人有权请求生产者、销售者承担停止侵害、排除妨碍、消除危险等侵权责任。

第一千二百零六条　产品投入流通后发现存在缺陷的,生产者、销售者应当及时采取停止销售、警示、召回等补救措施;未及时采取补救措施或者补救措施不力造成损害扩大的,对扩大的损害也应当承担侵权责任。

依据前款规定采取召回措施的,生产者、销售者应当负担被侵权人因此支出的必要费用。

第一千二百零七条 明知产品存在缺陷仍然生产、销售，或者没有依据前条规定采取有效补救措施，造成他人死亡或者健康严重损害的，被侵权人有权请求相应的惩罚性赔偿。

第五章 机动车交通事故责任

第一千二百零八条 机动车发生交通事故造成损害的，依照道路交通安全法律和本法的有关规定承担赔偿责任。

第一千二百零九条 因租赁、借用等情形机动车所有人、管理人与使用人不是同一人时，发生交通事故造成损害，属于该机动车一方责任的，由机动车使用人承担赔偿责任；机动车所有人、管理人对损害的发生有过错的，承担相应的赔偿责任。

第一千二百一十条 当事人之间已经以买卖或者其他方式转让并交付机动车但是未办理登记，发生交通事故造成损害，属于该机动车一方责任的，由受让人承担赔偿责任。

第一千二百一十一条 以挂靠形式从事道路运输经营活动的机动车，发生交通事故造成损害，属于该机动车一方责任的，由挂靠人和被挂靠人承担连带责任。

第一千二百一十二条 未经允许驾驶他人机动车，发生交通事故造成损害，属于该机动车一方责任的，由机动车使用人承担赔偿责任；机动车所有人、管理人对损害的发生有过错的，承担相应的赔偿责任，但是本章另有规定的除外。

第一千二百一十三条 机动车发生交通事故造成损害，属于该机动车一方责任的，先由承保机动车强制保险的保险人在强制保险责任限额范围内予以赔偿；不足部分，由承保机动车商业保险的保险人按照保险合同的约定予以赔偿；仍然不足或者没有投保机动车商业保险的，由侵权人赔偿。

第一千二百一十四条 以买卖或者其他方式转让拼装或者已经达到报废标准的机动车，发生交通事故造成损害的，由转让人和受让人承担连带责任。

第一千二百一十五条 盗窃、抢劫或者抢夺的机动车发生交通事故造成损害的，由盗窃人、抢劫人或者抢夺人承担赔偿责任。盗窃人、抢劫人或者抢夺人与机动车使用人不是同一人，发生交通事故造成损害，属于该机动车一方责任的,由盗窃人、抢劫人或者抢夺人与机动车使用人承担连带责任。

保险人在机动车强制保险责任限额范围内垫付抢救费用的,有权向交通事故责任人追偿。

第一千二百一十六条　机动车驾驶人发生交通事故后逃逸,该机动车参加强制保险的,由保险人在机动车强制保险责任限额范围内予以赔偿;机动车不明、该机动车未参加强制保险或者抢救费用超过机动车强制保险责任限额,需要支付被侵权人人身伤亡的抢救、丧葬等费用的,由道路交通事故社会救助基金垫付。道路交通事故社会救助基金垫付后,其管理机构有权向交通事故责任人追偿。

第一千二百一十七条　非营运机动车发生交通事故造成无偿搭乘人损害,属于该机动车一方责任的,应当减轻其赔偿责任,但是机动车使用人有故意或者重大过失的除外。

第六章　医疗损害责任

第一千二百一十八条　患者在诊疗活动中受到损害,医疗机构或者其医务人员有过错的,由医疗机构承担赔偿责任。

第一千二百一十九条　医务人员在诊疗活动中应当向患者说明病情和医疗措施。需要实施手术、特殊检查、特殊治疗的,医务人员应当及时向患者具体说明医疗风险、替代医疗方案等情况,并取得其明确同意;不能或者不宜向患者说明的,应当向患者的近亲属说明,并取得其明确同意。

医务人员未尽到前款义务,造成患者损害的,医疗机构应当承担赔偿责任。

第一千二百二十条　因抢救生命垂危的患者等紧急情况,不能取得患者或者其近亲属意见的,经医疗机构负责人或者授权的负责人批准,可以立即实施相应的医疗措施。

第一千二百二十一条　医务人员在诊疗活动中未尽到与当时的医疗水平相应的诊疗义务,造成患者损害的,医疗机构应当承担赔偿责任。

第一千二百二十二条　患者在诊疗活动中受到损害,有下列情形之一的,推定医疗机构有过错:

(一)违反法律、行政法规、规章以及其他有关诊疗规范的规定;

（二）隐匿或者拒绝提供与纠纷有关的病历资料；

（三）遗失、伪造、篡改或者违法销毁病历资料。

第一千二百二十三条 因药品、消毒产品、医疗器械的缺陷，或者输入不合格的血液造成患者损害的，患者可以向药品上市许可持有人、生产者、血液提供机构请求赔偿，也可以向医疗机构请求赔偿。患者向医疗机构请求赔偿的，医疗机构赔偿后，有权向负有责任的药品上市许可持有人、生产者、血液提供机构追偿。

第一千二百二十四条 患者在诊疗活动中受到损害，有下列情形之一的，医疗机构不承担赔偿责任：

（一）患者或者其近亲属不配合医疗机构进行符合诊疗规范的诊疗；

（二）医务人员在抢救生命垂危的患者等紧急情况下已经尽到合理诊疗义务；

（三）限于当时的医疗水平难以诊疗。

前款第一项情形中，医疗机构或者其医务人员也有过错的，应当承担相应的赔偿责任。

第一千二百二十五条 医疗机构及其医务人员应当按照规定填写并妥善保管住院志、医嘱单、检验报告、手术及麻醉记录、病理资料、护理记录等病历资料。

患者要求查阅、复制前款规定的病历资料的，医疗机构应当及时提供。

第一千二百二十六条 医疗机构及其医务人员应当对患者的隐私和个人信息保密。泄露患者的隐私和个人信息，或者未经患者同意公开其病历资料的，应当承担侵权责任。

第一千二百二十七条 医疗机构及其医务人员不得违反诊疗规范实施不必要的检查。

第一千二百二十八条 医疗机构及其医务人员的合法权益受法律保护。

干扰医疗秩序，妨碍医务人员工作、生活，侵害医务人员合法权益的，应当依法承担法律责任。

第七章 环境污染和生态破坏责任

第一千二百二十九条 因污染环境、破坏生态造成他人损害的，侵权人应当承担侵权责任。

第一千二百三十条　因污染环境、破坏生态发生纠纷，行为人应当就法律规定的不承担责任或者减轻责任的情形及其行为与损害之间不存在因果关系承担举证责任。

第一千二百三十一条　两个以上侵权人污染环境、破坏生态的，承担责任的大小，根据污染物的种类、浓度、排放量，破坏生态的方式、范围、程度，以及行为对损害后果所起的作用等因素确定。

第一千二百三十二条　侵权人违反法律规定故意污染环境、破坏生态造成严重后果的，被侵权人有权请求相应的惩罚性赔偿。

第一千二百三十三条　因第三人的过错污染环境、破坏生态的，被侵权人可以向侵权人请求赔偿，也可以向第三人请求赔偿。侵权人赔偿后，有权向第三人追偿。

第一千二百三十四条　违反国家规定造成生态环境损害，生态环境能够修复的，国家规定的机关或者法律规定的组织有权请求侵权人在合理期限内承担修复责任。侵权人在期限内未修复的，国家规定的机关或者法律规定的组织可以自行或者委托他人进行修复，所需费用由侵权人负担。

第一千二百三十五条　违反国家规定造成生态环境损害的，国家规定的机关或者法律规定的组织有权请求侵权人赔偿下列损失和费用：

（一）生态环境受到损害至修复完成期间服务功能丧失导致的损失；

（二）生态环境功能永久性损害造成的损失；

（三）生态环境损害调查、鉴定评估等费用；

（四）清除污染、修复生态环境费用；

（五）防止损害的发生和扩大所支出的合理费用。

第八章　高度危险责任

第一千二百三十六条　从事高度危险作业造成他人损害的，应当承担侵权责任。

第一千二百三十七条　民用核设施或者运入运出核设施的核材料发生核事故造成他人损害的，民用核设施的营运单位应当承担侵权责任；但是，能够证明损害是因战争、武装冲突、暴乱等情形或者受害人故意造成的，不承担责任。

第一千二百三十八条 民用航空器造成他人损害的，民用航空器的经营者应当承担侵权责任；但是，能够证明损害是因受害人故意造成的，不承担责任。

第一千二百三十九条 占有或者使用易燃、易爆、剧毒、高放射性、强腐蚀性、高致病性等高度危险物造成他人损害的，占有人或者使用人应当承担侵权责任；但是，能够证明损害是因受害人故意或者不可抗力造成的，不承担责任。被侵权人对损害的发生有重大过失的，可以减轻占有人或者使用人的责任。

第一千二百四十条 从事高空、高压、地下挖掘活动或者使用高速轨道运输工具造成他人损害的，经营者应当承担侵权责任；但是，能够证明损害是因受害人故意或者不可抗力造成的，不承担责任。被侵权人对损害的发生有重大过失的，可以减轻经营者的责任。

第一千二百四十一条 遗失、抛弃高度危险物造成他人损害的，由所有人承担侵权责任。所有人将高度危险物交由他人管理的，由管理人承担侵权责任；所有人有过错的，与管理人承担连带责任。

第一千二百四十二条 非法占有高度危险物造成他人损害的，由非法占有人承担侵权责任。所有人、管理人不能证明对防止非法占有尽到高度注意义务的，与非法占有人承担连带责任。

第一千二百四十三条 未经许可进入高度危险活动区域或者高度危险物存放区域受到损害，管理人能够证明已经采取足够安全措施并尽到充分警示义务的，可以减轻或者不承担责任。

第一千二百四十四条 承担高度危险责任，法律规定赔偿限额的，依照其规定，但是行为人有故意或者重大过失的除外。

第九章　饲养动物损害责任

第一千二百四十五条 饲养的动物造成他人损害的，动物饲养人或者管理人应当承担侵权责任；但是，能够证明损害是因被侵权人故意或者重大过失造成的，可以不承担或者减轻责任。

第一千二百四十六条 违反管理规定，未对动物采取安全措施造成他人损害的，动物饲养人或者管理人应当承担侵权责任；但是，能够证明损害是因被侵权人故意造成的，可以减轻责任。

第一千二百四十七条 禁止饲养的烈性犬等危险动物造成他人损

害的,动物饲养人或者管理人应当承担侵权责任。

第一千二百四十八条　动物园的动物造成他人损害的,动物园应当承担侵权责任;但是,能够证明尽到管理职责的,不承担侵权责任。

第一千二百四十九条　遗弃、逃逸的动物在遗弃、逃逸期间造成他人损害的,由动物原饲养人或者管理人承担侵权责任。

第一千二百五十条　因第三人的过错致使动物造成他人损害的,被侵权人可以向动物饲养人或者管理人请求赔偿,也可以向第三人请求赔偿。动物饲养人或者管理人赔偿后,有权向第三人追偿。

第一千二百五十一条　饲养动物应当遵守法律法规,尊重社会公德,不得妨碍他人生活。

第十章　建筑物和物件损害责任

第一千二百五十二条　建筑物、构筑物或者其他设施倒塌、塌陷造成他人损害的,由建设单位与施工单位承担连带责任,但是建设单位与施工单位能够证明不存在质量缺陷的除外。建设单位、施工单位赔偿后,有其他责任人的,有权向其他责任人追偿。

因所有人、管理人、使用人或者第三人的原因,建筑物、构筑物或者其他设施倒塌、塌陷造成他人损害的,由所有人、管理人、使用人或者第三人承担侵权责任。

第一千二百五十三条　建筑物、构筑物或者其他设施及其搁置物、悬挂物发生脱落、坠落造成他人损害,所有人、管理人或者使用人不能证明自己没有过错的,应当承担侵权责任。所有人、管理人或者使用人赔偿后,有其他责任人的,有权向其他责任人追偿。

第一千二百五十四条　禁止从建筑物中抛掷物品。从建筑物中抛掷物品或者从建筑物上坠落的物品造成他人损害的,由侵权人依法承担侵权责任;经调查难以确定具体侵权人的,除能够证明自己不是侵权人的外,由可能加害的建筑物使用人给予补偿。可能加害的建筑物使用人补偿后,有权向侵权人追偿。

物业服务企业等建筑物管理人应当采取必要的安全保障措施防止前款规定情形的发生;未采取必要的安全保障措施的,应当依法承担未履行安全保障义务的侵权责任。

发生本条第一款规定的情形的,公安等机关应当依法及时调查,查清责任人。

第一千二百五十五条 堆放物倒塌、滚落或者滑落造成他人损害，堆放人不能证明自己没有过错的，应当承担侵权责任。

第一千二百五十六条 在公共道路上堆放、倾倒、遗撒妨碍通行的物品造成他人损害的，由行为人承担侵权责任。公共道路管理人不能证明已经尽到清理、防护、警示等义务的，应当承担相应的责任。

第一千二百五十七条 因林木折断、倾倒或者果实坠落等造成他人损害，林木的所有人或者管理人不能证明自己没有过错的，应当承担侵权责任。

第一千二百五十八条 在公共场所或者道路上挖掘、修缮安装地下设施等造成他人损害，施工人不能证明已经设置明显标志和采取安全措施的，应当承担侵权责任。

窨井等地下设施造成他人损害，管理人不能证明尽到管理职责的，应当承担侵权责任。

附 则

第一千二百五十九条 民法所称的“以上”、“以下”、“以内”、“届满”，包括本数；所称的“不满”、“超过”、“以外”，不包括本数。

第一千二百六十条 本法自2021年1月1日起施行。《中华人民共和国婚姻法》、《中华人民共和国继承法》、《中华人民共和国民法通则》、《中华人民共和国收养法》、《中华人民共和国担保法》、《中华人民共和国合同法》、《中华人民共和国物权法》、《中华人民共和国侵权责任法》、《中华人民共和国民法总则》同时废止。

关于《中华人民共和国民法典（草案）》的说明（节录）

——2020年5月22日在第十三届全国人民代表大会第三次会议上

全国人民代表大会常务委员会副委员长　王　晨

各位代表：

我受全国人大常委会委托，作关于《中华人民共和国民法典（草案）》的说明。

一、编纂民法典的重大意义

编纂民法典是党的十八届四中全会确定的一项重大政治任务和立法任务，是以习近平同志为核心的党中央作出的重大法治建设部署。编纂民法典，就是通过对我国现行的民事法律制度规范进行系统整合、编订纂修，形成一部适应新时代中国特色社会主义发展要求，符合我国国情和实际，体例科学、结构严谨、规范合理、内容完整并协调一致的法典。这是一项系统的、重大的立法工程。

编纂一部真正属于中国人民的民法典，是新中国几代人的夙愿。党和国家曾于1954年、1962年、1979年和2001年先后四次启动民法制定工作。第一次和第二次，由于多种原因而未能取得实际成果。1979年第三次启动，由于刚刚进入改革开放新时期，制定一部完整民法典的条件尚不具备。因此，当时领导全国人大法制委员会立法工作的彭真、习仲勋等同志深入研究后，在八十年代初决定按照"成熟一个通过一个"的工作思路，确定先制定民事单行法律。现行的继承法、民法通则、担保法、合同法就是在这种工作思路下先后制定的。2001年，九届全国人大常委会组织起草《中华人民共和国民法(草案)》,并于2002年12月进行了一次审议。经讨论和研究,仍确定继续采取分别制定单行法的办法推进我国民事法律制度建设。2003年十届全国人大以来,又陆续制定了物权法、侵权责任法、涉外民事关系法律适用法等。总的看,经过多年来努力,我国民事立法是富有成效的,逐步形成了比较完备的民事法律规范体系,民事司法实践积累了丰富经验,民事法律服务取得显著进步,民法理论研究也达到较高水平,全社会民事法治观念普遍增强,为编纂民法典奠定了较好的制度基础、实践基础、理论基础和社会基础。随着我国社会主义现代化事业不断发展和全面依法治国深入推进,人民群众和社会各方面对编纂和出台民法典寄予很大的期盼。

党的十八大以来,以习近平同志为核心的党中央把全面依法治国摆在突出位置,推动党和国家事业发生历史性变革、取得历史性成就,中国特色社会主义已经进入新时代。在坚持和完善中国特色社会主义制度、推进国家治理体系和治理能力现代化的新征程中,编纂民法典具有重大而深远的意义。

(一)编纂民法典是坚持和完善中国特色社会主义制度的现实需要

回顾人类文明史,编纂法典是具有重要标志意义的法治建设工程,是一个国家、一个民族走向繁荣强盛的象征和标志。新中国成立70多年特别是改革开放40多年来,中国共产党团结带领中国人民不懈奋斗,成功开辟了中国特色社会主义道路,取得了举世瞩目的发展成就,中国特色社会主义制度展现出强大生命力和显著优越性。我国民事法律制度正是伴随着新时期改革开放和社会主义现代化建设的历史进程而形成并不断发展完善的,是中国特色社会主义法律制度的重要组成部分。在系统总结制度建设成果和实践经验的基础上,编纂一部具有中国特色、体现时代特点、反映人民意愿的民法典,不仅能充分彰显中国特色社会主义法律制度成果和制度自信,促进和保障中国特色社会主义事业不断发展,也能为人类法治文明的发展进步贡献中国智慧和中国方案。

(二)编纂民法典是推进全面依法治国、推进国家治理体系和治理能力现代化的重大举措

民法是中国特色社会主义法律体系的重要组成部分,是民事领域的基础性、综合性法律,它规范各类民事主体的各种人身关系和财产关系,涉及社会和经济生活的方方面面,被称为“社会生活的百科全书”。建立

健全完备的法律规范体系,以良法保障善治,是全面依法治国的前提和基础。民法通过确立民事主体、民事权利、民事法律行为、民事责任等民事总则制度,确立物权、合同、人格权、婚姻家庭、继承、侵权责任等民事分则制度,来调整各类民事关系。民法与国家其他领域法律规范一起,支撑着国家制度和国家治理体系,是保证国家制度和国家治理体系正常有效运行的基础性法律规范。编纂民法典,就是全面总结我国的民事立法和司法的实践经验,对现行民事单行法律进行系统编订纂修,将相关民事法律规范编纂成一部综合性法典,不断健全完善中国特色社会主义法律体系。这对于以法治方式推进国家治理体系和治理能力现代化,更好地发挥法治固根本、稳预期、利长远的保障作用,具有重要意义。

(三)编纂民法典是坚持和完善社会主义基本经济制度、推动经济高质量发展的客观要求

公有制为主体、多种所有制经济共同发展,按劳分配为主体、多种分配方式并存,社会主义市场经济体制等社会主义基本经济制度,是以法治为基础、在法治轨道上运行、受法治规则调整的经济制度,社会主义市场经济本质上是法治经济。我国民事主体制度中的法人制度,规范民事活动的民事法律行为制度、代理制度,调整各类财产关系的物权制度,调整各类交易关系的合同制度,保护和救济民事权益的侵权责任制度,都是坚持和完善社会主义基本经济制度不可或缺的法律制度规范和行为规则。同时,我国民事法律制度建设一直秉持"民商合一"的传统,把许多商事法律规范纳入民法之中。编纂民法典,进一步完善我国民商事领域基本法律制度和行为规则,为各类民商事活动提供基本遵循,有利于充分调动民事主体的积极性和创造性、维护交易安全、维护市场秩序,有利于营造各种所有制主体依法平等使用资源要素、公开公平公正参与竞争、同等受到法律保护的市场环境,推动经济高质量发展。

(四)编纂民法典是增进人民福祉、维护最广大人民根本利益的必然要求

中国特色社会主义法治建设的根本目的是保障人民权益。改革开放以来,我国民事法律制度逐步得到完善和发展,公民的民事权利也得到越来越充分的保护。中国特色社会主义进入新时代,随着我国社会主要矛盾的变化,随着经济发展和国民财富的不断积累,随着信息化和大数据时代的到来,人民群众在民主、法治、公平、正义、安全、环境等方面

的要求日益增长,希望对权利的保护更加充分、更加有效。党的十九大明确提出,要保护人民人身权、财产权、人格权。而现行民事立法中的有些规范已经滞后,难以适应人民日益增长的美好生活需要。编纂民法典,健全和充实民事权利种类,形成更加完备的民事权利体系,完善权利保护和救济规则,形成规范有效的权利保护机制,对于更好地维护人民权益,不断增加人民群众获得感、幸福感和安全感,促进人的全面发展,具有十分重要的意义。

二、编纂民法典的总体要求和基本原则

民法典是新中国第一部以法典命名的法律,开创了我国法典编纂立法的先河,具有里程碑意义。以习近平同志为核心的党中央高度重视民法典编纂工作,将编纂民法典列入党中央重要工作议程,并对编纂民法典工作任务作出总体部署、提出明确要求。十二届、十三届全国人大常委会都高度重视这一立法工作,将编纂民法典纳入全国人大常委会立法规划和年度立法工作计划,确定为全国人大常委会的立法工作重点项目,积极持续推进。为做好民法典编纂工作,全国人大常委会党组先后多次向党中央请示和报告,就民法典编纂工作的总体考虑、工作步骤、体例结构等重大问题进行汇报。2016 年 6 月、2018 年 8 月、2019 年 12 月,习近平总书记三次主持中央政治局常委会会议,听取并原则同意全国人大常委会党组就民法典编纂工作所作的请示汇报,对民法典编纂工作作出重要指示,为民法典编纂工作提供了重要指导和基本遵循。

编纂民法典的指导思想是:高举中国特色社会主义伟大旗帜,以马克思列宁主义、毛泽东思想、邓小平理论、"三个代表"重要思想、科学发展观、习近平新时代中国特色社会主义思想为指导,增强"四个意识",坚定"四个自信",做到"两个维护",全面贯彻党的十八大、十九大和有关中央全会精神,坚持党的领导、人民当家作主、依法治国有机统一,紧紧围绕统筹推进"五位一体"总体布局和协调推进"四个全面"战略布局,紧紧围绕建设中国特色社会主义法治体系、建设社会主义法治国家,总结实践经验,适应时代要求,对我国现行的、制定于不同时期的民法通则、物权法、合同法、担保法、婚姻法、收养法、继承法、侵权责任法和人格权方面的民事法律规范进行全面系统的编订纂修,形成一部具有中国特色、体现时代特点、反映人民意愿的民法典,为新时代坚持和完善中国特色社会主义制度、实现"两个一百年"奋斗目标、实现中华民族伟大复兴中国梦提供完备的民事法治保障。

贯彻上述指导思想，切实做好民法典编纂工作，必须遵循和体现以下基本原则：一是坚持正确政治方向，全面贯彻习近平总书记全面依法治国新理念新思想新战略，坚决贯彻党中央的决策部署，坚持服务党和国家工作大局，充分发挥民法典在坚持和完善中国特色社会主义制度、推进国家治理体系和治理能力现代化中的重要作用。二是坚持以人民为中心，以保护民事权利为出发点和落脚点，切实回应人民的法治需求，更好地满足人民日益增长的美好生活需要，充分实现好、维护好、发展好最广大人民的根本利益，使民法典成为新时代保护人民民事权利的好法典。三是坚持立足国情和实际，全面总结我国改革开放40多年来民事立法和实践经验，以法典化方式巩固、确认和发展民事法治建设成果，以实践需求指引立法方向，提高民事法律制度的针对性、有效性、适应性，发挥法治的引领、规范、保障作用。四是坚持依法治国与以德治国相结合，注重将社会主义核心价值观融入民事法律规范，大力弘扬传统美德和社会公德，强化规则意识，倡导契约精神，维护公序良俗。五是坚持科学立法、民主立法、依法立法，不断增强民事法律规范的系统性、完整性，既保持民事法律制度的连续性、稳定性，又保持适度的前瞻性、开放性，同时处理好、衔接好法典化民事法律制度下各类规范之间的关系。

三、民法典编纂工作情况

根据党中央的工作部署，编纂民法典的起草工作由全国人大常委会法制工作委员会牵头，最高人民法院、最高人民检察院、司法部、中国社会科学院、中国法学会为参加单位。为做好民法典编纂工作，全国人大常委会法制工作委员会与五家参加单位成立了民法典编纂工作协调小组，并成立了民法典编纂工作专班。

编纂民法典不是制定全新的民事法律，也不是简单的法律汇编，而是对现行的民事法律规范进行编订纂修，对已经不适应现实情况的规定进行修改完善，对经济社会生活中出现的新情况、新问题作出有针对性的新规定。编纂民法典采取"两步走"的工作思路进行：第一步，制定民法总则，作为民法典的总则编；第二步，编纂民法典各分编，经全国人大常委会审议和修改完善后，再与民法总则合并为一部完整的民法典草案。

2015年3月，全国人大常委会法制工作委员会启动民法典编纂工作，着手第一步的民法总则制定工作，以 1986 年制定的民法通则为基础，系统梳理总结有关民事法律的实践经验，提炼民事法律制度中具有普遍适用性和引领性的规则，形成民法总则草案，2016 年由十二届全国人大常委会进行了三次审议，2017 年 3 月由第十二届全国人民代表大会第五次会议审议通过。制定民法总则，完成了民法典编纂工作的第一步，为民法典编纂奠定了坚实基础。

民法总则通过后，十二届、十三届全国人大常委会接续努力、抓紧开展作为民法典编纂第二步的各分编编纂工作。法制工作委员会与民法典编纂工作各参加单位全力推进民法典各分编编纂工作，系统梳理、研究历年来有关方面提出的意见，开展立法调研，广泛听取意见建议，以现行物权法、合同法、担保法、婚姻法、收养法、继承法、侵权责任法等为基础，结合我国经济社会发展对民事法律提出的新需求，形成了包括物权、合同、人格权、婚姻家庭、继承、侵权责任等 6 个分编在内的民法典各分编草案，提请 2018 年 8 月召开的第十三届全国人大常委会第五次会议审议。其后，2018 年 12 月、2019 年 4 月、6 月、8 月、10 月，第十三届全国人大常委会第七次、第十次、第十一次、第十二次、第十四次会议对民法典各分编草案进行了拆分审议，对全部 6 个分编草案进行了二审，对各方面比较关注的人格权、婚姻家庭、侵权责任 3 个分编草案进行了三审。在此基础上，将民法总则与经过常委会审议和修改完善的民法典各分编草案合并，形成《中华人民共和国民法典（草案）》，提请 2019 年 12 月召开的第十三届全国人大常委会第十五次会议审议。经审议，全国人大常委会作出决定，将民法典草案提请本次大会审议。

民法典草案经全国人大常委会审议后，全国人大常委会办公厅将草案印发十三届全国人大代表、部署组织全国人大代表研读讨论民法典草案工作，征求代表意见。同时，法制工作委员会还将草案印发地方人大、基层立法联系点、中央有关部门征求意见，并在中国人大网公布征求社会公众意见。法制工作委员会还在北京召开多个座谈会，听取有关部门、专家的意见。各方面普遍认为，编纂民法典，对于完善中国特色社会主义法律体系，以法治方式推进国家治理体系和治理能力现代化，切实维护最广大人民的根本利益，促进社会公平正义具有重要意义。

新冠肺炎疫情发生以来，全国人大常委会高度关注，栗战书委员长多次就贯彻落实习近平总书记对疫情防控工作的重要讲话精神和党中央决策部署，为疫情防控工作提供法治保障提出明确的工作要求。我们认真学习贯彻习近平总书记重要讲话精神和党中央决策部署，结合民法典编纂工作，对与疫情相关的民事法律制度进行梳理研究，对草案作了有针对性的修改完善。

2020 年 4 月 20 日、21 日，全国人大宪法和法律委员会召开会议，根据全国人大常委会的审议意见、代表研读讨论中提出的意见和各方面的意见，对民法典草案作了进一步修改完善；认为经过全国人大常委会多次审议和广泛征求意见，草案充分吸收各方面的意见建议，已经比较成熟，形成了提请本次会议审议的《中华人民共和国民法典（草案）》。

为进一步做好会议审议民法典草案的准备工作，更充分听取全国人大代表的意见，4 月 29 日，法制工作委员会将修改后的民法典草案再次发送给各省、自治区、直辖市人大常委会，请各地方以适当方式组织有关全国人大代表研读讨论，听取意见。

四、民法典草案的主要内容

《中华人民共和国民法典（草案）》共 7 编、1260 条，各编依次为总则、物权、合同、人格权、婚姻家庭、继承、侵权责任，以及附则。

……

（七）侵权责任编

侵权责任是民事主体侵害他人权益应当承担的法律后果。2009 年第十一届全国人大常委会第十二次会议通过了侵权责任法。侵权责任法实施以来，在保护民事主体的合法权益、预防和制裁侵权行为方面发挥了重要作用。草案第七编“侵权责任”在总结实践经验的基础上，针对侵权领域出现的新情况，吸收借鉴司法解释的有关规定，对侵权责任制度作了必要的补充和完善。第七编共 10 章、95 条，主要内容有：

1. 关于一般规定。第七编第一章规定了侵权责任的归责原则、多数人侵权的责任承担、侵权责任的减轻或者免除等一般规则。并在现行侵权责任法的基础上作了进一步的完善：一是确立“自甘风险”规则，规定自愿参加具有一定风险的文体活动，因其他参加者的行为受到损害的，受害人不得请求没有故意或者重大过失的其他参加者承担侵权责任（草案第一千一百七十六条第一款）。二是规定“自助行为”制度，明确合法权益受到侵害，情况紧迫且不能及时获得国家机关保护，不立即采取措施将使其合法权益受到难以弥补的损害的，受害人可以在保护自己合法权益的必要范围内采取扣留侵权人的财物等合理措施，但是应当立即请求有关国家机关处理。受害人采取的措施不当造成他人损害的，应当承担侵权责任（草案第一千一百七十七条）。

2. 关于损害赔偿。第七编第二章规定了侵害人身权益和财产权益的赔偿规则、精神损害赔偿规则等。同时，在现行侵权责任法的基础上，对有关规定作了进一步完善：一是完善精神损害赔偿制度，规定因故意或者重大过失侵害自然人具有人身意义的特定物造成严重精神损害的，被侵权人有权请求精神损害赔偿（草案第一千一百八十三条第二款）。二是为加强对知识产权的保护，提高侵权违法成本，草案增加规定，故意侵害他人知识产权，情节严重的，被侵权人有权请求相应的惩罚性赔偿（草案第一千一百八十五条）。

3. 关于责任主体的特殊规定。第七编第三章规定了无民事行为能力人、限制民事行为能力人及其监护人的侵权责任，用人单位的侵权责任，网络侵权责任，以及公共场所的安全保障义务等。同时，草案在现行侵权责任法的基础上作了进一步完善：一是增加规定委托监护的侵权责任（草案第一千一百八十九条）。二是完善网络侵权责任制度。为了更好地保护权利人的利益，平衡好网络用户和网络服务提供者之间的利益，草案细化了网络侵权责任的具体规定，完善了权利人通知规则和网络服务提供者的转通知规则（草案第一千一百九十五条、第一千一百九十六条）。

4. 关于各种具体侵权责任。第七编的其他各章分别对产品生产销售、机动车交通事故、医疗、环境污染和生态破坏、高度危险、饲养动物、建筑物和物件等领域的侵权责任规则作出了具体规定。并在现行侵权责任法的基础上，对有关内容作了进一步完善：一是完善生产者、销售者召回缺陷产品的责任，增加规定，依照相关规定采取召回措施的，生产者、销售者应当负担被侵权人因此支出的必要费用（草案第一千二百零六条第二款）。二是明确交通事故损害赔偿的顺序，即先由机动车强制保险理赔，不足部分由机动车商业保险理赔，仍不足的由侵权人赔偿（草案第一千二百一十三条）。三是进一步保障患者的知情同意权，明确医务人员的相关说明义务，加强医疗机构及其医务人员对患者隐私和个人信息的保护（草案第一千二百一十九条、第一千二百二十六条）。四是贯彻落实习近平生态文明思想，增加规定生态环境损害的惩罚性赔偿制度,并明确规定了生态环境损害的修复和赔偿规则(草案第一千二百三十二条、第一千二百三十四条、第一千二百三十五条)。五是加强生物安全管理,完善高度危险责任,明确占有或者使用高致病性危险物造成他人损害的,应当承担侵权责任(草案第一千二百三十九条)。六是完善高空抛物坠物治理规则。为保障好人民群众的生命财产安全,草案对高空抛物坠物治理规则作了进一步的完善,规定禁止从建筑物中抛掷物品,同时针对此类事件处理的主要困难是行为人难以确定的问题,强调有关机关应当依法及时调查,查清责任人,并规定物业服务企业等建筑物管理人应当采取必要的安全保障措施防止此类行为的发生(草案第一千二百五十四条)。

(八)附则

草案最后部分"附则"明确了民法典与婚姻法、继承法、民法通则、收养法、担保法、合同法、物权法、侵权责任法、民法总则的关系。民法典施行后,上述民事单行法律将被替代。因此,草案规定在民法典施行之时,同步废止上述民事单行法律(草案第一千二百六十条)。需要说明的是,2014年第十二届全国人大常委会第十一次会议通过的《全国人民代表大会常务委员会关于〈中华人民共和国民法通则〉第九十九条第一款、〈中华人民共和国婚姻法〉第二十二条的解释》,作为与民法通则、婚姻法相关的法律解释,也同步废止。

《中华人民共和国民法典(草案)》和以上说明,请审议。